Secrets d'Histoire

3

22, rue Huyghens
75014 Paris
www.albin-michel.fr

Stéphane Bern

Secrets d'Histoire 3

Albin Michel

PRÉFACE

L'Histoire reprendrait-elle quelque vigueur en cette période troublée ? Le succès des deux précédents tomes de Secrets d'Histoire a achevé de me convaincre de l'appétence du public pour l'Histoire, qui se révèle d'autant plus grande que notre monde connaît une profonde crise économique, sociale, morale et identitaire. Telle une vague de fond, la tempête nous ramène, par un mouvement de reflux, à chercher un refuge ou des repères dans notre passé commun.

Au cœur de nos interrogations, demeure aussi la question européenne, désormais incarnée par des bureaucrates en gris, dont les lois et règlements paraissent obscurs pour une majorité de nos concitoyens. Certes, l'Histoire résonne encore des guerres, des conquêtes ou des soubresauts dont notre vieux continent a été le théâtre, mais la vision européenne était avant tout une aventure exaltante et humaine car, sur les pas d'une Christine de Suède, d'une Marie-Caroline de Naples et d'un Talleyrand, il était question de politique et d'échanges économiques, mais aussi d'art, de culture et de gastronomie.

L'Histoire est riche en enseignements tant les événements d'hier éclairent ceux d'aujourd'hui. J'aime à répéter, devant les jeunes générations que l'enseignement de l'Histoire rebute parfois, qu'un peuple qui ne sait pas d'où il vient ne sait pas où il va. Et pire, si l'on méconnaît son passé, on se condamne assurément à en revivre inlassablement les épisodes les plus sombres... Un citoyen responsable ne saurait s'affranchir de cette connaissance, sans omettre, du reste, aucune page de notre Histoire.

La France s'est construite au fil des siècles, longtemps par la gouverne de ses rois capétiens, mais enrichie par la volonté populaire et l'héritage complexe de la Révolution française – que l'on ne peut d'ailleurs exonérer des pages douloureuses de la Terreur sanguinaire – et qui s'est poursuivi à travers les régimes monarchique, impérial ou républicain. Personne ne doit jamais se sentir exclu de cette Histoire nationale. Surtout pas celles et ceux pour qui, à l'égal de la langue et de la culture, l'Histoire est un formidable vecteur d'intégration qui confère un sentiment d'appartenance à une même nation.

Pourquoi faut-il que, sans cesse, en France, l'Histoire soit sujet à controverses ? Certes, elle appartient aux sciences humaines et, à ce titre, ne peut prétendre à une seule vérité. En cela aussi réside sa richesse. À l'heure de la paix européenne, on ne relit pas de la même manière les biographies de Louis XIV ou de Napoléon Ier, de Catherine de Russie ou de Frédéric II de Prusse... Difficile aussi de ne pas voir des correspondances entre les époques ! Se souvient-on seulement, à l'heure où la Turquie moderne frappe aux portes de l'Europe, que Soliman le Magnifique était l'allié du roi de France François Ier ? Et comment, à l'heure où l'intolérance religieuse prend de nouvelles formes dangereuses, ne pas se pencher sur le dossier d'Isabelle la Catholique, sainte reine pour les uns, main diabolique pour les autres ?

Secrets d'Histoire ne cherche pas à juger, encore moins à instruire le procès de celles et ceux qui ont inscrit en lettres de sang les pages de notre Histoire. Il s'agit davantage, pour moi, de partager avec le public une même passion pour les énigmes, les mystères et les secrets qui, depuis mon adolescence, ont nourri mon imagination et étayé mon amour de l'Histoire. Plus que les romans et surtout les autofictions, tellement en vogue aujourd'hui, l'Histoire offre un champ très vaste d'investigation à qui se passionne pour l'aventure humaine. Les grandes passions de nos semblables s'y trouvent exacerbées par l'exercice du pouvoir. Elles n'ont pourtant pas varié au fil des siècles et vous les retrouverez présentes dans toutes ces pages, moteur de l'action, instrument, justification ou raisons secrètes : la soif de pouvoir, le rêve de conquête, l'amour ou l'ardent désir, l'aspiration à la fortune ou à la gloire, la foi religieuse... D'autres enfin, ont agi par sens aigu du devoir, défense des libertés publiques et individuelles et amour de leur patrie. Le récit de leurs exploits m'a toujours procuré d'intenses émotions et communiqué ce frisson étrange qui m'a permis de croire qu'aucun de nous ne devait jamais se sentir exclu d'une telle aventure commune. Chacun d'entre nous participe à l'Histoire de tous !

Stéphane Bern

LE LOUVRE
À TRAVERS L'HISTOIRE

Terrifiante est, à Paris, la nuit du 23 au 24 mai 1871 ! Vers minuit, le dôme des Tuileries saute, les flammes embrasent le palais, dont les murs et les planchers ont été aspergés à pleins seaux de pétrole par une trentaine de communards. Le feu court sur les toitures, se propage sur les ailes, surveillé avec angoisse par les anciens fonctionnaires et le conservateur du musée, Barbet de Jouy, réfugiés derrière les fenêtres du vieux Louvre contigu. Ils n'ont rien pu faire que rassembler des seaux et fermer les grilles de la cour pour empêcher les insurgés d'y entrer.

Au petit matin, un commandant des fédérés, Martian de Bernardy de Sigoyer prend l'initiative de tirer sur les insurgés dans la cour du Carrousel. Il place sur le toit de la Grande Galerie, qui joint les Tuileries au Louvre, une compagnie de ses soldats, munis de pioches, pour trancher la toiture, tandis que d'autres font la chaîne avec des cruches pour combattre les flammes. Il faut coûte que coûte empêcher la propagation du feu.

À midi, l'incendie est maîtrisé. Le palais des Tuileries est entièrement consumé, mais le Louvre est miraculeusement sauvé. Non seulement ses précieuses collections, mais aussi des siècles d'Histoire ! Avant de devenir un musée, le Louvre a été une forteresse, un palais dont les murs ont été les témoins privilégiés de bien des événements. Si seulement le Louvre pouvait parler...

La Commune de Paris,
incendie des Tuileries, le 23 mai 1871.

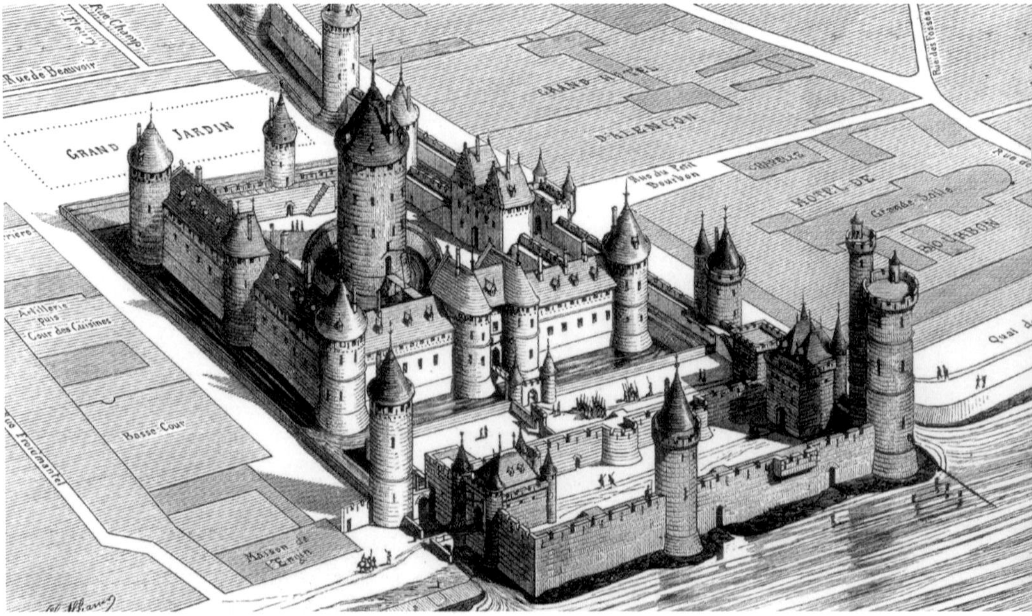

Vue du palais du Louvre sur les bords de Seine, au temps de Philippe-Auguste (1179-1223). Gravure.

À l'origine, le Louvre est une forteresse, une construction ordonnée, vers 1190, par Philippe-Auguste pour protéger Paris des ambitions du roi d'Angleterre, qui est aussi duc de Normandie : c'est alors un puissant donjon entouré d'une enceinte, flanquée de dix tours rondes, qui permet de barrer le cours de la Seine. Du donjon, le roi fait à la fois un arsenal, un coffre pour ses archives et ses objets précieux et une prison. C'est d'ailleurs par un emprisonnement que le Louvre est, d'une certaine manière, inauguré. En 1214, Philippe-Auguste y fait enfermer Ferrand, le comte de Flandre, qu'il a vaincu à Bouvines. Il décide d'offrir aux Parisiens le spectacle d'une entrée triomphale : le comte est amené, chargé de fers et encagé, sur le chariot pris à l'empereur Othon sur le champ de bataille. À la grande joie d'une foule qui se presse dans les rues étroites pour le voir passer, et chantonne, en verve : *Quatre ferranz* [chevaux gris fer] *ferrés / Traînent Ferrant bien enferré !*

Enfermé dans les cachots du Louvre, le comte y restera jusqu'au versement de sa rançon, en 1227. D'autres comtes de Flandre y séjourneront et d'autres illustres personnages, comme Enguerrand de Coucy qui, sous Saint Louis, a fait pendre sans jugement trois adolescents pris à chasser sur ses terres, ou Jean de Montfort qui, au début de la guerre de Cent Ans, a fait hommage au roi d'Angleterre. Coupable aussi de trahison, le comte de Guines y est décapité secrètement, en 1350. D'où peut-être la sombre rumeur que, dans les cachots du Louvre, les souverains font disparaître discrètement ceux dont ils veulent se débarrasser...

Le 18 avril 1358, tandis que le roi Jean, battu à Poitiers, est prisonnier des Anglais, le Louvre connaît sa première insurrection populaire. En l'absence du dauphin, le maire de Paris, Étienne Marcel, le fait assaillir, y pénètre et distribue aux bourgeois et au peuple les piques et les arbalètes qui s'y trouvent. Puis, maître de Paris pendant un an, il y commande l'élargissement des fortifications, car l'enceinte autrefois édifiée par Philippe-Auguste se retrouve désormais à l'intérieur de la ville. Autour du Louvre et de ses dépendances, des habitations sont bâties par des artisans ou des grands seigneurs, attirés par le voisinage de la cour. La vieille forteresse a perdu sa valeur militaire. Elle sera bientôt remplacée par la Bastille et connaîtra alors, sous l'influence de Charles V, ses plus grandes transformations. Le Louvre, devenant une domiciliation royale, s'embellit et s'agrandit de toutes parts. Ses façades extérieures, que montrent les miniatures des *Très Riches Heures du duc de Berry*, sont largement ouvertes de fenêtres à meneaux. Roi lettré, Charles V installe sur trois étages, dans une tour d'angle, une partie de sa riche bibliothèque. Les livres y sont conservés avec soin et, afin que l'on puisse travailler à toute heure, trente petits chandeliers suspendus à la voûte et une lampe d'argent y sont allumés chaque nuit. C'est fièrement que le roi fait visiter son nouveau palais à l'empereur Charles IV et lui offre un repas somptueux dans son enceinte, en 1377.

Malheureusement, durant le règne de Charles VI – marqué par ses accès de démence – la guerre civile et la guerre de Cent Ans dévastent la capitale, occupée durant seize ans par les Anglais. Période funeste pour le Louvre, qui se voit dépouillé des joyaux et des manuscrits qu'il contient, dont les derniers sont emmenés à son départ par le régent anglais, le duc de Bedford. Charles VII et ses successeurs ne séjournent plus à Paris, mais dans leurs châteaux de Touraine et du Berry. Le Louvre redevient pour un temps prison et arsenal. Et les beaux jardins de Charles V dégénèrent vite en cour de ferme. Il faudra attendre plus de cent ans pour sa première renaissance. C'est François Ier qui le réhabilite marquant sciemment son souhait d'un rapprochement avec Paris. En effet, rentrant de Madrid, où il a été retenu captif après la défaite de Pavie, il décide de détruire le vieux Louvre de Charles V et d'élever à sa place un château flambant neuf. Il fait immédiatement raser le vieux donjon, comble les

fossés, et dégage la vue sur la Seine en décapitant les tourelles. En 1540, c'est avec faste qu'il y reçoit Charles-Quint dans des bâtiments totalement redécorés et embellis. Jamais pareil luxe n'a été déployé. La chambre de l'Empereur est tendue de draps d'or semés d'aigles, son lit est de velours cramoisi, brodé de feuillages couverts de perles et de pierres précieuses. Les murs de la grande salle où ont lieu les festins sont parés de tapisseries superbes ; de grands buffets y sont dressés, chargés de vaisselle d'or et d'argent. Ce sera la dernière fête donnée dans le château médiéval, mais elle dépassera en éclat toutes les autres. En 1546, commencent les travaux d'agrandissement sur les plans de Pierre Lescot, qui seront interrompus par la mort du roi, en 1547, puis repris par Henri II. Le cœur de ces nouveaux aménagements est la grande salle du rez-de-chaussée, qui peut désormais abriter les fastes de la cour (salle des Cariatides). Elle est inaugurée, en 1558, par les noces, à deux mois d'intervalle, de Claude, la fille du roi, avec le duc de Lorraine, puis du dauphin François, avec la reine d'Écosse, Marie Stuart. Cette dernière est vêtue pour l'occasion d'un manteau dont la traîne mesure douze mètres de long. La mort d'Henri II occasionne le déménagement de la famille royale au Louvre : sa veuve, Catherine de Médicis, refuse de séjourner à l'hôtel des Tournelles où il a expiré. Aussi reprend-elle en main la restauration du palais. Mais elle supporte mal son exiguïté et le bruit de la ville toute proche et acquiert, en 1563, auprès de voisins tuiliers, un terrain où elle commence aussitôt la construction d'un nouveau bâtiment.

En attendant, c'est encore au Louvre qu'est célébré, le 18 août 1572, le mariage de Marguerite de Valois avec Henri de Navarre, futur Henri IV. Jamais, dit-on, plus grand luxe de costumes n'a été déployé. Mais les fêtes, les comédies italiennes, les mascarades, les ballets qui sont donnés dans la grande salle sont à peine

Présentation des plans du nouveau Louvre au roi François Ier par l'architecte Pierre Lescot, v. 1546.
Fresque, ministère des Finances, Paris.

Massacre de la Saint-Barthélemy, le 24 août 1572. La reine Catherine de Médicis au centre, observant les cadavres. Peinture de François Dubois, 1572.
Musée d'Art et Histoire, Lausanne.

terminés, qu'on verse dans le drame. Le 23, le roi Charles IX apprend la tentative d'assassinat dont a été victime, la veille, l'amiral protestant Coligny. Une réunion du « conseil étroit » a aussitôt lieu au Louvre : seuls ses vieux murs savent ce qui s'y est décidé... Mais, dans la nuit, commence le massacre de la tristement célèbre Saint-Barthélemy : les nobles protestants sont chassés du palais et assassinés dans les rues avoisinantes. Leurs cadavres sont entassés dans la cour ou devant les portes du Louvre. Charles IX lui-même aurait tiré depuis sa fenêtre sur ceux qui tentaient de fuir en traversant la Seine. Henri de Navarre, réfugié dans le lit de son épouse, sera l'un des rares à y échapper. C'est le pire événement, sans doute, qu'ait connu le Louvre.

Sous Henri III, soupçonné de vouloir protéger les protestants, fêtes et alarmes se succèdent au palais. Ses bals sont célèbres dans toute l'Europe, mais la peur règne encore : on fait lever les ponts-levis et doubler les gardes. Toutes ces précautions se révèlent vaines, puisque Paris se soulève en 1588, lors des journées des Barricades. Acculé dans le Louvre, d'où il a cru pouvoir braver les ligueurs du duc de Guise et les Parisiens, le roi ne doit son salut qu'à la fuite. Il sort tranquillement, à pied, feignant de partir en promenade, tandis que Catherine de Médicis occupe le duc de Guise à parlementer. Des chevaux sellés l'attendent dans les nouveaux jardins des Tuileries... Il ne reviendra jamais : le 1er août 1589, il est poignardé à Saint-Cloud. C'est le prélude – avec l'accession au trône d'Henri de Navarre – de nouvelles querelles. Dans le parti catholique même, le duc de Mayenne qui brigue le royaume, fait pendre, en mai 1591, quatre de ses plus farouches opposants du Conseil des seize – qui administre alors les seize arrondissements de la capitale – aux solives de la salle des Cariatides ! Les bourgeois parisiens finissent par se lasser de toutes ces discordes et de voir des cadavres se balancer aux portes du Louvre. Pourtant, lorsque Henri IV, converti au catholicisme, entre dans Paris, en mars 1594, il est bien accueilli et le soir même, après la messe à Notre-Dame, un dîner l'attend au Louvre, comme s'il l'avait quitté la veille...

Dès 1594, Henri IV, en même temps qu'il reprend en main les affaires politiques, met en place – avec l'ambition d'agrandir le Louvre en le réunissant aux Tuileries – un ambitieux chantier qu'il nommera le « Grand Dessein » et qui commence par

Vue de la Grande Galerie longeant la Seine (construite à la demande du roi Henri IV), reliant le Louvre aux Tuileries, en 1610. Tableau par Louis Ier Poisson, collection Galerie des Cerfs, Fontainebleau.

la construction de la Grande Galerie – dite aussi galerie du Bord de l'Eau. Il ne séjourne cependant pas souvent au palais. C'est plutôt la reine, Marie de Médicis, qui lui redonne de l'éclat. Lorsqu'elle y arrive, un soir de 1601, quelques jours après leur mariage, elle n'y trouve, raconte le chancelier Philippe Hurault, aucune lumière pour la conduire : partout, la solitude et l'obscurité et de « vieils meubles », si bien qu'elle croit à une plaisanterie. L'assassinat du roi suspendra brutalement, en 1610, le Grand Dessein. Le 14 mai, le roi embrasse rapidement la reine pour se rendre au chevet de Sully, malade : « Je ne ferai qu'aller et venir. » Un quart d'heure plus tard, il est ramené gravement blessé. Henri IV sera le seul roi de France à mourir au Louvre, qui se pare pour l'occasion de tentures de deuil. Dans la salle des Cariatides, son effigie – un mannequin vêtu comme il l'était de son vivant, avec une figure de cire à sa ressemblance – est exposée sur un lit recouvert de drap d'or et environné de cierges. Elle y reste onze jours, durant lesquels tout le petit peuple de Paris vient lui rendre hommage.

Louis XIII loge depuis l'âge de neuf ans au Louvre – où il s'est amusé, comme tous les enfants, avec des escadrons de petits soldats de plomb et des figurines de faïence achetées à la foire Saint-Germain. En 1617, il assiste, comme nous allons le découvrir, depuis sa fenêtre, à l'assassinat de Concino Concini. Ce n'est qu'en 1625, qu'il reprend le « Grand Dessein » de son père, qu'il confie à l'architecte Jacques Lemercier. Celui-ci construit le pavillon de l'Horloge, tandis que la décoration de la Grande Galerie est confiée à Poussin. Le projet est ensuite poursuivi par le jeune Louis XIV et Mazarin, qui entreprennent d'aménager le Louvre pour en faire la plus prestigieuse des résidences royales. L'architecte Le Vau abat l'aile orientale, dernier vestige des temps médiévaux. Il termine l'aile nord de la cour Carrée, double l'aile sud et élève, sur la Seine, une façade ornée de colonnes corinthiennes. Le 6 février 1661, après avoir travaillé, tard dans la nuit, à monter la scène pour une représentation théâtrale, un ouvrier s'endort, laissant sans précaution un flambeau allumé près de planches. Le feu couve doucement, sans le réveiller, et n'éclate brusquement que vers neuf heures du matin. L'alarme est donnée alors que la fumée gagne déjà les appartements de Louis XIV, qui court prévenir Mazarin. Les flammes se propagent dans la Petite Galerie. On se passe les seaux, on fait une brèche à l'entrée de la Grande Galerie pour tenter d'arrêter le feu. Rien n'y fait ! On s'empresse d'aller chercher, à la proche église de Saint-Germain-l'Auxerrois, le Saint-Sacrement que le roi, la reine et la cour accompagnent

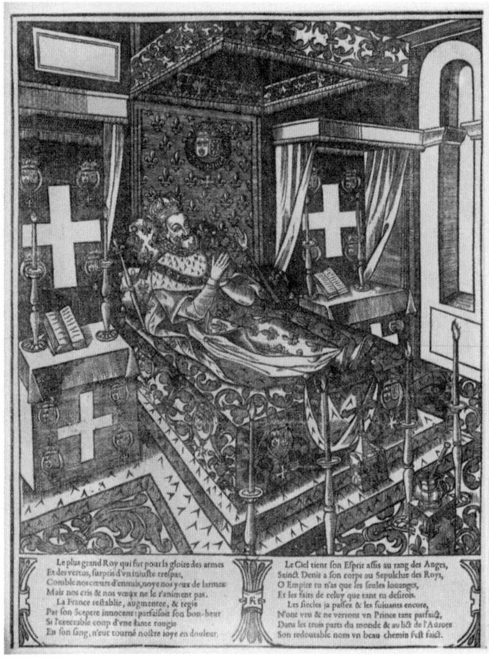

Henri IV (1553-1610)
sur son lit de mort au Louvre, 1610.
Gravure, Bibliothèque Nationale de France, Paris.

jusque devant l'incendie. L'intervention est miraculeuse : le vent tourne et les flammes s'étouffent. Toute la partie supérieure de la Petite Galerie est cependant détruite : elle sera reconstruite, plus vaste encore qu'elle n'était. Au Louvre, Louis XIV, qui prend aussi l'initiative, en 1665, de faire bâtir la grande colonnade ornant la façade sur la ville, aura sans doute fait œuvre de bâtisseur. Mais, en 1666, il part s'installer à Versailles. C'en est fini de la « carrière royale » du vieux palais !

Le Louvre est rapidement déserté, alors que rien n'est encore terminé, la colonnade n'est même pas couverte. Si bien qu'à partir de 1692, il est investi par des Académies de peinture, de sculpture, d'architecture, de politique et des sciences... Il devient aussi le logement d'artistes qui y emménagent à leur aise et le

détériorent peu à peu. Seule la Grande Galerie n'est pas complètement abandonnée. De ses fenêtres, on jouit d'un point de vue admirable sur la Seine, surtout lorsque, en quelques circonstances exceptionnelles, on y donne des joutes. On y voit alors des débardeurs vêtus de blanc, montés sur des barques blanches ou bleues, semées de fleurs de lys, chercher à se renverser avec des lances émoussées. La nuit venue, des palais flottants s'embrasent, lançant des gerbes de fusées qui se reflètent sur l'eau. Aussitôt la dernière fusée lancée, le Louvre retombe dans l'ombre. Sa dernière illustre occupante sera la petite infante, Marie Anne Victoire, promise au dauphin, qui n'a que quatre ans à son arrivée, en 1722. Elle passera cinq ans à égayer le vieux palais mélancolique et le « jardin de l'infante » de ses jeux et de ses rires, avant d'être finalement renvoyée chez elle.

C'est le marquis de Marigny, frère de la marquise de Pompadour et surintendant des Bâtiments, qui, en 1768, a l'idée de donner au Louvre un second souffle : il souhaite y constituer un musée à partir des collections royales. Cette idée sera reprise, en 1776, par le comte d'Angiviller, son successeur, mais il faudra attendre 1792 pour la voir se concrétiser. Le Louvre est en si triste état qu'il est épargné par la Révolution. Des maisons sont même venues encombrer sa cour Carrée. Si le muséum y est bien inauguré, le 18 novembre 1793, il est rapidement fermé pour réparations et aussi pour aménager de nouvelles salles dignes d'accueillir les chefs-d'œuvre que rapportent les armées victorieuses. La véritable inauguration a lieu le 9 novembre 1800, en présence de Bonaparte et Joséphine. Un changement radical qui sera suivi, en 1806, pas la farouche volonté de faire place nette : Napoléon fera déloger les artistes de la Grande Galerie et détruire les masures de la cour. En 1810, le Grand Dessein est repris, selon le projet de réunion du Louvre et des Tuileries. L'aile qui borde la rue de Rivoli est construite et, à peine est-elle terminée, qu'on décide que le mariage de

La Grande Galerie lors de sa première ouverture au public, en 1793. Tableau par Hubert Robert, v. 1795. Collection Musée du Louvre, Paris.

Mariage de l'empereur Napoléon Ier et de l'impératrice Marie-Louise de Habsbourg Lorraine, dans la Grande Galerie du Louvre, le 2 avril 1810. Gravure de 1810

l'Empereur avec Marie-Louise d'Autriche y aura lieu : le 2 avril 1810, le cortège nuptial se rend des Tuileries au grand salon transformé en chapelle, en passant par la Grande Galerie. Un des plus beaux spectacles qu'ait vu le Louvre : la galerie, inondée de soleil, a été, pour l'occasion, garnie de banquettes des deux côtés et huit mille billets d'accès ont été distribués.

Les revers s'accumulant bientôt, il ne sera pas plus aisé à Napoléon qu'à Henri IV ou Louis XIV d'achever le Louvre. Il en a cependant fait le plus beau musée au monde, riche de chefs-d'œuvre flamands et italiens, mais aussi antiques – même si c'est Louis XVIII qui y fera entrer la célèbre Vénus de Milo, qui lui a été offerte par son ambassadeur à Constantinople. Lorsque la révolution de 1830 éclate, le Louvre essuie quelques coups de feu échangés entre les insurgés et les Suisses, qui sont postés dans les salles du premier étage et tirent embusqués derrière les colonnes. Mais bientôt, les Suisses, assaillis de toutes parts, se replient. Aux cris de « Le Louvre est pris ! », le peuple ébranle les portes à coups de hache et se répand dans les galeries de tous côtés. Jamais le musée n'a couru pareils risques, fort heureusement, les collections sont en partie épargnées. Le calme revenu, ce sont les Salons qui s'y tiennent, jusqu'en 1848, qui font l'actualité du Louvre : c'est le temps des Delacroix, Ingres, Vernet... En 1848, on prépare l'accrochage du salon, lorsque la révolution éclate, mais il suffit d'écrire « Respect aux arts » sur les murs pour en éloigner, une première fois, les révolutionnaires. La nuit suivante, une foule surexcitée envahit à nouveau la cour avec des torches. La statue du duc d'Orléans qui s'y trouve éveille sa colère : elle est sauvée de justesse par l'éphémère directeur des Musées nationaux, le républicain Auguste Jeanron, qui la fait déboulonner et emporter. Il éprouvera encore quelques frayeurs lorsqu'une brigade de gardes nationaux s'installera dans la salle des sculptures antiques pour y bivouaquer. Certains ne peuvent s'empêcher d'écrire leurs noms sur les statues et de les coiffer de leur shako, d'autres de se coucher dans les sarcophages ou d'utiliser les vases grecs pour y faire leur cuisine...

Dès 1852, le nouvel empereur Napoléon III confie à Louis Visconti le soin d'entreprendre enfin les travaux de réunion du Louvre aux Tuileries. Parallèlement, le comte de Nieuwerkerke est nommé directeur des Musées nationaux en remplacement de Jeanron. Dans le cadre luxueux de son logement de fonction, il reçoit toute l'élite artistique et sociale de la capitale au cours de ses célèbres « vendredis du Louvre ». Bien que la politique soit officiellement bannie des conversations, ces réunions jouent un rôle politique non négligeable. Ils réunissent parfois entre

L'architecte Louis Visconti présente à Napoléon III le plan du nouveau Louvre. Peinture d'Ange Tissier, 1852. Musée du Louvre, Paris.

deux cents et quatre cents invités. « Une véritable cohue de célébrités », raconte Théophile Gautier, où se bousculent artistes et hauts fonctionnaires, comme le baron Haussmann. Napoléon III a exprimé le désir que le Louvre soit terminé en cinq ans : c'est chose faite et les nouveaux bâtiments sont inaugurés en août 1857. Le musée s'est considérablement agrandi et enrichi. Mais le Second Empire s'effondre à son tour sous le poids de la défaite et, en août 1870, Paris est menacé. Les conservateurs du musée emballent alors six cents tableaux des plus précieux pour les envoyer à Brest, où ils sont embarqués sur un vaisseau prêt à faire voile vers les États-Unis. La Vénus de Milo est protégée dans une cave de la préfecture de police. Lorsque, le 2 mars 1871, les Allemands entrent dans Paris, Bismarck, accompagné d'officiers, vient visiter le Louvre : dans les galeries de peinture, ne restent que les cadres ; et quand l'un d'eux demande à voir la Vénus de Milo, un gardien répond avec insolence : « Elle n'est pas visible aujourd'hui... » Le palais résistera une fois encore, lorsque les communards mettent le feu aux Tuileries, symbole de l'empire, le 24 mai 1871, grâce à l'incroyable bravoure d'une compagnie de soldats versaillais.

Pyramide du Louvre
par l'architecte Leoh Ming Pei, 1989.

Le Louvre connaîtra encore bien des mésaventures à travers les œuvres qu'il renferme : comme l'acquisition de la tiare d'or du roi scythe Saïtapharnès, en 1896, pour une somme colossale et qui se révèle être un faux ; la célèbre *Joconde*, volée en 1911 par un vitrier italien, qui la conserve pendant deux ans dans une valise sous son lit ; les déménagements successifs des tableaux, en province, pendant les deux guerres mondiales ; les salles vides transformées, en 1940, par les nazis en centre de tri des biens artistiques dérobés aux juifs... Désormais devenu musée, embelli depuis 1989 par la pyramide de Pei, le Louvre ne saurait être réduit à ce seul rôle d'écrin. Ses salles n'ont pas été conçues pour l'accrochage de tableaux. Chacune d'entre elles a autant de valeur que les œuvres qu'elle renferme. Il est une œuvre d'art à lui tout seul et ses murs ont bien trop d'histoires à raconter...

QU'EST DEVENU LE FABULEUX TRÉSOR DE **BLANCHE DE CASTILLE ?**

On n'accède aux remparts de Rhedae, sur le piton rocheux des Corbières, qu'après avoir grimpé une côte rude de cinq kilomètres. Au printemps de 1251, une reine de France gravit cet obstacle pour venir y enfouir un trésor. Un coffre-fort naturel, inaccessible et proche de son pays natal, l'Espagne. Blanche de Castille fait déposer cinq cent mille pièces d'or dans les souterrains du donjon, avant de s'en retourner sur Paris, où elle meurt, un an plus tard, sans avoir dévoilé sa cachette à quiconque. Le trésor dormira là environ quatre cents ans, quand un jeune berger, allant chercher sa brebis tombée au fond d'un puits en découvre, par un heureux hasard, une infime partie.

Puis trois cents ans passeront encore, avant que l'abbé Saunière, restaurant son église, ne découvre à son tour, cachés dans un pilier, les parchemins portant le sceau de la reine et comportant les plans pour accéder au trésor. À dater de ce jour, l'homme de foi s'est livré à des dépenses somptuaires. Toute une vie ne lui aurait pas suffi pour épuiser la montagne d'or royale, dont l'essentiel demeure encore aujourd'hui au fond de sa cache secrète... Telle est la légende du trésor de Rennes-le-Château ! Comment et pourquoi la reine Blanche de Castille s'est-elle retrouvée mêlée à cette aventure ? Et surtout d'où provenait ce fabuleux trésor ?

Blanche de Castille (1188-1252), femme du roi Louis VIII, reine de France. Gravure.

L'année 1250 a été éprouvante pour la vieille reine, à qui son fils, s'engageant pour la croisade, a laissé le royaume « à bail » – on ne parle pas encore de « régence ». Deux ans plus tôt, Blanche a pourtant supplié Louis de ne point s'embarquer, mais quand celui-ci a failli mourir en 1244 d'une dysenterie, il avait fait le vœu de « se croiser » s'il guérissait. Pendant quatre ans, il consacre tous ses efforts à réorganiser son gouvernement et à préparer son expédition. C'est ainsi qu'en août 1248, il abandonne entre les mains expertes de sa mère, avec les pleins pouvoirs, un royaume en bon ordre. La septième croisade débute par un succès. La nouvelle que Damiette, dans le delta du Nil, a été prise, le 6 juin 1249, provoque l'allégresse dans toutes les villes du royaume. Le gouvernement se maintient par ailleurs sans inquiétude, d'autant que la reine n'a plus à se préoccuper des révoltes des barons – qui ont agité la minorité de son fils – puisque la plupart d'entre eux l'accompagnent en Terre sainte. On attend donc l'entrée imminente et victorieuse du roi au Caire, lorsqu'on apprend la déroute de l'armée à Mansourah, la mort de Robert d'Artois, le fils cadet de Blanche, et la capture du roi Louis IX, le 6 avril 1250. Cet événement dramatique est si inattendu que les messagers venus rapporter ce désastre sont aussitôt pendus, accusés d'être des propagateurs de fausses nouvelles… Malheureusement, celles-ci se révèlent réelles.

Le premier souci de Blanche de Castille, avant même de connaître le montant de la rançon exigée par le sultan, est de tout mettre en œuvre pour procurer à son fils des secours d'hommes et d'argent. Quelle déception ! La plupart des villes refusent de participer. Même le pape Innocent IV reste indifférent, préférant organiser une autre croisade contre le nouvel empereur Conrad, avec qui il est en conflit. Indignée, la reine menace alors de confisquer les biens de tous les seigneurs français qui décideraient de le suivre. Bien entendu, aucun ne s'y risque… mais aucun ne rejoint non plus l'Égypte pour libérer Louis.

Aussi, d'abord méfiante, se montre-t-elle favorable au mouvement qui se crée autour d'un certain maître Jacques de Hongrie. Ce moine cistercien d'origine hongroise s'est mis à prêcher en Picardie, afin de partir pour la Terre sainte délivrer le roi de France. Il réussit à réunir autour de lui plusieurs milliers de jeunes paysans et bergers, en qui la reine place désormais beaucoup d'espérance. Hélas, maître Jacques se révèle bientôt être un illuminé, qui s'attribue tous les pouvoirs spirituels et s'attaque sans pitié aux prêtres, aux moines et aux églises... Se séparant en trois branches, auxquelles se sont joints peu à peu plus de vagabonds pillards que de vrais bergers, ses « pastoureaux » marchent vers Bourges, Orléans et la Bretagne, avant de finir écrasés par les milices bourgeoises, excédées par leurs débordements. C'est pour fuir les désordres créés par ces bandes que la reine Blanche se serait hâtée d'aller mettre le trésor royal à l'abri.

Thibault IV de Champagne (1201-1253) venu avertir la reine Blanche de Castille du danger qu'elle court.
« Paris à travers les siècles », de Genouillac, 1881.

En effet, le royaume de France est riche. C'est même le plus puissant du monde chrétien. Ce qui semble à peine croyable lorsqu'on songe que, moins de trois cents ans plus tôt, Hugues Capet, l'aïeul de Louis, a été choisi pour roi par ses pairs, en grande partie parce que son domaine était le plus modeste de tous. Les « barons » sont d'ailleurs toujours à l'affût de la moindre défaillance : pendant la minorité de Louis, ils se sont encore rebellés, mais Blanche a su les apaiser ou les soumettre. Il faut dire que l'un des plus importants, le comte Thibaud de Champagne, se pâmait d'amour pour elle. Il aurait suffi à la reine de lui dire : « Ah ! Comte, il est mal à vous de guerroyer contre le roi », pour qu'il renonce aussitôt !

Louis IX et les Croisés, en partance pour Carthage lors de la 8e croisade, en 1270.
Illustration par Albert Sebille.

Les terres sont fertiles : les rendements ont profité des progrès récents (assolement, charrue attelée) et les habitants ignorent la famine. L'artisanat est lui aussi florissant. Entre l'Europe du Nord et l'Italie, le royaume constitue un immense carrefour commercial, où les foires de Champagne sont particulièrement réputées et fréquentées. En outre, l'université de Paris lui assure un rayonnement intellectuel exceptionnel. Toute cette prospérité est aussi le résultat d'une habile politique d'extension – par la guerre et les alliances matrimoniales – et celui d'une saine gestion financière. Le grand-père de Louis, Philippe Auguste, a réformé toute l'administration fiscale, créant un corps de représentants royaux, baillis et sénéchaux, chargés de percevoir les revenus du domaine royal et les impôts. Louis lui-même, afin de vérifier qu'ils agissent équitablement, a renforcé leur surveillance par des enquêteurs royaux. Ce sont ainsi au moins deux cent mille livres « tournois » qui entrent annuellement dans ses coffres. Bien sûr, les barons ont droit de battre monnaie sur leur terre, mais la livre tournois – frappée dans l'atelier de Tours – est devenue, par décision de Louis, la monnaie de compte de l'ensemble du royaume. Elle correspond alors à un peu plus de huit grammes d'or. Le roi mène d'ailleurs grand train, non qu'il soit dépensier, mais il est fort généreux. Soucieux cependant de ne pas accabler les pauvres de taxes, il sait tirer modèle de cette générosité pour solliciter celle des riches nobles ou bourgeois. C'est ainsi qu'il fait financer une grande partie de son œuvre de bâtisseur : églises, fortifications, hôpitaux, maisons-Dieu... Son règne est aussi celui des grands architectes. Avant de partir en croisade, il patiente jusqu'en 1248, afin de voir terminée la magnifique Sainte-Chapelle – élevée en deux ans par Pierre de Montreuil – et qui abrite une précieuse relique, la couronne d'épines du Christ, qu'il a par ailleurs achetée à prix d'or. Il doit aussi attendre que soit achevée la construction du nouveau port d'Aigues-Mortes.

En effet, la préparation de la croisade n'est pas une mince affaire. Elle met fort à l'épreuve le trésor royal, d'autant plus que les autres souverains européens refusent de s'y associer. Il s'agit quand même de transporter jusqu'en Égypte, puisqu'on a décidé de débarquer dans le delta du Nil, plusieurs milliers d'hommes, avec toute l'organisation logistique que cela suppose : équipement, moyens de transport, nourriture... On estime l'armée de Louis IX à quinze mille hommes, dont deux mille cinq cents chevaliers. L'effort financier n'est bien sûr pas supporté par le roi seul : le comte de Champagne lui fournit mille hommes, dont un certain nombre de chevaliers ; le frère du roi, Alphonse de Poitiers, apporte quant à lui cinq mille livres tournois et sa sœur Isabelle équipe dix chevaliers... Il n'en reste pas moins que l'essentiel des dépenses incombe au roi, qui a même été obligé d'aider certains des mécènes à équiper leurs hommes. Car la plupart des barons ne partagent pas son enthousiasme à s'engager dans pareille aventure, ou n'en ont tout simplement pas les moyens : le comte d'Angoulême n'a consenti à partir avec douze chevaliers, qu'à condition qu'on lui avance quatre mille livres, qu'on lui verse à perpétuité une pension de six cents livres et que ses hommes et lui soient nourris pendant toute la durée de l'expédition ! Au total, on peut situer la dépense du roi entre cinq cent mille et un million de livres tournois. À quoi s'ajoute naturellement le problème logistique du transport. Le roi ne dispose évidemment pas d'une flotte suffisante pour embarquer tous ces hommes, ni les chevaux, matériels de guerre et autres nourritures... Il doit louer à Marseille, à Venise ou à Gênes, trente-six navires dont il faut aussi engager et payer les équipages. Sans oublier que le royaume manque d'un port sur la Méditerranée ! On pourrait utiliser ceux de Marseille, Montpellier ou Narbonne, mais il se trouve que ces régions sont encore agitées – la croisade contre les Albigeois a laissé de fortes traces. Aussi, plutôt que de se lancer dans d'âpres négociations avec ces trois villes, le roi préfère-t-il terminer le nouveau port d'Aigues-Mortes, qui servira plus tard de base d'échanges commerciaux. Dès le début de son règne, il acquiert, dans cette perspective, quelques terrains marécageux près de Nîmes, qu'il commence à aménager en 1241. Le lieu, où se regroupent quelques habitations de roseaux, a l'avantage d'être relié à la mer par un canal datant des Romains. Le roi y commande d'amples aménagements – qui, d'ailleurs, ne le dispensent pas de tractations avec Nîmes et Montpellier, quand il s'agit de détourner les voies commerciales pour l'approvisionner. Il est heureusement aidé par la contribution de différentes villes du royaume, comme Paris, Laon ou Beauvais. Enfin, ayant pris l'oriflamme à Saint-Denis en juin, c'est en août 1248 que le roi embarque sur le *Montjoie* vers sa première étape : Chypre.

Là ne s'arrêtent pas les dépenses induites par la croisade et qui pèsent fortement sur le trésor royal. Il faut encore organiser la défense de Damiette, remarquablement assurée par l'épouse de Louis, Marguerite de Provence, qui pourtant vient juste d'accoucher – l'enfant est prénommé Jean Tristan, en rapport avec les tristes circonstances dans lesquelles il est né. Elle a en effet volontiers suivi son mari en croisade, trop contente peut-être de se trouver un temps loin de sa très respectée, mais encombrante, belle-mère, qui veille à la sainteté de son fils jusque dans la chambre conjugale... Ce n'est qu'en se cachant de Blanche, que Louis pouvait jusqu'ici retrouver sa femme dans l'intimité. Car quand celle-ci les surprenait ensemble, elle disait à son fils : « Que faites-vous ? Vous employez mal le temps, sortez ! », et le roi, obéissant, sortait... Il avait finalement eu l'idée de prendre un chien, dressé à japper quand sa mère arrivait, ce qui lui permettait de s'échapper avant qu'elle n'entre.

Saint Louis et sa femme Marguerite de Provence, interrompus par Blanche de Castille. Gravure d'après Deveria, 1839. Collection BNF, Paris.

Alors qu'on craint que les Sarrasins ne viennent mettre le siège devant Damiette et que tous les bourgeois, de Pise, de Gênes et autres qui y vivent songent à s'enfuir pour ne pas mourir de faim, Marguerite les retient en dépensant trois cent soixante mille livres pour acheter tout ce qu'elle peut de vivres. Mais il reste évidemment la rançon à payer ! Un million de besants d'or – soit cinq cent mille livres tournois – exigés par le sultan, en même temps que la restitution de Damiette et la libération des prisonniers. Certains barons offrent de payer leur part, mais le roi s'y oppose. Il craint que seuls ceux qui en ont les moyens puissent se délivrer et que les autres restent dans les fers. « Un roi de France, a-t-il fait répondre au vainqueur, ne se rachète point pour de l'argent. On donnera la ville de Damiette pour ma délivrance, et le million de besants d'or, pour celle de mon armée. »

Le sultan a-t-il été impressionné de cette noble attitude ? Toujours est-il qu'il a réduit de lui-même la rançon à quatre cent mille livres.

Louis IX, dit Saint Louis (1214-1270).

Ce retournement de situation est miraculeux. Un premier versement de deux cent mille livres doit être effectué immédiatement. Le frère du roi, Alphonse, qui a rejoint Damiette un an après le départ du roi, amène avec lui, si l'on en croit le chroniqueur anglais Mathieu Paris, « onze chariots traînés chacun par quatre chevaux robustes, et chargés de deux grands tonneaux reliés en fer et contenant des talents, des sterlings, de la monnaie de Cologne ». Il s'agit vraisemblablement du produit de la décime – un dixième du revenu des cardinaux et des évêques – levée pendant les trois dernières années sur le clergé, en tant que contribution spéciale aux guerres saintes. Il faut alors plusieurs jours pour peser les pièces d'or, dix mille par dix mille. Au bout du compte, il manque trente mille livres.

Le sénéchal de Joinville est alors chargé d'aller les demander aux Templiers, qui possèdent un bateau chargé des coffres de leurs clients partis en croisade. À cette époque, le Temple joue, pour les fortunes privées, comme pour la fortune royale, un rôle de gardien. Mais le grand-maître s'y oppose : cet argent ne lui appartient pas, il est à ceux qui le lui ont confié. Comme

Joinville insiste et le menace, il lui propose de le prendre par la force. Ainsi, l'honneur du Temple reste sauf ! Un mois après la défaite, avant même que la nouvelle parvienne en France, Louis est libéré et rejoint son épouse à Damiette. Mais la rançon n'a pas été versée intégralement. À l'instar de son frère Alphonse, resté en otage aux mains du sultan, beaucoup de chrétiens sont encore prisonniers dans les geôles sarrasines. Le roi ne ne se résout pas à les abandonner. Il décide d'aller s'installer en Syrie, à Saint-Jean-d'Acre, avec la reine Marguerite et ceux qui accepteront de l'accompagner. Une manière peut-être, à presque quarante ans, de prendre enfin son indépendance vis-à-vis de sa mère ! Louis adresse alors à l'ensemble de ses sujets de France une touchante lettre les priant de lui porter secours. Car l'argent manque cruellement et la plupart de ceux qui ont accepté de rester avec lui en Palestine ont été dépouillés de tous leurs biens et se retrouvent ruinés. Blanche accepte à contrecœur la décision de son fils. Elle ne reste cependant pas insensible à son appel, et fait enlever jusqu'aux ornements des églises pour lui dépêcher un vaisseau chargé d'argent. Ce qui n'empêchera pas son fils, quelques années plus tard, de devoir recourir à l'emprunt pour financer sa huitième croisade…

Aussi est-il bien difficile d'accréditer la thèse d'une visite de la reine Blanche à Rennes-le-Château, surtout pour y mettre à l'abri cinq cent mille pièces d'or qui auraient davantage servi aux desseins de son bien-aimé fils. D'ailleurs, le trésor royal était sans aucun doute bien plus en sécurité au cœur de Paris, dans la tour du Temple – et sous la garde des chevaliers templiers, à qui il était confié depuis plus d'un siècle – que dans le pays cathare récemment conquis. À moins que la légende n'ait confondu la reine avec une autre Blanche (descendante de Saint Louis), malheureuse épouse, un siècle plus tard, du roi de Castille, Pierre le Cruel, qui la fit assassiner et dont le fantôme erre encore aujourd'hui dans les châteaux de la région. Et dont la dot, conséquente dit-on, n'est jamais arrivée entière en Castille…

CHARLES VI

PANIQUE AU BAL DES ARDENTS

Ce 28 janvier 1393, on danse à l'hôtel Saint-Pol pour fêter les épousailles de la dame d'honneur de la reine Isabeau. Catherine de Hainserville, déjà deux fois veuve, convole avec le jeune chevalier de Vermandois. Dans cette France du XIVe siècle, il est coutume d'organiser un charivari lors des remariages. Une plaisanterie populaire, souvent condamnée par l'église où l'on voit de jeunes hommes masqués et déguisés se moquer des époux. Un incroyable ballet de vociférations, de sifflements et d'épouvantes pour amuser la galerie. Ainsi, dans une chambre à l'écart, Hugonin de Guisay, écuyer du roi Charles VI, fait venir six cottes de toile qu'on enduit de poix et de goudron, sur lesquels on sème des plumes et des tiges de lin. Il convie cinq nobles comparses, dont le roi, qui s'empressent de revêtir ces costumes de « sauvage ».

Aucun d'entre eux ne se doute de la tragédie qui s'annonce. Rendus méconnaissables, c'est ainsi qu'ils débarquent, le roi en tête, gesticulant et dansant, dans la grande salle de bal. Dans la semi-obscurité, on cherche à deviner qui se cache sous ces accoutrements. Le frère du roi, Louis, duc d'Orléans, s'empare alors d'une torche et s'approche imprudemment. Aussitôt, la poix s'échauffe et les chemises prennent feu. Charles VI s'enflamme. Par chance, il s'écarte du groupe et doit sa survie à la présence d'esprit de la duchesse de Berry – la jeune épouse de son oncle – qui l'enveloppe vivement dans sa cape et son jupon pour étouffer le feu.

Charles VI (1368-1422).
The Granger Collection, NYC.

Des quatre chevaliers transformés en torches vivantes, un seul survivra qui s'est souvenu à temps de la proximité de la cuve d'eau où l'on rince les tasses. Cette funeste plaisanterie a bien failli coûter la vie au roi. Le lendemain, lorsque la nouvelle se répand, la colère gronde dans Paris : Comment un tel accident a-t-il pu arriver ? Quelqu'un aurait-il voulu attenter à la vie du bien-aimé souverain ? L'amitié qui lie la reine Isabeau, réputée volage, à Louis, son jeune beau-frère, semble alors des plus suspectes...

Il faut dire que le petit peuple parisien est très attaché à son roi. Charles VI est un beau jeune homme de vingt-cinq ans, robuste et aux traits réguliers, excellent cavalier, adroit à l'arc et au javelot. Et surtout réputé simple, affable et généreux. On a vite oublié les violences qui ont marqué le début de son règne : la mise à sac et l'incendie de Courtrai – après la révolte de Flandre en 1382 – et la sanglante répression qui a suivi les insurrections provoquées par le rétablissement des impôts. On rejette la responsabilité de ces actes barbares sur ses oncles, qui, à l'époque, s'étaient attribué la régence du royaume. Certes, c'est bien le roi qui chevauchait en tête des troupes – aimant la guerre autant que la chasse – mais il n'avait même pas quinze ans. Dès qu'il a pu se dégager de la tutelle de ses oncles – les ducs d'Anjou, de Berry et de Bourgogne –, le roi a rappelé sagement auprès de lui les « Marmousets », vieux conseillers de son père Charles V, partisans de la paix et du « bon gouvernement », se réconciliant ainsi avec son peuple.

Si les Parisiens tiennent tant à lui, c'est sans doute aussi parce qu'ils redoutent par-dessus tout le retour au pouvoir des ducs de Bourgogne et de Berry, le duc d'Anjou étant mort depuis peu. On les accuse, non sans raisons, d'accabler le peuple d'impôts pour financer des guerres qui ne servent qu'à leur profit. Il y a tout lieu aussi de se méfier des autres intrigants qui gravitent autour du jeune roi. À commencer par la reine, Isabeau de Bavière, qui parle à peine français et dont le mariage

Le Bal des Ardents ou le Bal des Sauvages, le 28 javnvier 1393.

a été arrangé par le duc de Bourgogne. Et que penser du frère du roi, Louis d'Orléans, tellement arrogant ? Faut-il voir une simple maladresse dans le fait d'approcher sa torche si près du roi lors du bal ? La menace circule ouvertement : si le roi avait péri brûlé, ni son frère, ni ses oncles ne seraient sortis vivants de la capitale ! Mais le roi a survécu. Un miracle dont on s'émerveille et pour lequel il faut remercier Dieu. On a d'ailleurs pu l'apercevoir à la cathédrale Notre-Dame pour une messe d'actions de grâces, somme toute l'inquiétude reste vive. Nul n'ignore que, quelques mois plus tôt, le roi avait perdu un moment la raison. Et si ce bal tragique la lui ôtait de nouveau ?

Le 5 août, Charles était parti en campagne pour venger la tentative d'assassinat dont avait été victime son ami, le connétable Olivier de Clisson, et qui l'avait mis dans une colère telle qu'il était bien décidé à poursuivre le coupable, Pierre de Craon, jusque dans le duché de Bretagne, où celui-ci s'était réfugié. Sortant du Mans à la tête de ses hommes, Charles vit surgir, à hauteur de la léproserie, un misérable en haillons qui arrêta son cheval, puis le suivit et le harcela pendant plus d'une demi-heure en criant : « Ne va pas plus loin, noble roi, on te trahit. » Les soldats finirent par écarter rudement l'homme et la chevauchée continua, sans qu'on se préoccupe davantage des paroles de ce fou.

Derrière Charles, venaient deux pages, dont le premier cogna vraisemblablement sa lance contre le bouclier ou le casque du second. Au bruit métallique, le roi qui s'était assoupi sous l'effet de la chaleur, perdit soudain la raison et s'imaginant cerné de toutes parts, tira son épée et chargea ses pages en hurlant :

« En avant, en avant sur ces traîtres ! » Comme ils s'enfuyaient, Charles se rua sur son frère qu'il poursuivit, tuant au passage quatre hommes, avant que son arme ne se brise. Finalement, son chambellan parvint à le maîtriser. Le roi avait les yeux d'un dément et ne reconnaissait plus personne. C'est donc ligoté qu'il fut ramené au Mans, à bord d'un chariot. Trois jours durant, le roi resta prostré, à demi conscient. Les médecins craignaient pour sa vie. Le pays tout entier pria pour sa guérison. Peu à peu il se remit, toutefois Guillaume de Harcigny, le médecin appelé à son chevet, fut formel : « Qu'on se garde de le courroucer et mélancolier, car encore il n'est pas bien ferme dans tous ses esprits. » Il savait, lui, que ce n'était pas la première alerte. En mars déjà, le roi était tombé malade, lui qui jouissait jusque-là d'une santé parfaite – un « chaud mal » au cours duquel il avait tenu des propos insensés et fait des gestes « indignes de la majesté royale ». Il était d'ailleurs à peine remis quand il s'était lancé dans cette expédition de Bretagne, que son chroniqueur officiel, le « Religieux de Saint-Denis », qualifia de déraisonnable.

Dans un premier temps, le roi paraît bien se remettre de la tragédie du bal. Mais, en juin, il est pris de nouveaux délires. Cette fois, il soutient ne pas se nommer Charles, mais Georges, et qu'il n'est pas roi de France. Aussi s'empresse-t-il de gratter rageusement ses armoiries, dès qu'il les découvre sur sa vaisselle ou sur ses meubles. Il ne reconnaît plus la reine, d'ailleurs il n'est pas marié et il n'a pas d'enfants. Cette année-là, pourtant, naît son sixième enfant – il en aura douze avec Isabeau. Pour l'heure, il la repousse et la menace en disant à ses gens : « Quelle est cette femme dont la vue m'obsède ? » Il semble en revanche s'intéresser de près à la femme de son frère, Valentine Visconti, fille du seigneur de Milan, qu'il nomme « sa sœur bien-aimée ». Soupçonnée d'avoir ensorcelé le roi, celle-ci doit bientôt quitter Paris. Durant des jours, Charles s'agite, dansant

La folie de Charles VI (1368-1422). « Chroniques de Enguerrand de Monstrelet ». Bibliothèque Nationale, Paris.

« de façon burlesque et obscène » dans son hôtel Saint-Pol, dont on finit par murer les fenêtres. Et, lorsqu'il retrouve tout son entendement et sa raison, c'est pour sombrer dans les remords et la tristesse, honteux de ce qui s'est passé. Jusqu'à ce qu'une prochaine crise survienne.

Loin de se préoccuper des troubles et des complots qui agitent le pays, Charles fonde, le jour de la Saint-Valentin 1401, une cour d'amour, association littéraire et festive, qui perpétue la tradition de l'amour courtois. Délires et rémissions s'enchaînent. Et quel que soit son état psychique, ses oncles s'accrochent au pouvoir. En 1405, le roi refuse pendant cinq mois de se laver, de changer de linge et de se laisser raser. Il est dans un si triste état que le président de l'université de Paris intervient pour réclamer « que l'on s'occupe avec plus de zèle de la santé du roi, même malgré lui ». Un soir, des serviteurs le saisissent par surprise pour une toilette forcée. Schizophrénie, troubles bipolaires liés à un problème de consanguinité – ses parents étaient cousins germains – ? On en débat encore. Toujours est-il que l'origine de son mal ne résout en rien le problème qui se pose : qui peut gouverner le royaume, lors de ce qu'on nomme pudiquement ses « absences » royales ?

Les inquiétudes des Parisiens se confirment sur ce point, car la situation ne tarde pas à s'envenimer. Quelques jours seulement après le bal des Ardents, Charles – conscient de ce à quoi il a miraculeusement réchappé – prend la précaution d'envisager une régence, qu'il confie à son « cher et très aimé frère, Louis, duc d'Orléans ». Louis n'a que vingt et un ans et paraît bien jeune pour assumer la charge du gouvernement, sur lequel ses deux puissants oncles remettent aussitôt la main. Les Marmousets rapidement écartés, l'un et l'autre vont pouvoir à nouveau puiser dans le trésor royal. Le duc Jean de Berry s'en félicite, trop heureux d'assouvir à nouveau sa passion des collections et du luxe. Le duc de Bourgogne, Philippe le Hardi, se pose alors comme le véritable maître du royaume. Il confie

Isabeau de Bavière, reine de France (1371-1435). Collection Grégoire

le conseil de régence à la reine Isabeau – qui n'a pourtant elle-même que vingt-trois ans – mais il est sûr de sa reconnaissance, puisque c'est à lui qu'elle doit son trône. Seulement, contre toute attente, la jeune reine lui préfère Louis d'Orléans : ils ont presque le même âge, partagent le goût pour les fêtes, la danse et les bijoux... On prétend même qu'ils sont amants. Aussi décide-t-elle d'appuyer son séduisant beau-frère. Lequel n'est pas décidé à se laisser écarter si facilement du pouvoir par son oncle. Il ne perd pas une occasion de se dresser contre lui au Conseil royal. Et les occasions ne manquent pas. En cette époque de Grand Schisme où siègent deux papes, l'oncle soutient celui de Rome, et le neveu celui d'Avignon. Cette malheureuse rivalité va précipiter le royaume vers la guerre civile.

Philippe le Hardi, duc de Bourgogne, a d'abord assez de puissance et d'autorité pour contenir son neveu rival. Mais il meurt en 1404, et Louis, toujours soutenu par la reine, en profite pour évincer le personnel bourguignon de l'administration. Le nouveau duc de Bourgogne, fils de Philippe le Hardi, fomente avec habileté des rumeurs pour se maintenir au pouvoir. Il est vrai que Jean sans Peur, taciturne et laid, excelle en la matière. Les deux cousins se vouent une haine profonde. Louis a pris pour emblème un bâton noueux avec la devise *Je l'ennuie*, à quoi Jean répond en choisissant le rabot et la devise *Je le tiens*. En réalité, Jean ne voit qu'une solution pour se débarrasser de son adversaire : le faire disparaître. Ce sera chose faite, le 28 avril 1407. Le meurtre du duc Louis d'Orléans, perpétré par des sbires de Jean sans Peur, à coups de hache, paraît à tous si odieux que ce dernier doit s'enfuir quelque temps. Mais il sait, à grand renfort de calomnies, rendre sa victime particulièrement antipathique aux Parisiens, qui prennent alors la défense du criminel. « Le baston noueux est plané [raboté] ! » sera la seule oraison funèbre qu'ils accorderont au frère du roi. Jean sans Peur rentre donc bientôt en grâce auprès de la reine Isabeau qui, nécessité fait loi, change de camp : de 1409 à 1413, le gouvernement est à nouveau bourguignon.

Le duc Jean de Berry sort alors de sa semi-retraite pour s'opposer à son neveu et s'ériger en défenseur du jeune successeur de Louis, Charles d'Orléans, âgé de treize ans. Il coalise autour du prince une ligue qui regroupe le duc de Bretagne et le beau-père du roi Charles VI, le comte Bernard VII d'Armagnac, entouré de ses redoutables mercenaires. L'affrontement entre les Armagnacs et les Bourguignons tourne immédiatement au conflit armé. Quand Bernard VII marche sur Paris, Jean sans Peur marche sur Bourges, capitale du Berry... Le Bourguignon a l'avantage et se sent tout-puissant. En 1413, il soutient l'insurrection parisienne, contraignant avec lui le roi, coiffé du bonnet blanc des Cabochiens, à signer une ordonnance qui limite le pouvoir royal. Mais il commet une erreur : il est débordé par la violence des révoltés, qui s'en prennent au dauphin. Il doit alors s'enfuir, tandis que les Armagnacs – nouveau revirement de la reine – reviennent au pouvoir.

Au même moment, les ambitions des souverains anglais sur la Normandie et l'Aquitaine, qui s'étaient assoupies depuis plus de trente ans, renaissent avec l'accession au trône d'Henri V de Lancastre, bien décidé à profiter à son avantage de la guerre civile en France. Aussi débarque-t-il en Normandie en 1415, où il décime la chevalerie française à Azincourt, et prend peu à peu pied sur le territoire. La lutte entre Armagnacs et Bourguignons n'en continue pas moins, les uns et les autres n'hésitant pas à traiter avec les Anglais, au gré de leurs intérêts. Les premiers font régner la terreur à Paris, qui fait appel aux seconds pour les soutenir, ce qui donne lieu à de nouveaux massacres. La reine et le dauphin Charles (futur Charles VII), en âge de devenir régent, doivent alors se réfugier à Bourges. Le roi, quant à lui, est emmené à Troyes, à l'abri de la menace anglaise, qui se précise sur la capitale.

Une entrevue de réconciliation est décidée entre Jean sans Peur et le dauphin, à Montereau, dans une ambiance plus que tendue, le 10 septembre 1419. Mais le ton monte. Jean met la main à son épée et tombe aussitôt, transpercé de coups par la garde royale. C'en est trop pour le fils de Jean sans Peur, Philippe le Bon. Il prend le parti de s'allier avec le souverain anglais, Henri V. Cette alliance anglo-bourguignonne parvient, en 1420, à imposer à la reine, puis au roi lui-même, le « honteux traité de Troyes » : le dauphin Charles – que sa propre mère avoue illégitime – est déchu de ses droits, au profit du roi d'Angleterre. Ce dernier, en épousant la fille de Charles VI, devient son héritier et est nommé régent de France ! Comment imaginer pire situation ? Le roi est-il seulement conscient de ce qu'il a entériné ?

Depuis longtemps déjà, bien que les crises de folie du roi Charles VI se soient espacées, on le ménage et on veille surtout à le tenir soigneusement à l'écart du pouvoir central. Jean sans Peur a en effet introduit auprès de lui une jeune Bourguignonne d'une grande beauté, Odette de Champdivers, dite Odinette, qui l'accompagne, l'apaise et le distrait. Tandis que le royaume est à feu et à sang, elle lui apprend à jouer aux cartes – le tarot que l'on dira « de Charles VI ». On prétend même qu'elle porte les habits de la reine dans le lit du roi, qui ne se serait pas aperçu de la substitution… Le peuple ne tarde d'ailleurs pas à la nommer « la petite reine ».

C'est elle qui se trouve auprès du roi lorsque celui-ci meurt, le 21 octobre 1422, à Paris, et c'est encore elle qui suit, vingt jours plus tard, en l'absence d'Isabeau, les grandioses funérailles qui emmènent la dépouille royale à la basilique Notre-Dame de Saint-Denis – escortée par un cortège franco-anglais qui scande : « Vive le roi Henri de France et d'Angleterre [...] comme si Dieu fût descendu du ciel. » Tandis qu'à Bourges un autre « petit roi » est, lui, acclamé par une poignée de fidèles, sous le nom de Charles VII. Sursaut de nationalisme qui sera bientôt cristallisé autour d'une certaine Jeanne d'Arc, mais ceci est une autre histoire. En dépit de ses absences, Charles VI est resté jusqu'au bout « le Bien-Aimé » – ce n'est que plus tard qu'on lui donnera le surnom de « Fol ». Son règne durera quarante-deux ans, c'est l'un des plus longs de l'Histoire de France... Et c'est bien là le plus étonnant paradoxe car, en ces temps plus que troublés de la guerre de Cent Ans – où les stigmates d'une guerre sanglante et fratricide dépassent largement en fureur les pauvres égarements d'un roi – nul n'aura jamais songé à le détrôner !

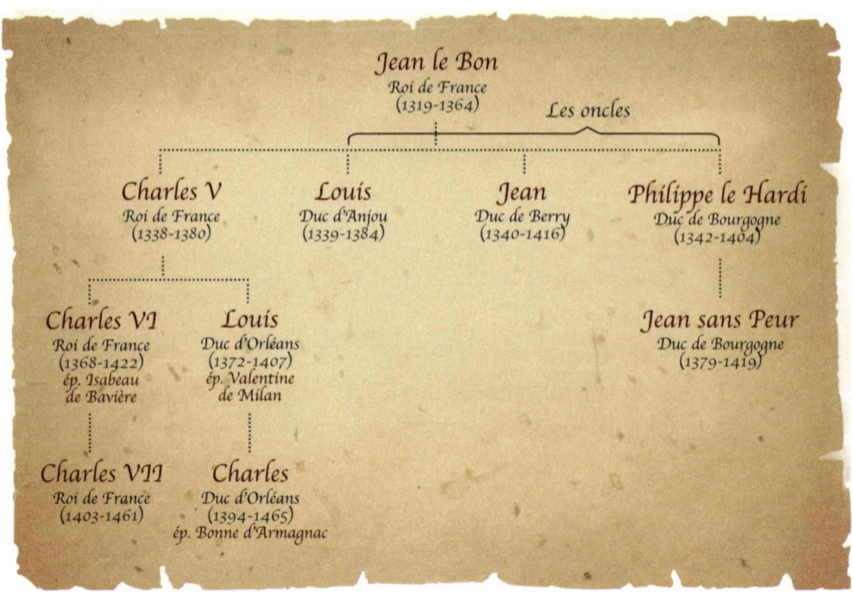

Le roi Charles VI de France avec sa maîtresse
Odinette (Odette) de Champdivers.
Gravure par le docteur Th.-F. Debray, 1879.

LE SAINT-GRAAL,
MYTHE OU RÉALITÉ ?

Au soir d'une longue chevauchée, le jeune Perceval trouve l'hospitalité dans la somptueuse demeure d'un noble infirme. Pendant que le chevalier et son hôte conversent, un jeune homme portant une lance blanche traverse en silence la grande salle du château. Il n'échappe pas à Perceval qu'une goutte de sang perle de la pointe de cette lance jusqu'à la main du porteur, mais il n'ose s'enquérir de cet étonnant phénomène. En effet, un bon chevalier ne doit s'exprimer qu'en cas de stricte nécessité. Il se tait donc lorsqu'il voit ensuite passer deux jeunes gens avec des candélabres d'or, accompagnés d'une élégante demoiselle tenant un graal entre ses mains, suivie d'une autre avec un tailloir (un petit plateau pour découper la nourriture).

Le graal retient toute son attention. Fait de l'or le plus pur, orné des pierres les plus précieuses, il rayonne avec une telle puissance qu'il éclipse toutes les chandelles de la pièce. L'étonnant cortège change de pièce sans que le chevalier ose formuler la moindre question à leur sujet. Pendant le festin, il feint à nouveau d'ignorer la présence du graal dont la clarté prodigieuse irradie, alors que ce dernier passe et repasse devant eux à chaque mets. L'heure du coucher venue, le généreux seigneur prend congé de son hôte et se fait transporter hors de la salle par quatre serviteurs. Perceval n'aura plus jamais aussi belle occasion d'obtenir les réponses sur les secrets du graal. Le mystère de la quête du Graal ne cessera de tourmenter les esprits jusqu'à nos jours.

Le chevalier Perceval en quête du Saint-Graal, par Ferdinand Leeke, 1912.

Perceval va se coucher à son tour et s'éveille le lendemain dans un château désert. Le jeune chevalier ne s'en inquiète guère et enfourche son cheval prêt au départ dans la cour du château. Sans hésiter, il franchit le pont-levis abaissé. Sans doute les serviteurs seront-ils sortis relever des pièges dans la forêt ? Il espère croiser l'un d'entre eux. Il en profitera pour le questionner sur cette étrange lance qui saigne et sur ce mystérieux graal. À peine Perceval a-t-il franchi le pont qu'il se relève brutalement. Il a beau crier, personne ne répond à ses appels. À quoi ressemble précisément l'objet aperçu la veille ? Que contient-il ? Comment cet énigmatique récipient, apparu pour la première fois dans un récit de la fin du XIIe siècle, va-t-il devenir le Saint-Graal ? Pourquoi les chevaliers du roi Arthur qui, jusqu'alors, n'étaient en quête que d'aventures féeriques ou de l'amour de leur dame, se consacreront-ils désormais à son unique recherche ? Quel est son lien avec la Passion du Christ ?

Paradoxalement, son origine ne se trouve ni dans la Bible, ni dans l'histoire des croisades. La première apparition du Graal se fera dans l'un des tout premiers chefs-d'œuvre de la littérature française : le *Conte du Graal* de Chrétien de Troyes, un récit composé en octosyllabes à partir de 1182. Pour mieux comprendre son mystère fascinant, il faut s'intéresser à la suite du roman. Après avoir quitté le château, Perceval croise une damoiselle qui s'étonne de sa présence en des lieux éloignés de tout gîte. Elle lui révèle qu'il a été hébergé dans le château du riche Roi Pêcheur, qui a reçu un coup de javelot entre les deux hanches lors d'une bataille. Quelle grave erreur de ne pas avoir osé parler du Graal ! Il aurait pu ainsi guérir le Roi et faire la joie de son royaume.

À présent, tous sont condamnés au malheur, à commencer par lui-même. En effet, l'insouciant chevalier ne cessera plus, dès lors, de dépérir. Le fougueux jeune homme devenant un chevalier errant, mélancolique et rongé par la culpabilité. Solitaire, il chevauche sans but pendant cinq années, jusqu'au jour où son oncle, un ermite, lui fait d'importantes révélations. Celui à qui est destiné le Graal n'est autre que le père du Roi Pêcheur. Depuis douze ans, ce saint homme survit sans sortir de sa chambre, en se nourrissant du seul contenu du Graal. Que peut-il donc bien contenir ? « Pas de brochet, de lamproie, ni de saumon, précise l'ermite. Dans le Graal, ces poissons de luxe sont remplacés par une hostie. » Perceval demeure auprès de l'ermite pour faire pénitence et c'est ainsi que se terminent ses aventures.

Chrétien de Troyes avait-il achevé son roman ou est-ce la mort qui l'a empêché de poursuivre son œuvre par les retrouvailles de Perceval avec le Roi Pêcheur ? Il est vrai que le *Conte du Graal* est le dernier des cinq romans de chevalerie qu'il a composés. La rupture, en 1183, entre son principal mécène, Marie de Champagne –, la fille d'Aliénor d'Aquitaine et du roi de France Louis VII – et Philippe d'Alsace, comte de Flandre, à qui l'œuvre est dédiée, n'a pas dû inciter Chrétien de Troyes à honorer sa commande. Pourtant, il ne clôt pas son roman sur la rencontre de Perceval avec l'ermite. Le conteur semble subitement se désintéresser de son premier héros – et du Graal – pour se consacrer aux aventures d'un autre éminent chevalier, Gauvain. Pourquoi aurait-il interrompu l'histoire de Perceval, si ce n'est parce que la quête de ce personnage était achevée et qu'il était temps qu'un autre chevalier prenne le relais ?

Glastonbury Abbey. « Bath and Wells », par Ernest Haslehust, v. 1908.

Le roi Arthur. Gravure par Howard Pyle. The Granger Collection, NYC.

Toujours est-il qu'en 1191, la réalité rattrape la fiction. Les moines de Glastonbury creusent avec ferveur le sol de la colline qui domine leur nouvelle abbaye. Un des bénédictins a reçu en songe une révélation : c'est là, sous les ruines de la vieille église dévastée par un incendie, qu'a été enseveli le corps du roi Arthur. L'enjeu est de taille ! Ruinés par la destruction de leur monastère, les moines rêvent de redorer le blason de leur communauté et d'attirer ainsi les dons des fidèles du royaume d'Angleterre. Quant à la famille Plantagenêt, qui vient de perdre son membre le plus éminent en la personne du roi Henri II, elle saura tirer profit de cette édifiante découverte pour obtenir l'appui des Bretons contre les Saxons. Ces derniers tolèrent mal la domination normande, même après quatre-vingt-dix ans. Et le miracle se produit : les moines exhument les ossements d'un homme de haute taille. À ses côtés, dans la même tombe, repose un squelette plus petit, couronné d'une magnifique chevelure dorée. Une inscription latine gravée sur une croix achève de lever le doute sur l'identité des corps : « Ci-gît le renommé roi Arthur enseveli avec Wenneveria, sa seconde femme, dans l'île d'Avallonie. »

Ce n'est évidemment pas un hasard si le couple légendaire formé par le plus illustre roi breton et par la reine Guenièvre se trouve en ces lieux. C'est à cet endroit précis que Joseph d'Arimathie, le chrétien qui, selon les Évangiles, fut autorisé par Ponce Pilate à emporter le corps de Jésus après sa crucifixion, arriva en Angleterre et fonda la première église chrétienne du pays. On raconte même qu'il aurait caché le Saint-Graal dans le puits des jardins de Chalice. Il suffit, pour s'en persuader, d'observer les reflets rougeâtres qui teintent l'eau de ce puits : c'est la couleur du sang du Christ, contenu dans le vase sacré ! Est-ce bien là en effet, comme le soutiennent les moines de Glastonbury et la famille Plantagenêt, que se cache le Saint-Graal ?

Guenièvre, par William Morris, 1858.

De l'autre côté de la Manche, en France et en Flandre, on revendique aussi des reliques contenant les dernières gouttes de sang versées par Jésus ! À Bruges, à la fin du XIIe siècle, chacun sait que Thierry de Flandre, le père du comte régnant Philippe d'Alsace, rapporta de Terre sainte, en 1148, des gouttes de sang coagulé du Christ. D'autres candidats au titre de Saint-Graal se trouvent aussi à Reims ou à Fécamp... À moins qu'il ne fasse partie des reliques réunies par le roi Saint Louis et conservées à l'intérieur de la Sainte-Chapelle, qu'il fit édifier dans les années 1240 au cœur de Paris, sur l'île de la Cité ? Où est caché le vrai Saint-Graal ? Et pourquoi son histoire est-elle si étroitement liée à celle du roi Arthur et de ses chevaliers ?

Le Saint-Graal et la colombe représentant le Saint Esprit. Gravure pour illustrer l'opéra de Wagner, Parsifal.

De nombreux conteurs tenteront d'élucider ce mystère en rédigeant une suite aux aventures de Perceval. Entre 1190 et 1230, quatre romans français en vers se présentent comme des continuations du *Conte du Graal* et s'efforcent de combler les lacunes du récit original. Pendant les premières décennies du XIIIe siècle, fleurissent de longs romans en prose sous les titres de *Roman de l'histoire du Graal*, *Quête du Saint-Graal* ou encore *Haut Livre du Graal*. Le conte devient ainsi une histoire ou plutôt un livre, comme la Bible, dont la vérité ne peut être mise en cause. Au fil de ces textes, l'objet tant convoité se voit doté de nouvelles propriétés. Il se déplace seul pour nourrir la cour au grand complet, sert les breuvages et les plats les plus succulents en s'adaptant aux goûts de chaque convive. Lors de ses apparitions, toujours plus éblouissantes, une colombe blanche ou des anges dansent dans les airs, des odeurs suaves se répandent et des chœurs invisibles font résonner leur chant. Capable de guérir toutes les blessures et toutes les maladies – y compris la folie –, de prolonger la vie et de retarder les effets du vieillissement, le Graal plonge ceux qui le contemplent dans une extase mystique.

Certains de ces romans situent le Graal à Glastonbury, d'autres à Corbénic en terre étrangère, dans un autre monde. Ceux qui pensent que ce lieu n'est pas seulement féerique l'ont identifié à la cité de Corbény, non loin de Reims. On y vénère les reliques de saint Marcoul et c'est là que, de Saint Louis à Louis XIII, le lendemain de leur sacre ou lors des grandes fêtes liturgiques, les rois de France touchaient les malades qui se présentaient devant eux pour les guérir des écrouelles. De même que Galaad, l'ultime champion du Graal qui, dans l'un des romans en prose du XIIIe siècle, guérit le roi malade à Corbénic après avoir accompli la quête. Il semble que les Plantagenêts ne soient pas la seule famille royale à s'être intéressée à cette saga littéraire. En France, les Capétiens ont également su en faire à leur avantage une arme de propagande. Et ils ne seront pas les seuls...

Chrétien de Troyes fait aussi des émules en Allemagne. Coup de théâtre, entre 1200 et 1210, un certain Wolfram von Eschenbach, chevalier bavarois de son état, dénonce la supercherie que constitue selon lui le roman de « meister Cristian ». La seule source fiable de l'authentique histoire du Graal est Salomon. Le roi biblique en a eu la révélation grâce à son ascendance prestigieuse et à sa science des étoiles. De génération en génération, ses descendants se sont transmis l'histoire jusqu'à ce que l'un d'entre eux, l'astronome Flegetanis, héritier du judaïsme de sa mère et de la foi musulmane de son père, le mette par écrit. C'est Kyot, un auteur provençal, qui a retrouvé à Tolède le manuscrit arabe où l'histoire était transcrite. Il l'a communiquée de vive voix à Wolfram, qui est, par conséquent, l'unique autorité compétente en la matière. Voici du moins comment l'auteur de *Parzival* présente sa version au public germanique.

Il est vrai que l'originalité de la version germanique est incontestable : le roi infirme, nommé Amfortas, est le petit-fils de Titurel, le vieux roi du Graal, et réside au château de Montsalvage ; Perceval, à la faveur d'une seconde chance, finit par connaître le sens des objets qu'il a contemplés ; et surtout, le Graal est une pierre céleste dont la puissance se renouvelle le vendredi saint, gardée par les Templiers, ordre monastique dont Wolfram chante les louanges. De même que le *Conte du Graal* en France, le roman de Wolfram s'imposa en Allemagne comme une œuvre incontournable, qui marqua durablement l'imaginaire. Richard Wagner s'en inspirera directement pour créer l'opéra du même nom, en 1882, soit sept siècles après la première évocation d'un certain graal par Chrétien de Troyes.

Les chevaliers de la table ronde : apparition du Graal. Enluminure par Évrard d'Espinques, v. 1470.

C'est ainsi qu'apparut, en une quarantaine d'années, l'objet le plus convoité et le plus mystérieux des littératures française et allemande. Ainsi, Perceval, Gauvain, Bohort, Lancelot et son fils Galaad – tous sur la piste du fameux Graal qui devait apporter la joie et l'abondance au royaume de Logres, gouverné par le roi Arthur –, devinrent les vedettes de la littérature romanesque médiévale. Mais que cherchaient ces chevaliers ? Qu'appelait-on un *graal* à cette époque ? La définition qu'en donne un moine cistercien nommé Hélinant de Froidmont au début du XIIIe siècle nous éloigne de cette quête chevaleresque : « Un grand plat de service assez profond, dans lequel des mets précieux sont présentés avec leur jus, bouchée par bouchée, offerts à profusion parmi les plats variés des banquets. » Le graal n'était alors rien d'autre qu'un récipient relativement grand et profond

La Cène, par Carl Bloch.
The Granger Collection, NYC.

destiné à contenir des aliments en sauce. Comment Chrétien de Troyes a-t-il eu l'idée de placer cet ustensile de cuisine au cœur de son plus important chef-d'œuvre ? Il a lui-même déclaré que le canevas du *Conte du Graal* lui avait été fourni par son commanditaire Philippe d'Alsace, parrain et précepteur du jeune roi Philippe Auguste. Un livret destiné à servir de feuille de route au conteur a bien existé, mais personne ne l'a retrouvé. On ne saura donc jamais si le comte de Flandre souffla à Chrétien de Troyes l'idée de mettre en scène un graal extraordinaire.

L'énigme bascule au début du XIIIe siècle, sous l'influence d'un autre auteur, Robert de Boron. Dans son *Livre du Graal*, ce dernier ne se contente pas de relayer son illustre prédécesseur. Il réécrit et reconstitue l'histoire en se fondant sur une identification qui circule dès les années 1190 : le Graal serait un vase à l'intérieur duquel Joseph d'Arimathie aurait recueilli le sang du Christ après sa crucifixion.

Selon la version proposée par Robert de Boron, il serait devenu le vase dans lequel Jésus aurait établi l'Eucharistie, le soir de la Cène et qui aurait été remis le jeudi de son arrestation à Ponce Pilate. Il aurait ensuite été offert à Joseph, en récompense de ses bons et loyaux services, avec le droit d'emporter le corps du Christ. Quant à la lance « qui saigne », elle appartiendrait au centurion romain Longin, qui l'utilisa pour frapper le crucifié. Grâce à une lignée de puissants personnages, nommés les gardiens du Graal, chargés d'assurer la succession de Joseph, le précieux vase aurait ainsi été conservé et transporté en Occident vers les vaux d'Avallon. Pendant plusieurs siècles, les Rois Pêcheurs, gardiens du Graal, veillèrent sur le trésor, jusqu'au règne du roi Arthur. Grâce à la légende des Chevaliers de la Table ronde, sorte de « Bible » du Graal, l'objet acquiert le statut de relique de la Passion et devient pour les siècles à venir le Saint-Graal. Désormais, les chevaliers du roi Arthur font figure de serviteurs zélés du Dieu chrétien. En effet, Robert de Boron a noué un fil solide entre la table de la Cène et la Table ronde. Les chevaliers d'Arthur, d'origine celtique, se changent ainsi en soldats du Christ. Le mythe de la quête du Graal est né !

Est-ce donc dans la Bible qu'il faut chercher l'origine et le secret du Graal ? Si Ponce Pilate et Joseph d'Arimathie sont bien cités dans le Nouveau Testament, il n'en est rien du Graal, ni même d'ailleurs du geste de Joseph d'Arimathie consistant à recueillir le sang du Christ. Aucune trace de ce contenant sacré dans la tradition chrétienne avant la fin du XIIe siècle. Des modèles possibles du Graal prolifèrent en revanche dans la mythologie des peuples celtes : coupes merveilleuses de l'Autre Monde, corbeilles ou écuelles inépuisables, cornes à boire et chaudrons d'abondance rappellent les vertus nourricières du saint-récipient. Grâce au Graal, Chrétien de Troyes avait accompli un miracle : intégrer des personnages et des symboles païens dans l'histoire de la chrétienté et transformer ainsi la matière de Bretagne, où il puisait son inspiration, en mythe chrétien.

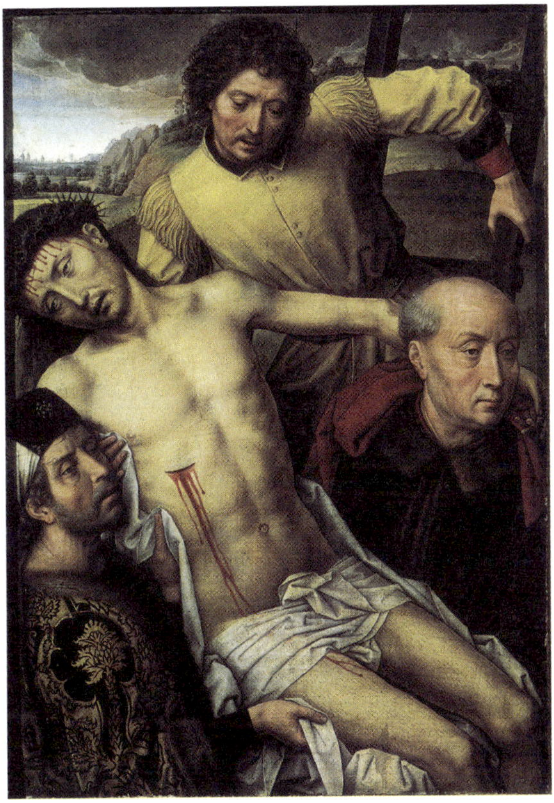

La descente de croix (déposition), par Hans Memling, v. 1470. Chapelle royale, Grenade.

À plusieurs reprises au cours des siècles, le mythe du Graal fera irruption sur la scène de l'Histoire, parfois dans de sinistres circonstances. En 1935, Otto Rahn, un médiéviste collaborateur direct du SS Heinrich Himmler, défendit la thèse selon laquelle le château de Montségur aurait abrité, pendant la croisade contre les Albigeois, les derniers représentants des Aryens, ainsi que leur ultime symbole, le Graal. Quels arguments poussèrent l'historien nazi à voir dans la forteresse cathare située en Ariège le refuge du Graal ? Revenons sur cette Allemagne du XIVe siècle. Albrecht von Scharfenberg, bavarois comme Wolfram von Eschenbach, s'inspire de son *Parzival* pour proposer sa propre version de l'histoire, sous le titre *Nouveau Titurel* au XIVe siècle. Son Graal est une pierre verte qui ornait le front de Lucifer (le Porte-lumière en latin). Le plus beau et le plus orgueilleux des anges perdit la pierre quand il fut chassé des cieux pour s'être rebellé contre Dieu. Albrecht situe le royaume du Graal près des Pyrénées et nomme le gardien de la pierre Pérille. Or, au XIXe siècle, on note la ressemblance entre ce nom et celui des seigneurs de Montségur, les Perelha. Une nouvelle légende voit le jour :

Montsalvage et Montségur ne feraient qu'un. Le dernier bastion des cathares du XIIIe siècle voit alors affluer les romantiques allemands. On raconte même que Richard Wagner se rendit en pèlerinage à la citadelle, ainsi que dans un village voisin, Rennes-le-Château, où un curé du nom de Bérenger Saunière allait découvrir, quelques années plus tard, un fabuleux trésor. Encore un terrain de prédilection pour les chasseurs de Graal.

Aujourd'hui, le mystère du Graal n'est pas épuisé, loin de là. Il continue à obséder nos contemporains : de la pièce de théâtre de Julien Gracq, *Le Roi Pêcheur,* à la série *Kaamelott*, en passant par le film de Steven Spielberg *Indiana Jones et la dernière croisade* et le best-seller de Dan Brown *Da Vinci Code*, le contenant sacré demeure omniprésent dans l'imaginaire occidental. Le Graal s'invite même à l'occasion dans la rubrique des faits divers. Ainsi, les lecteurs du *Figaro* du 19-20 août 1995 ont eu la surprise de découvrir dans leur journal le titre suivant : « Querelle autour du Saint-Graal. Ce vase légendaire, associé à la quête du roi Arthur et des chevaliers de la Table ronde, se trouverait à la fois en Grande-Bretagne et en Italie. » Quelque temps auparavant, une jeune graphiste de vingt-quatre ans, Victoria Palmer, annonçait qu'elle venait d'extraire le Graal d'une statue reçue en héritage et déclarait au magazine *Newsweek* : « Ma famille croyait qu'il s'agissait d'un bibelot de l'époque victorienne caché pour une raison futile. » L'historien anglais Graham Phillips confirme que cette famille du Shropshire, descendante des anciens souverains gallois, est bien en possession de la sainte relique. Elle fut donnée aux Anglais, au cours du Ve siècle, après le pillage de Rome par les Barbares et avant d'entrer dans le trésor royal du pays de Galles. Les réactions ne se feront pas attendre. Scandalisé, Rocco Zingaro di San Fernando, grand maître des Templiers italiens, dément en exhibant une fiole verte : « Voici l'authentique Saint-Graal ! » Il en est le seul détenteur, la relique ayant été confiée à un grand précepteur italien de l'ordre des Templiers, Antonio Ambrosini, qui l'a transférée depuis un monastère copte égyptien dans son pays d'origine !

Le saint Graal. Chapelle du Saint Calice, 2004,Valence.

Mais c'est compter sans l'Espagne, autre pays catholique, où l'on célèbre depuis des décennies la messe du saint Calice tous les jeudis dans la cathédrale de Valence. On y vénère un récipient taillé dans une agate orientale de couleur vert émeraude qui aurait servi à la première eucharistie pendant la Cène. Pour justifier la présence de ce « diamant vert » à Valence, les historiens expliquent que les papes, depuis saint Pierre, se sont transmis le calice de la Cène. Caché dans des villages espagnols pendant les persécutions contre les chrétiens, puis pendant l'invasion sarrasine de 713, le Saint-Graal aurait été remis en 1437 à la cathédrale de Valence par le roi Alphonse V d'Aragon. Entre ces Graal anglais, italien et espagnol, nous n'avons que l'embarras du choix !

Le Graal change de lieu, d'aspect et de contenu, selon celui qui le recherche ou le contemple. N'a-t-il jamais été autre chose qu'un mirage, une fiction littéraire et historique, évoluant au gré des enjeux de pouvoir ou des impératifs esthétiques ? A-t-il réellement existé ? Existe-t-il toujours ? Oui, assurément, tant que l'on continuera à se disputer sa possession et à s'interroger à son sujet...

ISABELLE LA CATHOLIQUE,
SAINTE OU DIABOLIQUE ?

Le 12 décembre 1474, à deux heures du matin, meurt à Madrid le roi Henri IV de Castille, que la rumeur prétendait impuissant. Il laisse deux héritières possibles : sa fille, Jeanne, qu'il a solennellement reconnue, mais dont la légitimité est contestée, et sa demi-sœur, Isabelle.

Isabelle, qui se trouve à Ségovie, apprend la nouvelle à midi. La jeune princesse de vingt-trois ans n'hésite pas un seul instant. Vêtue de blanc, en signe de deuil, elle se rend immédiatement à l'église pour faire célébrer une messe à la mémoire du roi défunt. Et, en même temps, elle ordonne de dresser une tribune sur la Plaza Mayor. Le lendemain, de bonne heure, au son des trompettes, fifres et tambours, la foule accourue voit s'ouvrir les portes de l'Alcazar. La princesse, magnifiquement vêtue d'étoffes blanches et d'hermine et parée des joyaux de la couronne, apparaît resplendissante sur un cheval blanc caparaçonné d'or. Précédée d'un héraut, sous un dais soutenu par quatre gentilshommes, vêtus eux aussi de blanc, elle avance jusqu'à la tribune, y monte et, au mépris de toutes les lois du royaume, se coiffe elle-même solennellement de la couronne, se proclamant « reine et propriétaire » de Castille et de Léon, « comme sœur légitime du roi Henri, qui n'a laissé ni fils, ni fille qui puisse hériter de ces royaumes ».

Couronnement de la reine Isabelle de Castille (1450-1504), sur la grande place de Ségovie, par Carlos Muñoz de Pablos. Château de l'Alcazar, Ségovie.

L'alcalde de l'Alcazar, Andrés de Cabrera, dont la femme est une amie d'enfance d'Isabelle, vient lui remettre les clefs du trésor royal et la nouvelle reine reprend le chemin du palais royal, précédée du fidèle Gutierre de Cárdenas, qui tient dans sa main droite une épée par la pointe, la poignée en haut, symbole – selon l'usage espagnol – de l'autorité royale dans le châtiment des coupables. C'est la première fois qu'une femme en Espagne ose utiliser un tel symbole ! Et la détermination de la jeune femme ne s'arrête pas là : dès le lendemain, Isabelle envoie partout des messagers chargés d'annoncer son couronnement, destituant d'avance ceux qui ne la reconnaîtraient pas... habile moyen de décourager toute velléité d'opposition. Quelle audace pour une frêle jeune fille ! Quel tempérament se dissimule donc sous sa blondeur angélique ?

En effet, rien, au départ, ne pouvait lui laisser espérer qu'elle régnerait. Isabelle a deux frères. Alphonse est son cadet. L'aîné, Henri IV, qui a succédé à leur père sur le trône de Castille, est en réalité son demi-frère, issu d'un premier mariage et beaucoup plus âgé qu'elle. Il a lui-même une fille, Jeanne, seule héritière directe du royaume. Mais Isabelle va tirer parti de l'ambition d'une noblesse encore féodale qui voit là tout l'intérêt qu'elle aurait à exciter la rivalité entre les demi-frères. Car la succession d'Henri IV de Castille a commencé à se disputer de son vivant : le roi n'ayant pas eu d'enfant de son premier mariage et ayant attendu sept ans la naissance de sa fille conçue lors du second, comment être sûr que Jeanne est bien la sienne ? On murmure que celle-ci aurait en réalité pour père l'amant de la reine, Beltrán de la Cueva – et on la surnomme même « la Beltraneja ». Deux clans s'opposent : l'un qui défend les droits de Jeanne – mené par don Beltrán et la puissante famille des Mendoza ; l'autre qui prend le parti d'Alphonse, conduit par l'ancien ami du roi Juan Pacheco, marquis de Villena, son frère Pedro Girón, grand maître de Calatrava, et leur oncle, Alfonso Carrillo, tout-puissant archevêque de Tolède.

Portrait de Henri IV de Castille, dit l'Impuissant (1425-1474), par P. Camino. Château de l'Alcazar, Ségovie.

Isabelle est alors encore une enfant. Que saisit-elle au juste de ces intrigues d'alcôve ? Quelles relations entretient-elle avec ceux qui conspirent autour de son jeune frère et qui, après la mort d'Alphonse – victime en 1468 de la peste (ou du poison ?) –, se tournent subitement vers elle ? Elle n'a alors que dix-sept ans. Mais elle se montre d'une exceptionnelle sagesse. Voyez comme, seule désormais avec sa pauvre mère qui a perdu la raison, elle est touchante de constance et de dévotion envers elle. Quel contraste avec la « Beltraneja », fille d'une débauchée qui vient d'accoucher de jumeaux qu'elle a conçus dans les bras d'un autre amant... Isabelle réussit même à convaincre Henri IV de Castille de la choisir pour lui succéder. Il ne s'agit là que d'assurer la paix et le bonheur du royaume...

Elle signe pour cela un pacte avec son demi-frère de roi, au lieu-dit des Toros de Guisando, dont la condition *sine qua non* est qu'Isabelle ne pourra se marier sans le consentement de celui-ci. Elle accepte sans sourciller : Peut-être croit-elle aux miracles ? Deux ans plus tôt, en plein conflit entre les « alfonsinos » et les « enriquenos », il a déjà été question de la marier – sans qu'on lui ait demandé son avis – avec le grand maître de Calatrava, Pedro Girón. Isabelle ne dit mot, passant toute une journée et toute une nuit à jeûner, à prier de toutes ses forces pour que l'un des deux – le grand maître ou elle, peu importe – meure, pourvu qu'elle n'ait pas à subir ce mariage. Ses prières sont entendues puisque, ô miracle, de manière totalement inespérée, Pedro Girón renonce à l'épouser.

Portrait de Ferdinand II d'Aragon, dit le Catholique (1452-1516), roi d'Espagne. Peinture anonyme. Palais de la Generalitat, Valence.

« La vertu et la modestie de l'Infante nous portent à penser qu'elle sera très obéissante et qu'elle n'aura pas d'autre volonté que la vôtre... », écrit Andrés de Cabrera à Henri IV de Castille. Pourtant, Isabelle interprète le pacte à sa façon : certes, elle doit théoriquement obtenir l'accord préalable du roi avant de s'unir, mais cela ne signifie pas qu'elle soit obligée d'accepter tous les prétendants qu'Henri lui propose ! Et c'est ainsi qu'elle refuse successivement le duc de Berry, frère du roi de France, Louis XI, et Alphonse V, roi du Portugal. Modestie ou... duplicité ? Nul n'oserait se prononcer. Pourtant, Isabelle a déjà une idée bien précise sur celui qu'elle souhaite épouser. Aussi, cinq mois à peine après la signature du pacte, en février 1469, envoie-t-elle deux ambassadeurs à Saragosse, capitale de l'Aragon, pour négocier avec le roi Jean II, son union avec le prince héritier d'Aragon, Ferdinand, déjà roi de Sicile. Un accord est signé et, le 19 octobre 1469, le mariage est célébré à Valladolid, sans grande cérémonie.

La raison d'une telle discrétion ? C'est bien sûr qu'Henri IV n'a pas été invité ! Tout s'est préparé dans le plus grand secret. Ferdinand, pour rejoindre cette fiancée d'un an plus âgée que lui et qu'il n'a jamais vue, a dû traverser la Castille quasi incognito. Et, pour faire plus vite, l'archevêque Carrillo n'a pas hésité à produire un faux ! Il fallait en effet, pour que le mariage soit valide, une dispense du pape, car Isabelle et Ferdinand sont cousins au troisième degré : pour éviter d'attendre pendant des mois la bonne volonté papale, il a rédigé une fausse bulle – qu'on remplacera plus tard par la vraie, afin que le mariage ne soit pas contestable. La colère justifiée d'Henri de Castille, mis devant le fait accompli, est immense. Le pacte est rompu, et il déclare aussitôt solennellement que sa fille Jeanne est seule héritière de la Castille. Une réaction qui ne surprend guère le camp d'Isabelle. Ne l'aurait-elle pas d'ailleurs provoquée en toute conscience ? Tandis que son aîné apparaît faible et versatile, elle continue à offrir, en guise d'efficace contre-attaque, le portrait d'une jeune femme sage et vertueuse qui, en outre, devient une respectable et attendrissante mère, puisqu'elle accouche d'une petite fille elle aussi prénommée Isabelle, le 1er octobre 1470.

Ferdinand doit être surpris de découvrir, en cette fin 1474, le caractère déterminé de sa tendre épouse ! En effet, celle-ci a laissé passer trois jours, après son auto-couronnement, avant de daigner le mettre au courant. Et la manière dont la cérémonie s'est déroulée, cette épée de justice qu'elle a fait porter devant elle, le heurte profondément dans sa vanité de mâle. Pas question, pour l'orgueilleux Aragonais, de se satisfaire de la place de prince consort ! Ferdinand était à Saragosse lors du couronnement mais, dès qu'il le peut, il galope à bride abattue vers Ségovie – sous une pluie battante – avec l'intention de reprendre les rênes du couple. Au passage de la frontière, approuvé et soutenu par l'archevêque Carrillo, il se proclame lui-même roi de Castille – une femme ne peut quand même pas régner seule ! Juste avant d'arriver à Ségovie, il s'arrête trois jours à Turegano, pour prendre le temps de mieux apprécier la situation. Et il fait bien. À force de promesses, Isabelle a déjà rassemblé un parti prêt à la soutenir. Elle a même réussi à retourner en sa faveur le cardinal de Mendoza et jusqu'à Beltrán de la Cueva... Que faire ? L'entourage de Ferdinand le pousse à employer la force. Il se sent, pour sa part, « sûr d'emporter la victoire en satisfaisant aux exigences de l'amour conjugal » ! Il est vrai qu'on dit la reine très amoureuse et fort jalouse...

Isabelle la Catholique et son mari le roi Ferdinand II d'Aragon.
Enluminure extraite d'un manuscrit espagnol, 1492. The Granger Collection, NYC.

La victoire sera toute relative. Les deux époux parviennent à trouver un accord – connu sous le nom de Sentence arbitrale de Ségovie – qui établit un partage équilibré du pouvoir. Ainsi, Castille et Aragon resteront autonomes, chacun s'occupera de ses affaires, mais ils se soutiendront mutuellement. L'honneur de Ferdinand est sauf : Isabelle accepte de venir en second sur la signature des documents officiels, où l'on inscrira désormais « le roi et la reine ». Comme symbole de cette union, ils réunissent leurs emblèmes, choisis chacun à partir du prénom de l'autre : un joug pour Ferdinand (*yuga* en espagnol, avec un y pour Ysabelle) et des flèches (*flechas*, avec un f comme Ferdinand) pour Isabelle.

C'est l'archevêque Carrillo qui est indigné ! Pour prix de ses bons et loyaux services, il a présenté quelques requêtes à la reine. Ferdinand est chargé d'aller lui expliquer que la plupart sont refusées. Réaction outragée de l'archevêque : « Je l'ai trouvée qui filait, je la ferai retourner à son rouet ! » Au rouet, Isabelle ? Elle a de plus graves préoccupations. Alphonse V du Portugal, l'un des prétendants qu'elle avait éconduits, a décidé d'épouser Jeanne, la Beltraneja, qui vient d'avoir treize ans, bien que celle-ci soit sa nièce, et il se proclame lui aussi roi de Castille. Il est bien décidé à en découdre, s'il le faut sur le champ de bataille, fort de l'appui des nobles qui, maintenant qu'ils ont obtenu tout ce qu'ils pouvaient attendre d'Isabelle, espèrent tirer encore des avantages de la victoire de l'autre camp. Il a surtout le soutien de l'ex-conseiller le plus fidèle d'Isabelle : l'archevêque Carrillo !

Mais, ayant rejoint Jeanne à Placencia, pour leurs noces, Alphonse commet l'erreur d'attendre la dispense papale, perdant ainsi un temps précieux... dont Ferdinand profite pour recruter et entraîner une armée. Isabelle, quant à elle, délaisse définitivement le rouet pour se charger de parcourir le royaume en tous sens et rassembler toutes les énergies – ce qu'elle fera pendant cinq ans avec une remarquable combativité. Après quelques revers, la première bataille décisive se livre à Toro, en mars 1476. Bataille sanglante dont il est impossible de dire, au soir, qui l'a emportée : tant et si bien que chacun des deux adversaires se déclare vainqueur ! Sauf qu'Alphonse se retire pour prendre quelque repos et s'endort pesamment, tandis que Ferdinand et Isabelle font immédiatement chanter un *Te Deum* et envoient des messagers annoncer leur victoire dans toute l'Espagne. De l'importance de la propagande... Trois ans plus tard, peu à peu délaissé de nouveau par les nobles castillans, qui sont décidément peu fiables et versatiles, Alphonse abandonne finalement toute prétention au trône.

Entre-temps, Isabelle a marqué un autre point décisif en sa faveur, puisqu'elle a accouché, en 1478, d'un fils, Jean – l'unique garçon parmi ses six enfants, le fils adoré, celui qui sera toujours pour elle « mon ange » et dont la disparition, en 1496, suivie l'année suivante par celle de sa sœur, sera une épreuve terriblement douloureuse. L'accouchement a été difficile, tant la reine était épuisée par ses incessants déplacements. Mais elle se remet vite et déclare aussitôt l'enfant héritier de la couronne de Castille et León, s'asseyant ainsi, elle-même, de façon définitive sur le trône. Elle va pouvoir, avec Ferdinand qui hérite, en 1479, à la mort de son père, de la couronne d'Aragon, se consacrer désormais à la réorganisation du royaume.

L'adieu du roi Boabdil à Grenade. Le roi Boabdil remet les clefs de la ville aux souverains espagnols, le 2 janvier 1492, par Alfred Dehodencq. Musée d'Orsay, Paris.

C'est sans doute là que va se dévoiler le subtil – et très controversé – tempérament de la reine. Isabelle accorde beaucoup de son attention aux pauvres et s'appuie habilement sur la classe moyenne. Elle commence ainsi par réduire les privilèges de la noblesse, mais, afin de l'occuper, la lance à la reconquête de l'émirat de Grenade, tenu par le sultan Boabdil. La victoire de Ferdinand et Isabelle leur vaudra, de la part du pape Alexandre VI, le titre de « Rois catholiques ». Un titre qu'ils vont illustrer avec ardeur, en s'attachant à l'expulsion ou à la conversion de tous les musulmans et juifs d'Espagne, à l'aide de l'implacable instrument qu'est l'Inquisition, qu'ils confient au dominicain Torquemada.

Si cet ultra-catholicisme acharné concourt, dans un premier temps, à asseoir sa popularité, il contribuera plus tard à assombrir l'image d'Isabelle. Son impitoyable réputation est difficilement conciliable avec l'humanité dont elle fait preuve à l'égard

Christophe Colomb reçu à la cour, en avril 1492, par la reine Isabelle Ire de Castille et le roi Ferdinand. Gravure du XIXe siècle.

de son peuple, comme envers les Indiens d'Amérique – qu'elle recommandera toujours de traiter avec le plus grand respect : « Tous ceux qui ont amené des esclaves des Indes doivent les ramener ou les renvoyer libres chez eux, sous peine de mort. » Christophe Colomb lui-même en fera les frais ! Car un autre des grands moments du règne d'Isabelle la Catholique, dont probablement elle-même n'aurait pu imaginer les conséquences, sera le financement de l'expédition de l'explorateur génois.

Force est pourtant de constater que la jeune reine ne montre pas que des traits de caractère flatteurs. Les observateurs de l'époque ont noté chez elle, outre sa jalousie légendaire, la prétention, l'ambition, la colère, l'autoritarisme et le manque total de scrupules... On rapporte qu'Isabelle se serait emportée, un jour, en entendant un noble s'adresser de façon trop familière à Ferdinand. Quand on lui fait remarquer qu'il s'agit de son cousin, elle réplique : « Le roi d'Espagne n'a pas de cousins, il n'a que des vassaux ! » Elle ne montre pas non plus le moindre scrupule à utiliser la calomnie pour écarter sa nièce Jeanne de la succession au trône et n'hésitera pas, plus tard, à la maintenir sous étroite surveillance dans sa résidence-prison portugaise. Certes, la reine se montre attentive au bien-être de ses suivantes, mais c'est pour mieux les manipuler, en les mariant, sans aucun scrupule, au gré de ses propres intérêts.

Véritable génie politique, Isabelle se montre extrêmement habile dans les négociations, sans toujours respecter ses engagements. Ce sera le cas avec le sultan Boabdil, qu'elle manipulera sans vergogne pour récupérer Grenade, mettant ainsi un terme à huit siècles de domination arabe en Espagne. Elle prête une extrême attention à ce que l'on écrit sur elle, veillant à ce que soient mis en avant sa piété et son goût de la justice, et il est vrai que les récits de sa vie ressemblent tous à des hagiographies tant la reine y apparaît belle – « bien faite et bien proportionnée, d'un teint très clair, les yeux entre verts et bleus » – et parée de toutes les qualités. Une telle lumière mise sur sa personne fait d'ailleurs que Ferdinand, avec lequel elle entretient pourtant une tendre complicité – mis à part les scènes de jalousie qu'elle lui fait – et dont le rôle est équivalent au sien, paraît parfois un peu effacé par sa royale épouse.

Alors, sainte ou diabolique, Isabelle ? Son procès en béatification, amorcé en 1958, n'a toujours pas porté ses fruits. Ce qui témoigne de l'ambivalence de cette personnalité à la fois pieuse et ambitieuse, droite et sectaire. Ses détracteurs, qui la

surnomment Isabelle « la trop catholique », ne sauraient plus nier – plus de cinq cents ans après sa disparition – ses exactions, envers la communauté juive notamment. Il faut dire qu'elles atténuent le panache de cette remarquable femme d'État, tout entière préoccupée par la grandeur de l'Espagne comme en témoigne l'acharnement dont elle a fait preuve, dans les dernières années de son règne, pour assurer sa propre succession. Il ne lui reste qu'une fille, Jeanne dite la Folle, malade et incapable de gouverner seule. Heureusement, son petit-fils aura pour nom Charles Quint !

Charles V, dit Charles Quint (1500-1558). Gravure anglaise du XIXe siècle, d'après Hans Holbein. The Granger Collection, NYC.

SOLIMAN LE MAGNIFIQUE
A-T-IL ÉTÉ VAINCU PAR AMOUR ?

En Occident, on l'appelle le Magnifique, tant il a subjugué les diplomates européens par ses ors et les raffinements de sa cour ; en Orient, il est le Législateur, celui qui a prôné l'ordre et la justice au service des plus faibles. Soliman, dixième souverain de la dynastie d'Osman, demeure dans la mémoire collective l'image même de l'apogée de l'ère ottomane. Face à Charles Quint, à la tête du Saint Empire romain germanique, mais aussi à Henri VIII, le redoutable roi d'Angleterre, et à François Ier, le flamboyant roi de France, il apparaît comme le plus puissant souverain du XVIe siècle, régnant sur un empire qui s'étend de Bakou à Alger.

Maître incontesté de la Méditerranée – grâce à une flotte époustouflante et l'appui de corsaires intrépides –, il provoquera l'effroi d'une Europe divisée par la question religieuse, en prenant successivement Belgrade, Rhodes, puis Buda, avant d'être arrêté in extremis aux portes de Vienne. Impossible d'imaginer que celui qui refusait à Charles Quint son titre d'empereur, l'appelant avec dédain « le roi d'Espagne », ait jamais accepté de plier devant la volonté de quiconque.

Et pourtant, une femme est parvenue à exercer son pouvoir sur ce souverain inflexible. Comme dans les contes orientaux, c'est dans le secret du harem que tout va se jouer.

Soliman le Magnifique (1495-1566).
Tableau par un disciple de Titien.
Fin du XVIe siècle. The Granger Collection, NYC.

Achetée comme esclave à Istanbul pour être offerte comme cadeau à Soliman, la jeune Roxelane, devenue sa favorite, va peu à peu acquérir un pouvoir tel qu'elle régnera sans partage et sans souffrir de rivale. Comment cette jeune fille, arrachée à son pays, a-t-elle réussi à maîtriser les arcanes feutrés du système de cour ottoman ? Quelles ruses a-t-elle déployées afin de s'assurer la confiance de l'orgueilleux sultan ? Et surtout, quelle a été l'étendue de son influence sur la politique menée par le souverain, qui amènera l'Empire ottoman à sa plus haute puissance ?

Lorsque Soliman parvient au pouvoir, en 1520, l'Empire vient pourtant de connaître une succession de longues années de troubles. Son père, Selim Ier, que l'on appelle « le Terrible », s'est emparé du trône en éliminant implacablement ses frères et neveux, après avoir fomenté une révolte contre son propre père, Bayezid II. Après cette sanglante prise du pouvoir, il engage l'Empire dans la voie d'une expansion territoriale, écrasant les derniers sultans mamelouks. Rendu maître de l'Égypte, et détenteur du califat, Selim ne profite que peu de temps de son triomphe. Il meurt huit ans après son accession au pouvoir, laissant son trône à Soliman, son fils alors âgé de vingt-six ans. Est-ce le cruel sultan qui a éliminé les frères de Soliman, jugés inaptes au pouvoir, ou est-ce ce dernier qui aurait poussé l'ambition jusqu'à commettre les mêmes crimes que ceux de son père ? À ce jour, nul ne le sait, les chroniqueurs de l'époque préférant passer sous silence les circonstances de la disparition des autres prétendants au trône.

Il est vrai que, dans l'Empire ottoman, de telles pratiques ne sont pas rares : en effet, il n'existe pas de succession par ordre de primogéniture à la cour de la Sublime Porte. Ce n'est donc pas l'aîné, mais celui qui est considéré comme le plus apte à diriger l'Empire qui reçoit le pouvoir ; une situation qui suscite bien

Prise de Belgrade par l'armée de Soliman le Magnifique, le 28 août 1521.
Miniature du XVIe siècle. Topkapi Sarayi, Istanbul.

souvent la tentation de se débarrasser de ses rivaux d'une façon aussi définitive que radicale. C'est donc cinq années après le couronnement de François Ier et à peine un an après l'élection de Charles Quint au trône du Saint Empire romain germanique que Soliman devient Empereur et Commandeur des croyants. Le premier deviendra son allié, et même un improbable ami, et le second un redoutable ennemi.

C'est que Soliman est bien décidé à prolonger la politique expansionniste menée par son père : dès son avènement, il s'engage dans une grande campagne militaire dans les Balkans afin de prendre Belgrade, conquise en 1521 ; il marche ensuite dans les pas de son père, Selim Ier, vers l'île de Rhodes, terre de l'ordre des Chevaliers Hospitaliers, qui contrôlent tout le trafic commercial en Méditerranée, gênant la flotte ottomane. Ils en seront promptement expulsés par Soliman en 1522 et trouveront refuge dans l'île de Malte.

Rien ne semble pouvoir résister à cet admirateur d'Alexandre le Grand, qui ambitionne lui aussi de bâtir le plus grand empire de son temps. L'Occident observe d'un œil inquiet ce conquérant infatigable, qui voit s'ouvrir la route de l'Europe. Soliman parviendra-t-il à terrasser une chrétienté déchirée par des années de divisions religieuses ? C'est ce que craignent Louis II de Hongrie et Ferdinand de Habsbourg, qui pressent Charles Quint de messages lui enjoignant de protéger le chemin de l'Europe orientale. Mais le Saint Empereur, occupé à contrer les efforts français en Italie, ne se préoccupe guère du danger ottoman, calculant que le sultan n'aurait pas les moyens de pousser l'offensive bien loin. C'est donc sans surprise que l'armée de Soliman remporte, en 1526, une éclatante victoire à la bataille de Mohács, lors de laquelle le roi Louis II est terrassé. Malgré les strictes instructions de Soliman, la ville de Buda est mise à sac, et le sultan nomme un nouveau roi. La Hongrie est désormais entièrement sous la tutelle ottomane. Suivront très vite la Bosnie, la Croatie, la Slavonie et la Dalmatie, prise aux Vénitiens.

Reste un ennemi à affronter : l'autre empereur, celui à qui Soliman refuse d'accorder son titre. Lorsqu'il reprend la route de l'Ouest, en mai 1529, c'est avec l'inflexible intention de conquérir Vienne, porte de l'Europe et capitale de l'Autriche. Les troupes ottomanes se massent, dès septembre, devant les murailles de la ville. Accompagné par son vizir et fidèle ami, Ibrahim, qu'il a

François Ier (1494-1547), roi de France, par Jean Clouet.
Collection Musée du Louvre, Paris.

nommé chef de guerre, Soliman a la ferme intention de prendre la ville avant la mauvaise saison. Mais c'est à une ville préparée à l'assaut qu'il s'attaque. Consciente du péril, la chrétienté a décidé d'oublier provisoirement ses divisions.

Charles Quint donne aux protestants autrichiens l'instruction d'aider le roi Ferdinand coûte que coûte, et même Martin Luther accorde son soutien à l'empereur. Fatiguée par une longue marche, épuisée par des conditions météorologiques déplorables, l'armée de Soliman doit finalement battre en retraite au mois d'octobre 1529. Mais l'Empire n'est pas près d'oublier la crainte que lui ont inspirée les tentes et les bannières du sultan au pied de ses murailles, et surveille avec terreur l'horizon est de la ville jusqu'en 1683, où il devra à nouveau les repousser. Si Soliman entretient une forme de guerre permanente avec Charles Quint, il noue au contraire des relations plutôt cordiales avec François Ier, qui trouve en lui un précieux allié contre le Saint Empire lors de ses expéditions italiennes. Mais plus qu'une alliance politique, c'est une véritable admiration mutuelle qui naît entre les deux hommes. Peut-être parce que chacun d'entre eux représente, à sa manière, l'idéal du souverain de la Renaissance. Véritable honnête homme, Soliman parle en effet quatre langues, s'intéresse passionnément aux arts et aux sciences de son temps, et suscite l'admiration aussi bien par sa parfaite connaissance du Coran que par la beauté des vers qu'il compose.

Mécène accompli, il protège et accueille dans son palais historiens, juristes, théologiens et hommes de sciences, qui y trouvent toujours une bourse complaisante. Bâtisseur, il fait édifier au cours de son règne nombre de mosquées, *medreses* (écoles théologiques musulmanes), ponts, aqueducs, caravansérails... Mais c'est à Istanbul qu'il laissera – de la façon la plus spectaculaire – son empreinte, en faisant profondément rénover le palais de Topkapi et en confiant des ressources pratiquement illimitées à son ami, le génial architecte Mimar Sinan. Ce dernier édifie dans la capitale de l'Empire une de ses œuvres majeures, la sublime mosquée Süleymaniye, où repose désormais la dépouille du sultan, tout près de celle de son épouse Roxelane. Une quasi-inconnue qui a pourtant joué un rôle majeur dans le règne de Soliman, qu'elle a sans doute été la seule à savoir soumettre, exigeant de lui des sacrifices toujours plus grands.

La belle Roxelane n'était pourtant qu'une esclave parmi tant d'autres, le jour de son arrivée dans le harem de Soliman. Fille d'un prêtre orthodoxe, si l'on en croit la tradition ukrainienne, Alexandra Lisovska serait née en Galicie, qui faisait alors partie de la Pologne. Enlevée par les Tatares au cours d'une expédition meurtrière, elle arrive à Istanbul comme esclave et est achetée par Ibrahim, grand vizir et confident du sultan, qui l'offre à Soliman. Le favori du souverain ignore qu'il a signé là sa perte. La nouvelle arrivée n'a en effet pas l'intention de demeurer une esclave enfermée parmi les autres *qadin* (concubines). Déterminée, elle joue de ses charmes et de son tempérament pour séduire le sultan, dont le beau visage au nez busqué et aux grands yeux noirs, si l'on contemple le portrait qu'en a fait Dürer, ne manque pas d'attraits. Très vite, Soliman tombe sous le charme de cette jeune femme rieuse et spirituelle, traits de caractère qui lui valent le surnom d'*Hürrem*, « la Joyeuse ».

Mais cette nature enjouée cache un caractère excessif et d'une jalousie extrême. Au moment où elle arrive au harem, la place de première sultane est déjà occupée par Gülbahar, une épouse d'origine albanaise qui a donné un fils à Soliman, Mustapha. Roxelane s'emploie à éliminer cette rivale au cours d'une scène homérique – rapportée par l'ambassadeur de Venise, Bragadino – où l'épouse légitime se déchaîne sur Roxelane sciemment passive. Cheveux arrachés et visage égratigné, Roxelane refuse de paraître devant le sultan, alléguant qu'elle ne veut pas être vue dans un tel état car elle craint pour sa vie et celle de son futur enfant. Furieux, Soliman relègue alors sur-le-champ la première sultane dans la province dont son fils est gouverneur. Une fois devenue la plus proche – et l'unique – favorite du sultan, Roxelane veillera à protéger l'avenir de leurs fils. En effet, elle n'est pas sans ignorer la loi fratricide – un verset du Coran mal interprété – qui veut qu'une fois devenu sultan, Mustapha devra faire assassiner ses demi-frères. Pour leur épargner un funeste sort, elle exige de Soliman l'exécution de son fils aîné, qui sera étranglé

Roxelane ou Hürrem.

par un cordon de soie sous les yeux de son père (le sang d'un sultan ne doit pas couler). Une fois encore, la mort dans l'âme, Soliman cède. Il en sera ainsi à chaque nouvelle exigence. Folle de jalousie, Roxelane fait renvoyer toutes les femmes qui sont offertes au sultan. Du jamais-vu dans cette société où les souverains disposent de centaines d'esclaves. Pour apaiser la fureur de sa favorite, et peut-être aussi écarter toute tentation, Soliman organise le mariage des plus belles femmes du harem, obtempérant de bonne grâce aux exigences de celle dont il est éperdument amoureux – allant même jusqu'à lui promettre fidélité – au point que les témoins de l'époque surnommeront Roxelane « l'Ensorceleuse », évoquant les sortilèges auxquels elle aurait recours pour s'assurer une emprise absolue sur le cœur de son amant.

L'influence de la jeune et ambitieuse Roxelane ne se limite pas aux querelles de sérail, amoureuses ou domestiques. Résolument exclusive, Roxelane ne supporte pas davantage l'entourage politique de Soliman que ses rivales de harem. Rompant avec les pratiques ottomanes traditionnelles, elle parvient à être émancipée *de facto* de son statut d'esclave en se convertissant à l'islam, ce qui lui permet de devenir l'épouse officielle du sultan. Un mariage qui scandalise tant la société ottomane que les chroniqueurs de la cour préfèrent le passer sous silence : ce n'est que grâce aux diplomates vénitiens invités aux festivités que nous en avons connaissance.

Un obstacle demeure pourtant : le grand vizir Ibrahim, celui-là même qui l'a offerte en cadeau à Soliman, dont il est incontestablement le meilleur ami et le plus proche conseiller. Inquiet de voir le harem prendre une place prépondérante dans la politique ottomane, il tente de faire barrage à l'influence de Roxelane, en s'opposant notamment à la guerre que celle-ci préconise contre Venise. C'est sans compter sur la pugnacité de la sultane, qui parvient à monter Soliman contre son vieil ami. Peu de temps après, en mars 1535, le corps d'Ibrahim, le compagnon de toujours du sultan, est retrouvé étranglé dans une des pièces du palais par les hommes de main du sérail, commodément sourds et muets. Étrange coïncidence. Plus rien ne s'oppose désormais à l'ambition absolue de Roxelane. Aussi, après la destruction du palais lors d'un incendie en 1540 – qui laissera des centaines d'eunuques et de concubines à la rue –, Roxelane, inquiète de se voir à nouveau reléguée dans le harem, décide de se rapprocher des affaires politiques : elle s'installe à demeure à Topkapi, le palais impérial, et centre de la vie politique. Elle brave l'hostilité croissante du peuple turc, seuls lui importent l'amour et la reconnaissance absolue du sultan. Sa mort prématurée – elle décède de maladie en 1558 – précipitera la lutte fratricide entre ses deux fils, Selim et Bayezid. Soliman prenant le parti pour le premier (Bayezid sera étranglé avec toute sa famille) ne se remettra jamais des pertes successives de sa vie, à commencer par celle de sa farouche Hürrem.

Dans un monde ottoman où les femmes n'ont pas droit de cité et où elles demeurent confinées loin des regards, Roxelane a ouvert la voie à ce « règne des femmes » que les témoins de l'époque rendront responsables du déclin relatif de l'Empire Ottoman. Il y a sans doute une grande part de misogynie dans cette interprétation. Mais il est vrai que l'influence de Roxelane, sans être nécessairement déterminante dans les choix politiques du sultan, a encouragé le climat de courtisanerie qui se faisait alors sentir à Istanbul, enveloppant peu à peu le cœur du pouvoir dans une atmosphère délétère de cabales et de complots dans laquelle son fils Selim se perdra et l'Empire ottoman avec, pour les trois siècles à venir.

Muse et amante passionnée ou intrigante perfide prête à tout pour confisquer, à son avantage, les rênes de l'empire ? Roxelane fut tout cela. Et bien plus encore. Reposant pour l'éternité dans un mausolée tout proche de celui de son illustre époux dans la mosquée Sùleymaniye, Roxelane eut surtout une intelligence supérieure, une connaissance subtile des jeux du pouvoir et des méandres de l'âme humaine – qui n'enlèvent rien à son charme naturel. Des qualités rares qui n'auront de cesse de servir son ambition. Sa mémoire, perceptible dans tous les témoignages, illustre, aujourd'hui encore, celle d'une muse influente.

« Ma compagne intime, ma toute chose, mon amour,
Ma lune resplendissante,
Mon amie à qui je me confie, reine de beauté, mon maître,
Ma vie, mon vin divin me donnant la vie éternelle,
/.../ Mon amour aux cheveux noirs et aux beaux sourcils,
Aux yeux langoureux et perfides,
Si je meurs tu es mon meurtrier, impitoyable femme infidèle,
Je suis à ta porte, pour te vanter tout le temps,
Alors que mon cœur est plein de reproches,
Et mes yeux de larmes, alors que cette aimée est heureuse
Dans sa vie. »

Poème écrit par Soliman, destiné à sa belle Roxelane.

Hürrem exigeant de Soliman qu'il tue son grand vizir. Gravure de 1901. The Granger Collection, NYC.

QUE CACHE LE PLAFOND DE **LA CHAPELLE SIXTINE ?**

Eté 1508. Malgré la chaleur écrasante qui règne sur Rome en ce mois d'août, le Vatican, offre une douce fraîcheur au visiteur. Sous la nef, celui qui donne les ordres et les instructions a l'allure d'un jeune homme. C'est pourtant lui que le pape Jules II a désigné pour procéder à la rénovation de la voûte. Il faut dire que les terribles dégâts causés par l'édification, deux ans plus tôt, d'une immense église, en lieu et place des vestiges branlants de l'ancienne basilique, ont largement fragilisé l'édifice.

Les pharaoniques travaux ont provoqué une profonde fissure dans le plafond d'une chapelle attenante, construite vingt-cinq ans plus tôt, à la demande du pape Sixte IV, qui lui a donné son nom. C'est dans cette chapelle Sixtine que se réunissent les cardinaux, en conclave, pour élire un nouveau pape. Ses murs sont ornés des portraits des précédents papes, ainsi que de scènes bibliques, magnifiquement exécutées par Le Pérugin, Botticelli et Ghirlandaio. Pour l'occasion, Sixte IV, pape bâtisseur, avait convoqué tout le gotha de la Renaissance afin d'illustrer le plus richement possible l'indépendance du pape vis-à-vis de la puissance temporelle des rois.

Les réparations sont urgentes, désormais la faille traverse la voûte. Quelle meilleure occasion pour ajouter aux œuvres existantes de nouvelles fresques, qui seront le couronnement de ce concentré d'art pictural ?

Vue de la chapelle Sixtine, prête pour le Conclave, avec les fresques de Michel-Ange. 2005, Vatican, Rome.

Un travail qui va consumer, quatre années durant, l'énergie créatrice de l'un des plus immenses génies de tous les temps, Michelangelo di Lodovico Buonarroti Simoni, pour aboutir à ce qui est, incontestablement, son grand chef-d'œuvre. Une réalisation plus mystérieuse qu'il n'y paraît...

Michelangelo Buonarroti dit Michel-Ange (1475-1564). XIXe siècle. Collection privée.

À trente-trois ans, Michel-Ange est déjà l'un des plus grands artistes de son époque. Né à Florence, dans la turbulente Italie du Quattrocento – où cités et duchés se font inlassablement la guerre et où personne ne saurait plus tenir le compte des renversements d'alliances et autres trahisons qui alimentent la rancune des grandes familles italiennes –, le jeune homme a fait preuve de dons considérables dès son plus jeune âge. Au point d'être repéré par Laurent de Médicis, au sein de l'atelier de Ghirlandaio, alors qu'il n'a pas encore quatorze ans. Le grand mécène, protecteur des arts et maître de Florence, décide aussitôt de prendre le jeune garçon sous sa protection, et le fait élever sous son toit, avec ses propres fils. Durant quatre années, jusqu'à la mort du Magnifique, il apprendra la sculpture auprès de Bertoldo, mais aussi la poésie et la philosophie auprès de Politien et de Marcile Ficin, proches de la famille Médicis, dont l'enseignement aura une influence considérable sur son œuvre. Un climat libre et humaniste qui permet à Michel-Ange de nourrir son inépuisable curiosité. Mais l'adolescent est décidément insatiable : il n'hésite pas à procéder, aux côtés des médecins de l'hôpital Santo Spirito, à des dissections de cadavres, afin de tout savoir sur l'anatomie humaine qui le fascine.

Hélas, la mort de Laurent le Magnifique, son mécène, le laisse sans aucun moyen de subsistance. Déjà ombrageux – son arrogance et son talent prompt à exciter la jalousie lui ont valu une fameuse altercation avec le peintre Torrigiano, dont témoigne son nez de boxeur –, Michel-Ange souffrira, son existence durant, de devoir se plier aux contraintes d'une vie de courtisan, contrairement à son aîné, Léonard de Vinci. En dépit de son talent, il doit, comme tous les artistes de son temps, convaincre de riches protecteurs de lui accorder des commandes ou, mieux encore, une pension afin de pouvoir exercer son art. Un exercice difficile, à une époque où les inlassables assauts français contre les cités italiennes rendent le pouvoir précaire et les renversements politiques fréquents. Michel-Ange parvient néanmoins, entre Rome et Florence, à trouver des appuis parmi les riches Florentins qui fréquentent la maison Médicis, compensant ce qui lui manque en courtisanerie par un talent qui subjugue ses commanditaires. En 1499, alors qu'il n'a pas vingt-cinq ans, il sculpte, pour le compte de l'ambassadeur de France à Rome – qui souhaite laisser au Vatican un gage d'amitié – une Pietà d'une incroyable audace, qu'on vient admirer de toute l'Italie. Qui, avant Michel-Ange, aurait osé mettre dans les bras d'une Marie si jeune un Christ d'une telle sensualité, complètement abandonné à l'amour maternel ?

Il quitte ensuite Rome pour offrir à Florence un monumental David, parfaite incarnation de la République florentine résistant aux assauts des autres cités italiennes et aux appétits de la papauté. Autant de réalisations remarquables, faites au prix d'un travail acharné et d'une vie d'ascète, qui attirent l'attention du Vatican. Voici donc Michel-Ange le misanthrope, appelé à rencontrer le représentant de Dieu sur Terre. Jules II, pape guerrier et stratège, occupe le trône de Saint-Pierre depuis 1503 et il ambitionne de faire de l'État pontifical un pouvoir politique fort, capable de se mesurer avec le puissant Saint Empire romain germanique et l'impétueux royaume de France. Il lui faut trouver un artiste à la hauteur de la légende qu'il entend bâtir, car la tâche qu'il veut lui confier n'est pas des moindres : il s'agit ni plus ni

Le pape Jules II ordonnant les travaux du Vatican et de la basilique Saint-Pierre, en compagnie de Michel-Ange, Bramante et Raphaël.
Peinture de Emile Jean Horace Vernet. Musée du Louvre, Paris.

moins que de construire son propre tombeau. Un tombeau qui se révélera être la malédiction de Michel-Ange durant toute son existence, le liant définitivement à Jules II et au clan Della Rovere. Pourtant, très vite, le pape se désintéresse de son projet initial, tant il semble plus urgent à ses yeux de consacrer les ressources vaticanes à l'unification et l'extension des États pontificaux, grande œuvre de son règne. Aussi, après avoir passé une année entière à choisir – et à payer de sa poche –, à Carrare, les blocs de marbre avec lesquels il compte faire le tombeau, Michel-Ange se retrouve soudain sans nouvelle de son prestigieux commanditaire. Car le pape poursuit son idée : reconstruire une glorieuse église sur les murs déliquescents de l'ancienne basilique

Saint-Pierre. Mais c'est à Bramante – grand rival de Michel-Ange et ravi qu'on lui consacre les ressources qui auraient dû revenir à l'orageux artiste – que le pape confie le projet !

Furieux, Michel-Ange tourne les talons et retourne à Florence, où il congédie sans ménagement les émissaires du Pape mandés pour le faire revenir. Tout génie qu'il soit, Michel-Ange, comme les autres artistes de son époque, n'est pas considéré autrement que comme un artisan particulièrement doué. Et ce simple artisan oserait s'opposer à la volonté du pape ? On n'a jamais vu pareille insolence. Jules II, pourtant, aura la sagesse de temporiser avec l'irascible animal. Venant personnellement à sa rencontre à Bologne, il lui propose un nouveau chantier, que lui a suggéré, avec une malice non dépourvue d'arrière-pensée, le venimeux Bramante : la restauration du plafond de la chapelle Sixtine, qui sera désormais orné des figures des douze apôtres.Trop heureux de voir son différend avec le Souverain Pontife s'apaiser à si bon compte, Michel-Ange accepte avec gratitude. Il l'ignore encore, mais il vient de s'engager dans un engrenage infernal. Ce jour d'été 1508, Michel-Ange constate d'abord les dégâts provoqués par Bramante. Celui-ci a en effet cru bon de monter un échafaudage fixé par des poulies au plafond. Or il faudra bien, à un moment donné, peindre aux emplacements cachés par les poulies ! Il commence donc par faire détruire le fâcheux dispositif, et invente un astucieux système de pont, chevillé à la corniche circulaire de la chapelle, afin de pouvoir travailler sur le plafond sans en abîmer la structure. À force d'étudier l'endroit, une idée s'impose à lui : le thème commandé par le pape est bien trop étroit pour la majesté des lieux. Se contenter d'exécuter, comme prévu, les portraits des apôtres en regard des portraits des papes successifs serait trop trivial. Ce plafond exige, de par sa magnificence, un propos bien plus vaste.

Voilà donc Michel-Ange imposant au pape, stupéfait, sa conception d'une fresque originale, dont lui seul déterminerait l'objet. Une création pure, voilà ce qu'il entend faire figurer sur le

Michel-Ange travaillant sur un échafaudage à la voûte de la chapelle Sixtine, le pape Jules II vient contrôler les travaux. 1508-1512.
Collection privée.

plafond de ce lieu mythique où l'on choisit le successeur de saint Pierre. C'est aux sources du christianisme, au premier livre de la Bible, la Genèse, qu'il s'agit de revenir. L'enthousiasme du créateur emporte l'approbation du Souverain pontife. Michel-Ange aura sa Genèse, dont il pourra entièrement déterminer la conception. Débutent alors quatre longues années d'un dur labeur, acharné et incessant, allongé à quelques centimètres du plafond, la nuque tordue et les genoux ramassés contre la poitrine. Des journées de dix-sept heures, à l'issue desquelles il s'écroule, plus qu'il ne s'endort, au milieu de son matériel. Comme pour s'excuser – se punir ? – de son propre talent, Michel-Ange s'impose toujours ainsi des cadences insensées et une façon de travailler forcément douloureuse. Il ne méprise rien tant que l'agréable courtisanerie cultivée par Léonard ou le mode de vie jouisseur qu'entretient Raphaël, qui fut son élève. Bien avant l'ère romantique, Michel-Ange se dessine déjà comme une figure de l'artiste habité et dévoré par sa propre œuvre. Et quelle œuvre !

Lorsqu'il lui rend visite sur son chantier, l'impérieux Jules II doit se rendre à l'évidence : il a sous les yeux l'une des œuvres majeures de son époque ! Ce qui le frappe immédiatement, c'est l'explosion de couleurs : une symphonie de bleu azuréen, de corail éclatant, de vert émeraude profond. Ensuite, vient le moment de saisir la structure de ce plafond foisonnant. La voûte est divisée en trois parties, qui dépendent de sa structure architecturale : les deux premières, symétriques, sont constituées par les « tympans », ces triangles obliques qui font le lien entre la travée et la coupole, et par les « pendentifs », les triangles qui se trouvent entre deux tympans. Ce sont ces deux parties qui entourent les neuf scènes représentées, qui racontent les différents épisodes de la Genèse. Ils se succèdent de façon chronologique. D'abord, *Dieu déparant la lumière des ténèbres, puis La Séparation des eau , La Création d'Adam, La Création d'Ève, Le Péché originel et l'Expulsion du Paradis, Le Sacrifice de Noé, Le Déluge,* et enfin *L'Ivresse de Noé*.

En fonction de la perspective, chaque histoire semble reculer au fond d'un cadre en trompe-l'œil, soutenu par de faux piliers. Ces piliers délimitent également les scènes inscrites dans les pendentifs, et sont ponctués de minuscules petits anges sans ailes, les *putti*, qui soutiennent des piédestaux où sont assis les *ignudi*, personnages dénudés dont l'échelle est supérieure à celle des personnages des histoires. Dans les pendentifs, Michel-Ange alterne entre prophètes et sibylles, ces prêtresses de l'Antiquité, mêlant ainsi aux annonciateurs du messie les dépositaires de la sagesse païenne. Dans cette gigantesque mosaïque, en effet, les jeux de significations sont infinis. Depuis l'instant où il est parvenu à convaincre le pape de changer radicalement les termes de la commande qui lui était faite, Michel-Ange a pris une liberté inouïe avec le dogme et la lettre biblique. Sibylles et prophètes sont ainsi représentés dans des attitudes inattendues, presque à contre-pied :

La création d'Adam, détail du plafond de la chapelle Sixtine, photographie prise en 2007, Vatican, Rome.

Jérémie, qui annonce tel le tonnerre la destruction de Jérusalem, a la pose recueillie d'un penseur ; Isaïe, prophète de la passion, criant au malheur des idolâtres, est représenté comme s'il écoutait distraitement un message. Quelle désinvolture à l'égard des textes bibliques !

Jules II perçoit-il vraiment l'attitude de défi qui transparaît à travers l'audace de cette œuvre ? Que penser des musculatures viriles, presque sensuelles, des païennes sibylles ? Comment interpréter la modeste – mais visible – érection que présente l'un des fils de Noé dans l'histoire la plus éloignée ? Difficile de croire qu'un esprit aussi fin que celui de Jules Della Rovere ait pu se méprendre sur les intentions de Michel-Ange. Il n'a pas échappé au successeur de Saint Pierre que tout, dans ce plafond labyrinthique, affirme la toute-puissance créatrice de l'artiste, mettant Michel-Ange pratiquement au même niveau que le Créateur. Se souvenant de l'enseignement qu'il a reçu auprès de Marsile Ficin, Michel-Ange, plus qu'au Tout-Puissant, a élevé là un monument à l'art en général et à l'artiste, en particulier. Celui qui dévoile au monde les réalités pures des Idées, débarrassées de la gangue du sensible. Par ce geste, il invente en quelque sorte la fonction de l'artiste moderne. Là où un Léonard ou un Raphaël, humanistes, courtisans, cultivés, sont pleinement des hommes de la Renaissance, Michel-Ange, intransigeant et torturé, apparaît en curieux décalage avec son temps, et semble appartenir à la race des voleurs de feu, que célébrera, bien des siècles plus tard, Rimbaud.

Portrait du pape Jules II (1503-1513).
Peinture de Raphaël,
Galerie des Offices, Florence.

C'est en 1512 que s'achèvent les travaux et qu'est dévoilé ce plafond, où se mêlent sacré et profane, qui provoque la stupeur des spectateurs. 1512, c'est aussi l'année du triomphe de Jules II, qui a amené les États pontificaux à leur plus haut degré d'extension territoriale. Preuve, s'il en est, que ce pape guerrier aimait lui aussi mêler le sacré et le profane... Une gloire qui sera cependant de courte durée. La mort de Jules II, l'année suivante, laisse Michel-Ange inconsolable. En cet homme intransigeant et sévère, l'artiste avait en effet trouvé un interlocuteur à sa hauteur, capable de saisir l'envergure de son génie et son inlassable désir de création. Son œuvre pourtant n'est pas achevé. Il faudra attendre vingt années pour que Clément VII, fils du Magnifique, avec qui Michel-Ange a grandi, lui demande en 1532 de représenter, sur les extrémités de la chapelle Sixtine, les anges rebelles et le Jugement dernier.

Le Jugement dernier, Michel-Ange a cru le voir arriver plusieurs fois, ces dernières années. C'est d'abord le sac de Rome par les mercenaires du Saint Empire romain germanique, provoqué en 1527 par l'imprudence politique de Clément VII, puis le siège de Florence, auquel il a participé du côté des républicains. Si cette nouvelle œuvre signe sa réconciliation avec le Saint-Siège, il en émane un pessimisme sombre, annonciateur des temps à venir. Car, cette fois, ce n'est pas la maîtrise de la couleur que l'on remarque, ni la sublime composition des corps de pénitents attendant la parousie, mais le fait que ces corps – dont la chair n'a plus d'importance – soient, précisément, dénudés. En cette période de Contre-Réforme, on se pique de pudibonderie, et l'on oublie désormais de reconnaître le génie. Désabusé sans doute, Michel Ange se consacrera à l'architecture durant les vingt dernières années de sa vie, pour poursuivre, après Bramante et Sangallo, l'édification de la basilique Saint-Pierre. Celui qui aura osé défier Dieu, et son représentant sur terre, est aussi celui qui finira de lui construire la plus grande de ses églises. Nul doute qu'il restera, à jamais, l'incarnation même de la puissance de la création, celle qui permet à l'homme, même fugacement, de se faire l'égal d'un dieu.

Le Jugement dernier,
fresque réalisée par Michel-Ange, entre 1537 et 1541.
Mur de la chapelle Sixtine, Vatican, Rome.

IONAS

SHAKESPEARE,
UNE IMPOSTURE LITTÉRAIRE ?

William Shakespeare est sans nul doute le plus célèbre auteur au monde. Mais il n'est pas seulement le plus lu, le plus joué et le plus étudié. Depuis presque deux siècles, il est également l'écrivain qui a suscité le plus de controverses et nombreux sont ceux qui prétendent, aujourd'hui encore, qu'il ne serait pas l'auteur de son œuvre... Que savons-nous exactement de la vie de William Shakespeare ?

Beaucoup et peu de choses à la fois. Nous disposons de bien plus d'informations que sur la plupart de ses contemporains, toutefois il subsiste de nombreux vides sur des pans entiers de sa vie, tant les informations sont incomplètes, voire contradictoires. Ce dont nous avons la certitude c'est qu'un William Shakespeare est né – comme l'indique son acte de baptême –, en avril 1564, à Stratford-sur-Avon, dans le comté de Warwick. Il est le fils de John, un gantier assez aisé, qui deviendra conseiller de la ville, et de Mary Arden, fille de propriétaires terriens. Ses parents sont illettrés et ont signé le registre d'une simple croix. William est le troisième de leurs huit enfants, et le premier à survivre ! On sait qu'à dix-huit ans, William Shakespeare épouse Anne Hathaway, avec laquelle il a trois descendants : Susanna, et les jumeaux Hamnet (qui décédera prématurément à onze ans) et Judith. Peu après leur naissance, il quitte Stratford précipitamment pour d'obscures raisons de braconnage et nous perdons sa trace durant près de huit années. Shakespeare réapparaît à Londres, en 1592, où il exerce la profession d'acteur, encore fort mal vue à l'époque.

Portrait du dramaturge anglais William Shakespeare (1564-1616), par Louis Coblitz, 1847.
Musée du Château de Versailles.

Ætat . suæ . 34 .

Il devient rapidement membre de la plus grande compagnie de la capitale britannique, les Comédiens du Chambellan. Il publie également deux poèmes lyriques, dédiés au comte de Southampton : *Vénus et Adonis* (1592) et *Le Viol de Lucrèce* (1594). Shakespeare se distingue déjà, à la fois pour l'écriture de ses pièces et pour son talent de comédien. Ainsi, après avoir joué le rôle principal dans la comédie de Ben Jonson, *Chacun dans son caractère*, en 1598, la troupe qu'il dirige est placée sous la protection directe du roi. C'est à ce titre qu'il reçoit le drap rouge pour le défilé du couronnement de Jacques Ier, en 1604. Devenu un écrivain prospère et reconnu, il quitte Londres vers 1608 pour retourner s'établir à Stratford, et vivre bourgeoisement jusqu'en 1616, année où il meurt, le jour de son anniversaire, après une beuverie avec son ami, le dramaturge Ben Jonson.

Or, si la paternité des œuvres de Shakespeare est un éternel sujet de controverses, quelques historiens ont pointé des failles dans les sources biographiques de l'auteur britannique, jusqu'à affirmer qu'il n'avait tout simplement jamais existé ! Ils remarquent par exemple que le nom de Shakespeare n'apparaît jamais dans la correspondance, pourtant fournie, du poète Michael Drayton, dont le médecin, le docteur Hall, n'est autre que le gendre du célèbre dramaturge. Même absence notable dans les écrits de John Chamberlain, épistolier spécialiste de la vie culturelle londonienne, entre 1598 et 1623. Force est de constater que l'absence de preuve ne signifie pas preuve de l'absence. Le second argument des historiens est qu'à sa mort, Shakespeare n'a pas eu droit à de somptueuses funérailles, à la différence des autres illustres dramaturges du siècle, comme Ben Jonson ou Francis Beaumont, lesquels furent inhumés en grandes pompes dans l'abbaye de Westminster de Londres. Il est certes possible que Shakespeare n'ait pas été célébré de son vivant, comme ce fut le cas de nombreux artistes, mais l'existence de William Shakespeare semble incontestable : son nom est établi sur plusieurs actes administratifs, ainsi que sur des *in-quartos*. Des témoignages concordants de comédiens ou dramaturges de l'époque établissent de manière certaine son existence, à commencer par Ben Jonson. Mais le comédien Shakespeare est-il aussi l'auteur de ses pièces ? Le doute demeure, plus difficile à dissiper…

Portrait de Ben Jonson (1572-1637), auteur et dramaturge anglais.

Premier point litigieux, il ne subsiste, aujourd'hui encore, aucun texte manuscrit de William Shakespeare et aucune de ses pièces n'a été publiée de son vivant. Cet élément peut néanmoins s'expliquer. À cette époque, il n'y avait alors pas de copyright. Aussi, pour être assurée du monopole d'une pièce, la troupe de théâtre en conservait précieusement le manuscrit. Il faudra attendre sept ans après la mort de Shakespeare pour que ses trente-six pièces soient publiées pour la première fois. Les manuscrits ayant ensuite probablement été égarés. Autre détail qui interpelle : la signature de l'auteur, qui ne figure que sur six documents officiels et semble exécutée de manière bien mal assurée et tremblotante. Et son nom de famille a été orthographié de plusieurs façons différentes (six répertoriées). Comment peut-on alors justifier qu'un auteur ayant rédigé cent-cinquante-quatre sonnets, trente-six pièces et deux longs poèmes lyriques n'ait pas été capable de signer proprement un document et d'écrire son nom distinctement et ce, de la même manière à chaque fois ? À moins que les documents n'aient pas été signés par Shakespeare lui-même, mais par des légistes. Dans ce cas, la signature aurait dû être plus nette… Même interrogation concernant les deux filles de Shakespeare. Susanna savait signer son nom, mais rien n'indique qu'elle fût capable d'en faire davantage. Quant à Judith, elle était probablement illettrée, car elle signait au moyen d'une croix. Cela semble peu rationnel. Ce qui est encore plus surprenant, c'est que sur aucun acte officiel, il n'est écrit que William Shakespeare est écrivain. Aucun livre ou manuscrit ne figure d'ailleurs dans son testament, alors qu'à l'époque, ce sont des objets rares et onéreux. Toutes les archives dont nous disposons présentent William Shakespeare comme un homme d'affaires, vivant de ses terres et propriétés acquises à Londres et à Stratford.

Mais le point le plus délicat – et qui semble à l'origine de toute la controverse – concerne la culture générale et la somme phénoménale des connaissances de l'auteur, en totale contradiction avec son éducation. Pour de nombreux spécialistes, il est en effet impossible pour un « homme du peuple » – n'ayant reçu qu'une éducation rudimentaire en grammaire et en latin, à l'école primaire communale – de maîtriser autant de notions dans des domaines aussi complexes et variés que le droit, la médecine, les protocoles de cour, la chasse et l'armée. D'après son œuvre, Shakespeare aurait également des connaissances profondes des classiques grecs et latins et des littératures italienne, espagnole et française. Son vocabulaire est d'une richesse extrême, plus de vingt mille mots, alors qu'un Anglais instruit d'aujourd'hui en utilise quatre mille, tout au plus. Comment Shakespeare, dont nous n'avons même pas la preuve qu'il ait fréquenté le lycée de Stratford, a-t-il pu acquérir une telle culture ? L'auteur de ses pièces s'avère être un marin expérimenté, connaissant parfaitement les termes de navigation et capable de décrire de manière crédible cinq naufrages. Or, Shakespeare n'a, jusqu'à preuve du contraire, jamais voyagé à l'étranger. Seul élément de réponse, s'il en est, les huit années, entre 1584 et 1592, où Shakespeare semble avoir disparu de la circulation. A-t-il été engagé de force dans l'armée pour lutter contre l'Invincible Armada en 1588 ? Aucune piste n'est à exclure. C'est au milieu du XIXe siècle qu'est née la controverse sur la paternité des œuvres de Shakespeare. On surnomme

« anti-stratfordiens » les historiens qui ne croient pas qu'un homme d'origine modeste de Stratford ait pu écrire une œuvre aussi riche, et que seul un homme de la haute société en était capable. Cette thèse a même reçu le soutien de nombreux écrivains, comme Mark Twain, Walt Whitman, Charles Dickens ou Henry James. Si William Shakespeare n'est pas l'auteur des pièces qu'on lui attribue et a seulement servi de prête-nom pour une tierce personne, qui a vraiment écrit ses pièces ? Après deux siècles de débats, plus de soixante-dix noms ont été avancés, la plupart fantaisistes : de l'explorateur Walter Raleigh, qui a introduit le tabac en Angleterre, à la reine Élisabeth Ire, ou à Sheikh Zubaire, selon la thèse du colonel Kadhafi, persuadé que Shakespeare était un Arabe. Les scénarios ne manquent pas d'imagination.

Mark Twain, alias Samuel Langhorne Clemens (1835-1910), humoriste et romancier américain, en 1907. The Granger Collection, NYC.

Le premier à être cité comme le véritable auteur des pièces de William Shakespeare est le philosophe et homme d'État Francis Bacon. Thèse soutenue, dès 1857, par l'Américaine Delia Bacon (qui n'était pas sa parente). Plusieurs éléments plaident en sa faveur. D'abord les dates : il a trois ans de plus que Shakespeare et meurt dix ans après lui. D'autre part, ce brillant homme de loi, auteur d'essais moraux et politiques, avait la culture nécessaire et surtout un mobile, puisqu'il lui était impossible de publier sous son nom propre des œuvres théâtrales. Dans ses mémoires, Bacon aurait laissé entendre qu'il pouvait être l'auteur de l'œuvre de Shakespeare. Un détail est particulièrement troublant, à ce propos : la ville de St Albans, située au nord de Londres et où a

Lord Francis Bacon, Vicomte de St Albans (1561-1626), homme d'état et philosophe anglais.

vécu Bacon, est mentionnée à quinze reprises dans la production shakespearienne, tandis que la ville de Stratford n'est jamais évoquée. Toutefois, une analyse rigoureuse de son style montre qu'il est trop différent de celui de Shakespeare. Des admirateurs de Francis Bacon ont même cherché, dans les œuvres de Shakespeare, un code secret laissé par son véritable auteur, prouvant sa paternité, mais rien de probant n'a pu être démontré.

On a souvent pensé que Shakespeare avait servi de prête-nom à un aristocrate car, à l'époque, les nobles n'avaient pas le droit de se faire publier, la lecture de leurs textes étant réservée à la cour. De nombreux noms ont été avancés comme celui de Roger Manners, comte de Rutland, ou celui de William Stanley, comte de Derby. Mais celui qui présente le plus d'éléments probants est sans conteste le comte d'Oxford, Edward de Vere, auteur de sonnets très appréciés de la reine Élisabeth. Son nom est évoqué, dès 1920, par John Thomas Looney, et l'hypothèse sera plus tard confirmée par Freud, qui voyait la vie tumultueuse du comte se réfléchir dans les œuvres du poète. Détail d'importance : de Vere est surnommé à la cour le « porte-lance », ce qui se traduit en anglais par « *shake spear* ». Aussi, des historiens ont remarqué que le comte d'Oxford avait souligné, sur sa Bible, un certain nombre d'expressions et de métaphores. Or, parmi elles, une soixantaine se retrouvent dans l'œuvre de Shakespeare. Oxford s'est-il inspiré de métaphores bibliques pour écrire l'œuvre de Shakespeare ou a-t-il simplement remarqué que le dramaturge les avait utilisées dans ses pièces ? Mystère... Pourtant, l'hypothèse oxfordienne est mise à mal par un simple détail chronologique. En effet, le comte d'Oxford est mort en 1604 et Shakespeare a continué à écrire une dizaine de pièces jusqu'à sa mort, en 1616.

Le dramaturge britannique Christopher Marlowe (1564-1593), v. 1585. Corpus Christi Collège, Cambridge.

Autre piste envisagée, celle du poète Christopher Marlowe, également aventurier et agent secret britannique. Première coïncidence : son année de naissance, 1564, est identique à celle de William Shakespeare. Seconde coïncidence, il meurt en 1593, à l'âge de vingt-neuf ans, au moment précis où William Shakespeare commence à se faire connaître. Les circonstances de sa mort sont somme toute très mystérieuses. Il aurait été tué au cours d'une rixe, dans une taverne, mais l'on ne trouve aucune trace de ses funérailles. Pour certains spécialistes, Marlowe aurait créé cette mise en scène de toutes pièces pour rendre sa mort crédible et se faire oublier. Pourquoi ? Marlowe était suspecté d'athéisme et risquait la prison, voire la peine capitale. Caché chez un protecteur, où il aurait, à loisir, changé d'identité et grimé ses traits, il aurait consacré le reste de sa vie à écrire les pièces de Shakespeare. Le pivot de cette théorie pour le moins originale repose sur le célèbre portrait de Shakespeare, publié après sa mort, en 1623. En observant attentivement celui-ci, on constate en effet que le visage de Shakespeare paraît posé sur un buste trop étroit d'épaules, faisant étrangement penser à un homme qui porterait un masque.

Fulke Greville, Lord Brooke (1554-1628), homme d'état et poète anglais.

Plus récemment, une nouvelle hypothèse a été jugée intéressante, celle de Fulke Greville, un aristocrate né en 1554, dont la vie fait apparaître des parallèles troublants avec l'œuvre de Shakespeare. Ainsi fut-il successivement juge, amiral de marine et capitaine d'armée, postes qui l'ont conduit à beaucoup voyager à travers l'Europe, avant d'être nommé à la cour de Jacques Ier comme chancelier au ministère des Finances. Un fait demeure particulièrement significatif : Greville et Shakespeare ont eu le même cercle d'amis et, surtout, ils sont tous deux natifs de la même ville, Stratford, et ont vécu dans la même rue. Seraient-ils en fait une seule et même personne ? Selon les spécialistes, il est quasi impossible que deux profils puissent à ce point coïncider, dans une petite ville dont la population masculine ne dépassait pas les six cents personnes. Toujours est-il qu'en 1628, Fulke Greville aurait déclaré être l'auteur de la pièce de Shakespeare, *Antoine et Cléopâtre*. Il sera assassiné, peu de temps après, par son domestique, pour une raison obscure. Selon des historiens, c'est dans le colossal mausolée que Greville s'est fait construire – pour une somme astronomique et alors qu'il n'y est même pas enterré – que seraient cachés les manuscrits de l'œuvre de Shakespeare !

Pour tenter de prouver qui a écrit les œuvres de Shakespeare, une université britannique a mis au point un logiciel informatique capable d'identifier l'auteur d'un texte à partir d'une analyse scientifique du style propre à chaque écrivain (vocabulaire, rimes, grammaire, rythme, orthographe). Or les résultats ont apporté deux informations capitales. D'abord, on retrouve dans tous les textes attribués à Shakespeare (pièces et poèmes) un style identique, excluant ainsi l'hypothèse d'un collectif d'auteurs ayant pris un pseudonyme commun. Ensuite, il apparaît que plusieurs pièces aient pu être écrites à quatre mains. Ainsi, la pièce *Edouard III*, publiée anonymement en 1595 et attribuée plus tard à Shakespeare, porte, dans certains passages, l'empreinte stylistique de Shakespeare, et, dans d'autres, celle de Thomas Kyd, l'auteur de *La Tragédie espagnole*. Dans la pièce *Tout est bien qui finit bien* (1602-1603), on retrouve le style shakespearien, mais également celui d'un autre auteur, Thomas Middleton, reconnaissable grâce aux didascalies et à l'emploi du mot *ruttish* (qui désigne une attitude lascive), qu'il a toujours été le seul à utiliser. Si l'université d'Oxford est formelle sur le fait que Middleton a largement collaboré à cette pièce, cela ne signifie pas qu'il soit l'unique auteur, et encore moins qu'il porte la paternité de l'ensemble des autres œuvres de Shakespeare !

Le dramaturge britannique Thomas Middleton (1570-1627).

En conclusion, Shakespeare était-il un imposteur ? Difficile à dire. Nous savons de manière certaine qu'il a existé comme comédien, mais nous n'avons aucune preuve formelle qu'il soit l'auteur incontestable des pièces jouées par sa troupe. Certains indices nous montrent qu'il a bénéficié de l'aide de dramaturges ou qu'il a pu puiser, chez d'autres, les connaissances et l'expérience qu'il ne possédait sûrement pas. Il n'est pas un cas unique, le plagiat n'était pas interdit à l'époque et la plupart des auteurs s'autorisaient à puiser largement dans les textes de leurs congénères. Il n'en demeure pas moins que les œuvres qui lui sont attribuées marqueront à jamais l'histoire du théâtre et de la littérature.

QUI A EMPOISONNÉ
GABRIELLE D'ESTRÉES ?

Le mercredi 7 avril 1599, la maîtresse du roi Henri IV est en train de lire, dans sa chapelle privée de l'église du Petit-Saint-Antoine, deux lettres d'amour du roi, reçues le matin même, lorsqu'elle est prise de violents maux de ventre. Pourtant, le terme de sa grossesse est encore loin. Peut-être est-ce seulement la chaleur... Elle se hâte de rentrer, se contentant de prendre un jus de citron chez Sébastien Zamet, un ami du roi. Les maux alors redoublent. Les médecins accourus parviennent à calmer ses douleurs : elle profite de ce répit pour répondre à une troisième lettre du roi, puis se couche.

Le lendemain matin, elle assiste à la messe du jeudi saint, à Saint-Germain-l'Auxerrois, mais, dans l'après-midi, les douleurs redoublent de violence, pour s'apaiser dans la soirée. Bref sursis car, dès le vendredi, le mal est effroyable et l'hémorragie la terrasse. Gabrielle d'Estrées fait une fausse couche, qui va mettre sa vie en péril. L'enfant ne parvient pas à être expulsé. Les chirurgiens interviennent, pour l'extraire « à pièces et lopins », autrement dit par morceaux – et sans anesthésie ! Ils administrent à Gabrielle les traitements d'usage : trois saignées, trois clystères (lavements) et quatre suppositoires... Ils la laissent inconsciente et comateuse. À l'aube du samedi 10 avril, elle est à nouveau secouée par de terribles convulsions, les membres tétanisés, les traits déformés, la peau devenue noire. Serviteurs, amis, médecins, tous sont impuissants à la soulager, lorsque Gabrielle se griffe le visage de douleur. À cinq heures, elle tombe sans vie sur sa couche...

Gabrielle d'Estrées (1571-1599),
maîtresse du roi Henri IV,
par François Clouet. Musée Condé, Chantilly.

Devant une mort aussi spectaculaire et brutale, qui vient tellement à propos, le doute est permis. Si elle n'a pas été emportée par le Diable, comme le prétendent ses plus enragés détracteurs, c'est qu'elle a été empoisonnée. Les soupçons se portent rapidement sur ce jus de citron pris chez Zamet – chez qui elle avait déjà dîné la veille. Empoisonnée ? À qui ce crime aurait-il pu profiter ? Et pourquoi vouloir sa mort ?

En février, le roi avait annoncé publiquement, devant la cour, son intention de l'épouser, en glissant à son annulaire l'anneau du couronnement – celui qu'elle tient peut-être sur le célèbre tableau qui la représente en 1594, avec l'une de ses sœurs. Gabrielle attendait cet instant depuis si longtemps. Le mariage a été fixé à la Saint-Quasimodo, le deuxième dimanche de Pâques, soit le 18 avril – la robe de la mariée est déjà prête. Voilà donc un possible mobile du crime : ce mariage, que bien des gens, et haut placés, désapprouvaient. Car après tout, qui est cette Gabrielle d'Estrées, pour laquelle Henri IV est prêt à divorcer de Marguerite de Valois, la fille d'Henri II et de Catherine de Médicis ?

Il l'a rencontrée en 1591, alors qu'elle avait à peine dix-huit ou vingt ans – elle-même ignore son année de naissance. Une révélation pour celui qui vient d'hériter, deux ans plus tôt, d'un royaume encore déchiré par les guerres de Religion. Un coup de foudre loin d'être réciproque : il faudra six mois à Henri IV pour parvenir à séduire Gabrielle. La belle est passionnément amoureuse d'un grand écuyer : Roger de Saint-Lary de Bellegarde. Pourtant, la réputation de séducteur du roi est bien établie. On lui attribue une vingtaine d'aventures, dont celle avec la « belle Corisande », Diane d'Andoins, à qui il a écrit de son sang, quelques années plus tôt, une promesse de mariage. En dépit de son jeune âge, Gabrielle traîne aussi une sulfureuse renommée. On prétend que sa mère, Françoise Babou de La Bourdaisière, ancienne maîtresse d'Henri III, capable d'avoir abandonné mari et enfants pour vivre avec son amant, le marquis d'Allègre, aurait initié ses enfants à la débauche : à en croire Tallemant des Réaux,

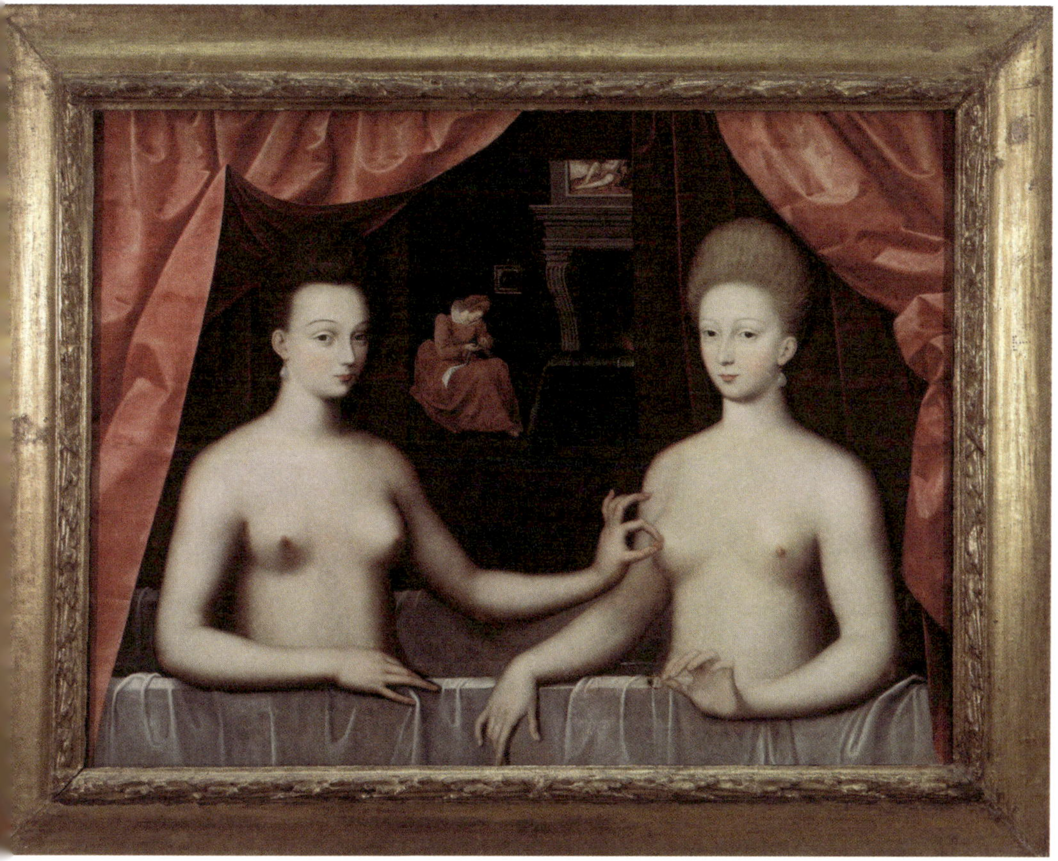

Gabrielle d'Estrées (1573-1599) et sa sœur, la duchesse de Villars.
École de Fontainebleau, XVIe siècle. Musée du Louvre, Paris.

Gabrielle et ses six frères et sœurs sont même surnommés « les sept péchés capitaux » ! Encouragée par sa tante, Mme de Sourdis et son père, Gabrielle aurait finalement cédé au roi, tout en poursuivant ses relations avec le bel écuyer. Sans aucun scrupule, la belle aurait pris bien des risques. Il s'en est même fallu de peu qu'Henri IV ne les surprenne au lit… Bellegarde n'ayant eu que le temps de se réfugier dans le cabinet, avant de sauter, du premier étage, par la fenêtre ! Du moins est-ce le genre d'anecdotes qui courent à propos de Gabrielle, fondées sur les médisances d'une domestique, dite la Rousse. Il faut dire qu'en cette période de troubles, les attaques contre le roi, au travers de sa maîtresse, n'ont rien d'étonnant. Et cette mauvaise réputation qu'on lui fait est aussi l'une des raisons pour lesquelles elle n'est guère aimée du peuple ; l'autre étant qu'elle vit dans un luxe scandaleux, alors que le royaume est ruiné par trente années de guerre civile. À côté des couplets flatteurs vantant sa blondeur et sa beauté, courent en effet de cruels pamphlets : « N'est-ce pas une chose étrange / De voir un grand roi serviteur / De femmes, vivre sans honneur / Et d'une putain faire un ange ! » Depuis qu'en 1597, le roi lui a accordé le titre de duchesse de Beaufort, on la surnomme la « duchesse d'Ordures »...

Pourtant, en 1599, nul doute qu'un lien solide unit les deux amants. Ils ont beaucoup de mal à se séparer, ne serait-ce que pour quelques jours : de Fontainebleau, Henri raccompagne Gabrielle, qui rentre à Paris presque jusqu'à mi-chemin, jusqu'au bac de Melun, à une vingtaine de kilomètres, où ils passent leur dernière nuit ensemble – il paraît alors politiquement plus décent que le roi, récemment converti au catholicisme, éloigne sa maîtresse durant la semaine sainte... La jeune femme semble avoir trouvé, auprès de lui, consolation de la terrible mort de sa mère – poignardée en juin 1593, au cours d'une émeute, et jetée par la fenêtre avec son amant. La naissance, en 1594, de leur fils César, les a aussi rapprochés : il sera d'ailleurs le premier des enfants naturels qu'Henri IV consentira à légitimer. Il fera de même des deux autres enfants nés de leurs amours, Catherine-Henriette et Alexandre. Trois naissances qui renforcent l'influence de Gabrielle, la « presque reine », sur le roi. En 1599, celui-ci a cinquante ans et toujours pas d'héritier. Un mariage avec Gabrielle réglerait le problème : n'est-elle pas à ses yeux la seule à être belle, d'humeur complaisante, et capable de lui donner des fils : trois qualités indispensables selon lui et, comme il l'a déclaré à Sully, qu'il ne perçoit chez aucune des princesses d'Europe... Plusieurs obstacles vont cependant se dresser devant ce projet nuptial. Le roi doit d'abord divorcer. La reine Marguerite, dont il vit séparé depuis longtemps, n'y voit pas d'objection, mais, d'après

Henri IV avec Gabrielle d'Estrées et leurs enfants César de Bourbon, duc de Vendôme et Catherine Henriette de Bourbon, dite Mademoiselle de Vendôme. Gravure du XVIe siècle.

Sully, elle veut y mettre une condition : qu'il ne se remarie pas avec cette « bagasce » (putain) ! Tant qu'à être répudiée, elle exige que ce soit pour une princesse de sang. Aucune animosité, ni même jalousie, envers Gabrielle, avec qui elle entretient d'assez bonnes relations, comme en témoigne leur correspondance.

Le pape Clément VIII, n'est pas non plus favorable à l'annulation du mariage royal. Ce n'est pas tant la motivation du souverain d'épouser une maîtresse dont il a déjà trois enfants adultérins, que l'éventualité de futurs conflits de succession. Une opinion qui rejoint celle d'une fraction des parlementaires. Pas les catholiques, ni les protestants, qui n'ont à se plaindre de Gabrielle : elle a poussé le roi à se convertir au catholicisme tout autant qu'elle a soutenu les exigences des protestants, lors de la signature de l'édit de Nantes. Il n'y a qu'à relire l'avis favorable du sévère Agrippa d'Aubigné :

Portrait du roi de France Henri IV (1553-1610), par Philippe de Champaigne. Peinture du XVIe siècle. Musée national de Stockholm.

« C'est une merveille, comment cette femme de laquelle l'extrême beauté ne sentait rien de lascif, a pu vivre en reine plutôt qu'en concubine tant d'années et avec si peu d'ennemis. Les nécessités de l'État furent ses seules ennemies. » Cette dernière phrase fait justement allusion aux problèmes de succession que le pape et certains magistrats craignent de voir apparaître. Car si le roi et Gabrielle ont d'autres enfants, dans le cadre du mariage, ceux-ci, tout à fait légitimes, accepteront-ils de passer après leurs aînés, nés d'un adultère ? Telle est la question, d'autant plus pertinente que Gabrielle est à nouveau enceinte. C'étaient là les seules réserves de gens modérés, dont plusieurs se sont déjà exprimés contre la légitimation des bâtards du roi. Aucun d'entre eux n'aurait été jusqu'à se commettre dans un assassinat.

Les mêmes arguments contre ce mariage se retrouvent cependant sous la plume d'un autre personnage éminent du royaume : le ministre Sully. Il argue d'ailleurs un détail important, puisqu'il doute que les enfants de Gabrielle soient bien ceux du roi... C'est se montrer, au passage, bien ingrat, car c'est sur les instances de la maîtresse royale qu'il s'est vu, en 1595, chargé des Finances. Sully, en tout cas, fait partie de ceux qui répandent l'idée selon laquelle Gabrielle a été assassinée. Et c'est de lui, essentiellement, qu'on tient l'anecdote du citron, qui dirige clairement les soupçons sur Zamet. Il se trouve que ce Zamet, ou Zameti, est un fort riche financier – ancien cordonnier, dit-on – d'origine italienne et attaché au grand-duc de Toscane, Ferdinand de Médicis, lequel est déjà accusé d'avoir empoisonné sa belle-sœur, Bianna Capello. L'hypothèse serait que, en même temps qu'il promettait le mariage à Gabrielle, Henri IV menait des tractations pour épouser la nièce de Ferdinand, Marie de Médicis... La « disparition » de sa maîtresse arrange donc tout le monde, y compris le roi, sur qui cette hypothèse fait aussi peser quelque suspicion. On peut relever, pour étayer cette version, que Zamet est nommé, dès le lendemain de la mort de Gabrielle, lieutenant de la capitainerie de Fontainebleau, voyant à cette occasion encore sa fortune s'agrandir. Et, à la fin de l'année 1599, est conclu le mariage d'Henri IV avec Marie de Médicis.

Le chagrin du roi à la mort de sa maîtresse est cependant si vif – et quel intérêt aurait-il à le feindre même s'il ne tarde pas à se consoler entre les bras d'une autre –, que cette version paraît peu plausible. En effet, s'il n'a pas assisté aux derniers instants de sa maîtresse, c'est qu'on lui a fait rebrousser chemin alors qu'il accourait déjà, le vendredi, en lui annonçant – avec un peu d'avance – qu'elle était morte : on a sans doute voulu lui épargner un trop difficile spectacle. Pourtant, non seulement Gabrielle a droit à des funérailles de reine, mais Henri les suit, vêtu de noir, à la mode espagnole. Ce qui est contraire aux usages, qui auraient exigé le pourpre ou le violet. À moins d'imaginer quelque obscure vengeance, restée secrète, ne demeure en fait qu'un coupable potentiel, Sully lui-même. Sa haine envers Gabrielle se manifeste à plusieurs reprises dans ses écrits : jalousie ou simple mécontentement de l'influence qu'elle a sur le roi, et qu'il trouve parfois contraire à l'intérêt du royaume ? Une hostilité que partage en tout cas son épouse. Le 7 avril, cette dernière sort furieuse de chez la maîtresse royale qui vient de l'autoriser à assister à son lever et à son coucher :

Portrait en buste de Maximilien de Bethune, duc et pair de Sully (1559-1641), par Le Jeune. Huile sur toile, v. 1610. Musée national du château de Pau.

mais pour qui se prend-elle avec ses airs de reine ? Sully la raisonne comme il peut, en lui affirmant « qu'elle verrait beau jeu et bien joué si la corde ne rompait ; mais que, selon son opinion, celle des autres ne succéderait pas comme ils s'étaient imaginé ». C'est lourd de sous-entendus. Trois jours après, à la nouvelle de la mort de Gabrielle, il se précipite chez sa femme : « Ma fille, il y a bien des nouvelles ; vous n'irez point au lever ni au coucher de la duchesse, car la corde a rompu. »

Que Sully ait essayé avec force de détourner le roi de son idée d'épouser Gabrielle, même en semant le doute, dans son esprit, sur sa réelle paternité, qu'il ait souhaité la mort de la « presque reine » et s'en soit ensuite réjoui, qu'il ait contribué à répandre dans ses mémoires toutes les incertitudes sur son inconduite – en allant jusqu'à reproduire de fausses lettres ! –, cela suffit-il cependant à en faire un coupable ? Ce serait d'autant plus curieux que ces anecdotes malveillantes qui l'impliquent personnellement avec sa femme, il en est l'auteur ! Au fond, à part chez Sully, dans les mémoires de l'époque, y compris celles de la très chère amie de Gabrielle, Mlle de Guise, très peu sont ceux qui reprennent cette idée d'empoisonnement, à moins qu'ils ne la rejettent aussitôt, comme une vague rumeur à laquelle il ne convient pas d'attacher davantage d'importance. Première réaction à une mort si inattendue – et qui apparaît aux yeux de tous comme un heureux dénouement à une situation complexe –, elle perd tout fondement dès qu'on se penche sur les résultats de

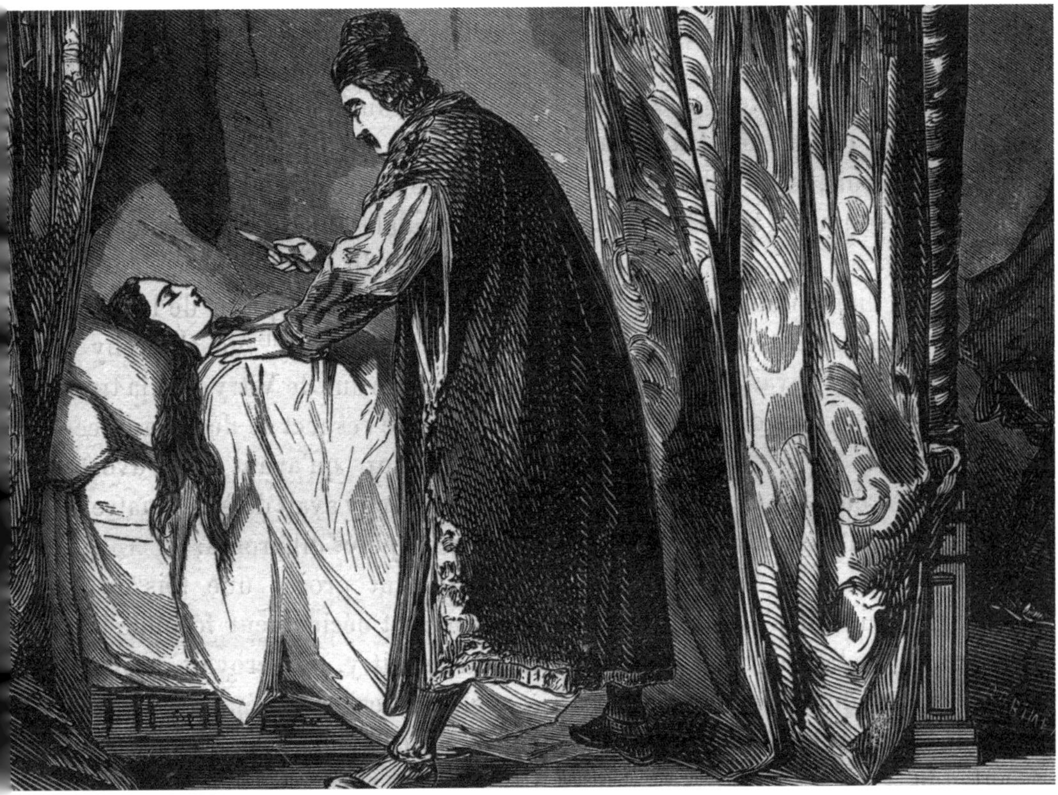

Gabrielle d'Estrées mourante. Gravure dans « Histoire de la prostitution et de la débauche chez tous les peuples du globe depuis l'Antiquité jusqu'à nos jours », par le Dr. Th.-F. Debray, 1879.

l'autopsie : « Elle fut ouverte le samedi, trouvée avoir le poulmon et le foie gestes [gâtés], une pierre en pointe dans le rognon et le cerveau offensé. » Aucune trace de poison dans l'estomac.

On se dit aujourd'hui que Gabrielle est simplement morte d'éclampsie puerpérale, une complication rare de la grossesse qui provoque des convulsions, un coma et parfois un arrêt cardiaque. « Il n'y a plus que Dieu et la mort du roi pour m'empêcher d'être reine de France ! » se serait-elle écriée quand le roi lui a passé la bague au doigt. Il semble bien que c'est Dieu qui ne l'a pas voulu !

L'ÉPOPÉE DES CONCINI,

DES TRAÎTRES À LA COUR DE MARIE DE MÉDICIS

Le lundi 24 avril 1617, à 10 heures, sous un ciel gris, le maréchal d'Ancre, Concino Concini, favori de la reine mère et régente Marie de Médicis, franchit entouré de ses hommes la grande porte du Louvre. Il a coutume d'aller y rejoindre son épouse, Leonora Galigaï, avant de rendre visite à la reine. Passé la grande porte, sur le pont dormant qui précède le pont-levis du château, alors qu'il est absorbé dans la lecture d'une lettre, il se sent saisi par le bras. C'est le maréchal de Vitry : « Monsieur, le roi m'a commandé de me saisir de vous. » Concini est surpris : « À moi ? » Au même moment, cinq coups de feu l'atteignent. Il tombe à genoux. Vitry et ses hommes s'empressent de l'achever à coups d'épée.

Quelques instants plus tard, de sa fenêtre, Louis XIII s'exclame : « Grand merci, grand merci à vous ! À cette heure, je suis roi ! » À peine le maréchal est-il discrètement enseveli à Saint-Germain-L'Auxerrois que la foule, dès le lendemain, déterre son cadavre. Il est traîné dans les rues, dépecé en lambeaux, brûlé. Sa femme est arrêtée, accusée de trahison et de sorcellerie, puis condamnée par le Parlement à la décapitation et au bûcher. Aventuriers, traîtres, assassins... Les Concini sont accusés de tous les maux. Quels crimes ont-ils donc commis pour que leur mort libère une telle vindicte et que, trois siècles plus tard, les historiens évoquent encore leurs « noirs complots » ?

Concino Concini,
maréchal d'Ancre (1575-1617),
par M. Le Coq.

Aventuriers ? Sans aucun doute. Cependant, Concino Concini n'est pas né, comme l'ont prétendu ses détracteurs, de basse extraction. Il est au contraire issu de la noblesse toscane. Petit-fils d'ambassadeur, fils de sénateur, neveu de cardinal, le comte della Penna a suivi d'honorables études à l'université de Pise. Préférant de loin la vie oisive et facile à laquelle son physique gracieux le prédestine, le jeune homme a vite fait de dilapider l'héritage paternel. Il se met alors au service du cardinal de Lorraine, qui se sépare de lui dès qu'il apprend que Concini souffre de ce que, depuis les guerres d'Italie, les Français appellent « le mal de Naples » et les Napolitains « le mal français », la syphilis. Dès lors, Concini vit d'expédients, de petits métiers (croupier, comédien...) mais aussi de menues escroqueries, qui le conduisent à de brefs séjours en prison. C'est dire si sa famille est soulagée lorsqu'elle apprend, en 1600, que ce jeune dévergondé de vingt-cinq ans a finalement décidé d'aller tenter sa chance en suivant à Paris la nièce du grand-duc de Toscane. Marie de Médicis vient en effet d'être demandée en mariage par le roi de France Henri IV ! Le cardinal, son oncle, n'hésite pas à intervenir en faveur de Concini pour appuyer sa candidature au cortège de la future reine. On comprend aisément que sa présence n'était pas vraiment souhaitée...

Or, c'est dans la suite de Marie de Médicis que Concini va rencontrer Leonora Galigaï, qui, à trente-deux ans, a connu jusque-là un tout autre destin. De son vrai nom Dianora Dosi, la Galigaï n'a rien d'une séductrice – un de ses contemporains, avec sans doute une certaine exagération, la dépeindra ainsi lors de son procès : « Cheveux de méduse, blonds comme geai, front poli comme une pierre ponce, yeux verts comme le feu, nez d'éléphant, dents en crocs, mains de harpie, pieds de homard, corps grêle comme un buffle, bouche petite comme l'entrée du four. » Elle est d'humble naissance et sans grande éducation. Mais sa mère, qui était blanchisseuse, a été la nourrice de Marie de Médicis !

Marie de Médicis, reine de France (1573-1642),
par Il Gaetano. Palais Pitti, Florence.

Dianora, que Marie préfère appeler Leonora est donc la sœur de lait de la future souveraine. De cinq ans son aînée, « Leonora » est passée tout naturellement du rôle d'unique compagne de jeux d'une fillette plutôt esseulée, à celui de femme de chambre, de suivante, puis de confidente. Désormais,

Marie ne peut plus se passer d'elle : elle est la seule dont elle a absolument exigé la présence à la cour de France. Avant de suivre Marie, Leonora a réussi à se faire adopter par un seigneur Galigaï, qui lui apporte la noblesse manquante. Certains y verront plus tard une première preuve de sa malignité et de son ambition. Tout comme cette étrange maladie dont elle souffre – une boule qui, dit-elle, « la travaille de telle façon que le mal monte à la gorge pour l'étrangler » – et les curieux remèdes à base de sang de pigeon dont elle use pour se soulager, ou encore les conseils qu'elle ira chercher auprès d'un médecin juif, alimenteront les accusations de sorcellerie et de « juiverie » portées contre elle. En attendant, il est un fait certain : son ascendance sur la future reine.

En route pour Lyon puis Paris, le beau Concino Concini s'éprend de cette maladive « naine noire », comme la désignera au XIXe siècle l'historien Jules Michelet. Toujours est-il qu'il lui fait une cour pressante, et Leonora, guère habituée à tant d'attentions, cède rapidement aux plaisirs de l'amour. Portée par l'exaltation de son sentiment amoureux, elle ne résiste pas à l'envie de présenter son soupirant à Marie. Cette dernière, d'abord méfiante, succombe à son tour au charme du bellâtre, au point de consentir à leurs fiançailles. La chose sera bien moins aisée avec le roi de France. Lorsque Henri IV fait la connaissance du couple, il pressent aussitôt l'influence néfaste qu'il a sur la reine et fait valoir son veto. La nouvelle reine a beau tempêter et pleurer, rien n'y fait. Leonora fera alors preuve d'une habileté toute machiavélique. Elle sait pertinemment que si Henri IV a accepté d'épouser Marie de Médicis, c'est uniquement parce que son ministre, Sully, a su le convaincre de l'opportunité économique pour le royaume. Une héritière richement dotée peut servir les intérêts régaliens. Il ne rechigne d'ailleurs pas à accomplir son devoir conjugal et rapidement un futur héritier vient arrondir les courbes de la reine. Louis naît le 27 septembre 1601, soit neuf mois exactement après le mariage de ses parents.

Mais le roi préfère la couche de sa maîtresse, Henriette d'Entragues, qui a bien plus d'influence sur lui. Ce détail n'échappe bien entendu pas à Leonora, calculatrice et impitoyable, qui prépare sa contre-attaque. C'est donc auprès d'Henriette qu'elle va plaider sa cause maritale. L'élégante Henriette a beau gratifier Marie de « grosse banquière », elle sait qu'il va falloir désormais compter avec elle. Leonora lui propose, en échange de son appui, de faciliter ses relations avec la reine. Et, pour la convaincre tout à fait, lui présente Concini. À eux deux, ils parviennent à la convaincre d'intervenir en leur faveur auprès du roi. Cette tactique se révélera payante, puisque Henri IV ira jusqu'à s'excuser auprès de Concini de l'avoir mal jugé. Le mariage de Concino et Leonora reçoit la bénédiction royale. Les nouveaux époux sont richement dotés par Marie de Médicis. Mieux encore, Concini est nommé premier maître d'hôtel de la reine. Il endosse ainsi l'intendance de tout le personnel de sa Maison. Avec Leonora, désignée comme dame d'atour, les voici devenus les plus importants personnages de la cour.

Leonora Galigaï (1568-1617).

Et leur fortune ne va cesser de croître dans les années à venir. Tout comme l'influence absolue de Leonora sur Marie de Médicis. Le couple se voit sans cesse abreuvé de faveurs et de cadeaux, et emménage rue de Tournon, dans l'hôtel de Picquigny, si luxueusement meublé qu'Henri IV lui-même, amené à le visiter, s'en étonne : « Mais, lui rétorque le Florentin, il n'y a là que les dons de Votre Majesté… » Ce que le roi a du mal à ne pas interpréter comme une provocation. Car, au fond, il n'apprécie guère le favori de la reine, qu'il surnomme « Conchine » et menace à la moindre occasion de renvoyer en Italie. Ce qui lui vaut de violentes scènes de sa femme, qui l'aurait, dit-on, giflé. En 1608, Concini n'en devient pas moins premier écuyer de la reine, dont les privilèges sont égaux à ceux des princes du sang. La même année, le roi accepte d'être le parrain de sa fille.

L'apogée fulgurante des Concini ne fait que commencer. Le 14 mai 1610, le roi est assassiné par le moine Ravaillac, bien vite condamné comme déséquilibré et écartelé. Aurait-on craint de découvrir un crime commandité ? Les langues vont bon train et, parmi les suspects, les Concini figurent en bonne place. Assassins ? Certes, les preuves font défaut. Pourtant, à qui ce crime profiterait-il davantage ? Louis XIII n'ayant que neuf ans, Marie de Médicis est nommée régente. Désormais, il n'existe plus aucun obstacle à l'ascension du couple maudit. Fortuite coïncidence, la veille même de l'attentat, le 13 mai 1610, Marie est sacrée reine de France. Voilà qui rend impossible toute contestation de sa régence par les princes du sang. On prétend que ce serait Leonora qui l'aurait depuis longtemps poussée à exiger d'être sacrée, et qu'Henri IV aurait accepté à contrecœur. Il aurait d'ailleurs confié à Sully : « Ah ! Maudit sacre, tu seras cause de ma mort ! » Sur le tableau du couronnement de Marie de Médicis, peint par Rubens, la première silhouette qui se profile derrière la reine n'est-elle pas celle de Concino Concini ?

Quoi qu'il en soit, la fortune et le pouvoir du couple sont désormais assurés. Les voilà devenus les véritables maîtres du royaume. L'éclatante ascension des aventuriers italiens se poursuit : Concini achète le marquisat d'Ancre, et devient successivement premier gentilhomme de la Chambre, lieutenant général du roi en Picardie, gouverneur d'Amiens et enfin, en 1613, maréchal de France, lui qui n'a jamais guerroyé ! Cette même année, Leonora achète, pour 95 000 livres, le château de

Le couronnement de Marie de Médicis (1573-1642) à la cathédrale Saint-Denis, le 13 mai 1610, par Rubens. Musée du Louvre, Paris.

Lésigny, dans la Brie, et y entreprend de grands travaux d'embellissement. Au Conseil du roi, tout passe entre ses mains, il se mêle de tout, et la reine ne peut que se féliciter de son zèle.

La situation dont elle a hérité n'est pas des plus faciles. L'assassinat du roi risque de provoquer la naissance de nouveaux troubles. Il n'y a qu'une douzaine d'années que les guerres de Religion ont pris fin et les rivalités sont encore vivaces. Henri IV ne s'apprêtait-il pas, après une trêve de dix ans, à reprendre la guerre contre les Habsbourg – ceux d'Autriche et d'Espagne – aux côtés des princes protestants d'Allemagne ? Le moment ne paraît plus très opportun. On préfère donc trouver des arrangements et éviter tout conflit avec l'Espagne. Ainsi, le mariage annoncé du jeune Louis à l'infante d'Espagne, Anne d'Autriche, sera le symbole du rapprochement. Un renversement total des alliances.

Une « trahison » aussitôt attribuée à Concini. Sully, ancien Premier ministre du roi Henri IV, démissionne de sa charge de surintendant des Finances, en proclamant que le royaume est tombé « en de bien étranges mains ». Les grands du royaume, le prince de Condé en tête, prennent les armes. Concini conseille à la reine de les apaiser en leur distribuant places et pensions, et de convoquer, pour les contenter, des états généraux où les trois états pourront exprimer leurs doléances. Ces états de 1614 seront l'occasion pour un jeune orateur du clergé, l'évêque de Luçon, Armand de Richelieu, de se distinguer. Concini se l'attache et, deux ans plus tard, lui confie le secrétariat d'État à la Guerre.

À peine les états terminés, c'est au tour du Parlement d'entrer en ébullition. Les parlementaires rédigent des « Remontrances », qu'ils rendent publiques. Ils s'opposent eux aussi à la politique d'alliance avec l'Espagne – et au mariage du jeune Louis avec Anne d'Autriche – et soulignent également, à l'attention du nouveau roi, « la dissipation et la profusion qui ont été faites de vos finances, depuis le décès du feu Roy », qualifiées d'« incroyables ». Concini est directement visé : « Le Roy est humblement supplié de retrancher de ses conseils les personnes introduites depuis peu d'années, non pour leurs mérites et services rendus à Votre Majesté, mais par la faveur de ceux qui veulent y avoir des créatures. » La réplique est prompte : le président du Parlement est placé en résidence surveillée à Amboise.

Aussitôt, le prince de Condé reprend les armes. Ses partisans se répandent dans Paris, montant la population contre Concini, si bien que le prince est arrêté et embastillé le 1er septembre 1616. Le mécontentement s'en accroît d'autant. Les grands publient alors, au début de 1617, une « Déclaration et protestation [...] contre la conjuration et tyrannie du Maréchal d'Ancre » ; ils se verront en représailles confisquer tous leurs biens. À cette fronde des grands et du parlement, Concini, à l'abri de l'armée considérable de sept mille hommes qu'il a levée – officiellement pour défendre l'autorité du roi, mais plutôt pour se défendre lui-même – oppose tranquillement une fin de non-recevoir. Lui aussi possède ses partisans dans Paris, qui en viennent aux mains avec ceux de Condé. Cependant, il a négligé un tout autre danger...

En 1617, le jeune Louis a seize ans. Il n'est plus un enfant et le mépris que lui manifestent les Concini depuis toujours lui est devenu insupportable. Des anecdotes circulent à ce sujet. Un jour que le roi parle avec des amis dans sa chambre, Leonora, qui loge au-dessus, se permet de lui faire dire d'être moins bruyant. Louis XIII pâlit : « Si sa chambre est exposée au bruit, Paris est bien assez grand pour que la maréchale en trouve une autre ! » Un autre jour que la reine mère a refusé mille écus à son fils, Concini vient offrir sa bourse au roi. Celui-ci l'éconduit brutalement, mais en ressent une violente humiliation.

Portrait de Louis XIII, roi de France et de Navarre (1601-1643), par Le Jeune. Collection Musée du château de Versailles.

Louis a depuis peu un nouvel ami, Charles d'Albert, seigneur de Luynes qui, parmi les gentilshommes attachés à son éducation, lui apprend à dresser des faucons pour la chasse. Luynes – qui a trente-neuf ans –, devient son mentor et son confident. C'est lui qui pousse le roi à se débarrasser du favori de sa mère et de sa satanée épouse, adepte de magie et de sortilèges et qui ferait des messes noires, dit-on. Accusation abusive dont Leonora se défendra lors de son procès : « Je ne me suis jamais servie d'autre sortilège que de mon esprit. Est-il surprenant que j'aie gouverné la reine qui n'en a pas du tout. » Luynes lui présente quelques amis sûrs, et aussitôt un complot prend forme. Il s'agit d'arrêter Concini, ce qui ne peut se faire qu'au Louvre, seul lieu où il circule sans sa garde. Mais s'il résiste ? Louis hésite, il ne peut se décider à prendre la décision fatale. C'est un des autres comploteurs qui répond alors pour lui : « S'il résiste, on le tue. » Devant le maréchal de Vitry, qui accepte de se charger de cette basse besogne, Louis se contente d'approuver du regard.

C'est ainsi que, le 24 avril 1617, Concini passe de vie à trépas et que Leonora est arrêtée. Au grand soulagement de tous. L'emprise du maréchal est telle que, jusqu'au dernier moment, le roi craint d'échouer. Ne fait-il pas préparer des chevaux sellés, qui doivent attendre dans le jardin des Tuileries, pour fuir, dans le cas où Vitry manquerait sa funeste mission ? La reine Catherine de Médicis ne manifeste qu'indifférence, car elle sent bien que cette arrestation signe la fin de son propre pouvoir : « J'ai assez à faire de moi-même ! Qu'on ne me parle pas de ces gens-là ! » dira-t-elle au gentilhomme que Leonora a envoyé pour lui demander une entrevue. Après avoir supporté avec une grande dignité procès et exécution de la sentence, Leonora est exécutée et le duc de Luynes hérite d'une partie des biens et des possessions des défunts, dont le marquisat d'Ancre et le titre de maréchal de France. Il ne montrera pas moins d'avidité que son prédécesseur, ne saura pas mieux brider l'appétit des grands et conservera l'alliance espagnole. Il aura cependant moins le temps de se rendre impopulaire, puisqu'il mourra, en 1621, d'une « fièvre pourprée », probablement la scarlatine. Il faudra attendre le retour en faveur de Richelieu – celui-là même qui avait été introduit au Conseil par Concini – pour que Louis XIII trouve enfin un véritable appui. Ironie du sort.

Concino Concini, maréchal d'Ancre (1575-1617) assassiné sur le pont du Louvre, à Paris, le 24 avril 1617. Collection privée.

MICHEL ROMANOV,
UN TSAR SOUS INFLUENCE ?

C'est le « temps des troubles ». Depuis la mort, en 1598, de Fédor Ier, le successeur du tsar Ivan IV, la Russie connaît une grave crise dynastique. Son demi-frère Dimitri a disparu en exil, dans des conditions mal élucidées – probablement assassiné – et déjà trois faux Dimitri ont surgi pour s'emparer du trône, et ils ont bien failli y parvenir... Les caisses sont vides, l'armée inexistante, les paysans au bord de la révolte. C'est donc avec la plus grande facilité que les brigands sillonnent un royaume dévasté, que Suédois et Polonais s'apprêtent à dépecer : les premiers ont pris Novgorod et les seconds occupent déjà le Kremlin, à Moscou. Le gouvernement est tenu par une poignée de boyards (aristocrates) pro-polonais, qui a fait élire comme tsar le fils catholique du roi de Pologne, Ladislas Vasa... « Qui donc sauvera la Russie ? » s'écrie le patriarche orthodoxe Hermogène, aussitôt mis à mort par les Polonais.

La solution vient du prince Pojarski qui procure les fonds nécessaires pour lever une armée. Les Polonais sont enfin chassés de Moscou. Le pays est libéré. Ne reste plus qu'à convoquer le *Zemsky Sobor* – les états généraux russes – pour élire un nouveau tsar. Il faut dire que tous ceux qui sont brièvement montés sur le trône depuis 1598 ont connu une fin brutale : Boris Godounov (empoisonné ?), son fils Fédor II (étranglé), l'usurpateur Dimitri II (assassiné d'un coup de pistolet, puis dépecé), et le boyard Vassili IV (mort en captivité).

Portrait du tsar Michel Ier de Russie (1596-1645).
Peinture d'un maître russe, huile sur toile, fin XVIIe siècle.
Musée national Russe, Saint-Pétersbourg.

Il paraît clair, sous la pression entre autres des Cosaques, ces combattants libres – le plus souvent des fugitifs qui ont pesé d'un poids très important dans les guerres civiles –, que, pour être accepté par tous, il faudrait que le nouveau tsar soit russe, orthodoxe, et bien que le pouvoir en Russie ne soit pas héréditaire, qu'il présente une certaine légitimité à régner. Certes… mais qui saurait remplir toutes ces doléances ? En dernier ressort, en février 1613, on retrouve, au fin fond d'un monastère de Kostroma, dans le couvent Ipatiev, le petit-neveu d'Anastasia Romanova, la première des huit épouses successives d'Ivan IV. C'est encore un gamin de seize ans, qui vit, depuis l'âge de cinq ans, totalement isolé du monde et accroché à la jupe de sa mère – Maria Ivanovna Saltykov, à qui on a imposé, quelques années plus tôt, de devenir nonne. Il est à peine sociable et ne sait ni lire, ni écrire… Aussi, c'est sans grand enthousiasme qu'on lui met dans les mains le sceptre et le globe du pouvoir. Car la plus importante des questions demeure : sera-t-il seulement capable de gouverner ?

Le nouveau tsar, Michel Ier Romanov, est doux et docile. Il accepte de bonne grâce la charge qu'on lui confie, contrairement à sa mère, qui n'a aucune confiance en ces gens de Moscou venus les arracher à leur paisible retraite. Elle n'a pas oublié – ni pardonné – la haine que leur a attirée, douze ans plus tôt, le fait que son mari Fédor Romanov soit le plus proche parent de Fédor Ier et, qu'à ce titre, il puisse lui aussi prétendre au titre de tsar. Boris Godounov, beau-frère et conseiller de Fédor Ier, qui avait réussi à se faire élire par le *Zemsky Sobor*, s'était alors acharné à les éliminer, avec tous les Romanov. Il les avait faussement accusés d'empoisonnement et les avait fait enfermer, son mari et elle, dans des monastères très éloignés l'un de l'autre. Fédor, en entrant en religion, a pris le nom de Philarète et Maria, celui de Marfa. En 1613, cela fait onze ans que le jeune Michel n'a pas vu son père qui, libéré de son monastère par le premier des faux Dimitri, est retenu, depuis 1610, en captivité en Pologne. Marfa s'inquiète et ses soupçons sont justifiés. Mais que peut-elle faire, sinon bénir son fils avec la sainte icône de la Vierge Fedorovskaya, qui deviendra l'icône sacrée de la dynastie Romanov ? Cependant, les inquiétudes de sa mère paraissent justifiées. D'anciens récits prétendent qu'à peine le nom du nouveau tsar connu, les Polonais envoient des troupes pour le tuer. Arrivés dans la région de Kostromo, ils se renseignent sur l'endroit où se trouve le jeune homme. Un nommé Ivan Soussanine leur propose de les y conduire par un raccourci, à travers la forêt. Son intention est en fait de les perdre au plus profond des bois, tandis que son petit-fils va prévenir Michel et sa mère du danger. Torturé sans avoir rien voulu révéler aux Polonais, Soussanine est mis à mort, mais le nouveau tsar est sauvé. Il saura se montrer reconnaissant, ainsi que ses descendants, à l'égard de la famille de Soussanine.

Boris Godounov (1551-1605), tsar de Russie de 1598 à 1605.

C'est ainsi que, le 2 mai, Michel Romanov fait son entrée dans Moscou et qu'après une lente procession à l'intérieur du Kremlin, il revêt, le 11 juillet, dans la cathédrale de la Rédemption, le chapeau conique et bordé d'or de Vladimir Monomaque, fils du fondateur de Moscou. Éduqué en dehors du monde réel, Michel Ier n'a en fait aucune conscience du rôle qu'on s'apprête à lui faire jouer. C'est un introverti, uniquement préoccupé de sauver son âme et de remonter les vingt mille horloges qu'il fait installer au Kremlin, sa seule véritable passion. Aussi délègue-t-il immédiatement la gestion de l'État à sa mère et à ses oncles maternels, les Saltikov. Avec la même bonne grâce qu'il a mise à accepter de monter sur le trône, il s'engage, dans un acte écrit, à restreindre ses pouvoirs et à convoquer régulièrement le *Zemsky Sobor* : il tiendra parole. Une répartition inéquitable du pouvoir qui satisfait néanmoins la noblesse moscovite, autant qu'il permet de légitimer et pérenniser le nouveau tsar. Rien cependant n'est acquis. Il faut déjà en finir avec les brigands qui ravagent toujours le pays. Une partie des Cosaques, menés par Ivan Zarucki, continuent à appuyer les prétentions du fils du deuxième faux Dimitri : l'enfant n'a que trois ans, mais il est soutenu par sa mère, l'ambitieuse Marina Mniszech. La fin de leur équipée est rude : Zarucki subit le supplice du pal et Marina meurt en prison, peu après la pendaison de son jeune enfant.

Pourtant, si la lutte contre l'ennemi intérieur s'avère une réussite, la collecte des impôts, confiée à des potentats locaux le plus souvent malhonnêtes, se révèle plus laborieuse. Or le nouveau régime en a absolument besoin pour reconstruire une armée qui lui permettra de lutter contre les Polonais, les Suédois et leurs mercenaires. Le *Zemsky Sobor* réagit fermement, comme il se doit : de nouvelles taxes sont imposées, y compris aux plus riches, et on incite le peuple à boire – la vente d'alcool étant monopole d'État – et les échanges commerciaux sont taxés. L'argent commence à rentrer. On n'hésite pas s'il le faut à intimider riches et pauvres pour leur soutirer le moindre kopeck. C'est encore insuffisant pour relever le défi militaire contre les deux puissants voisins rivaux. Heureusement, la Suède ne veut pas d'une Pologne trop forte en Europe et surtout, le conflit avec ce pays scandinave est exclusivement territorial

Élection de Michel Romanov au rang de tsar, le 14 mars 1613.
Aquarelle d'Alexei Danilovich Kivchenko, 1880. Musée de la Marine, Saint-Pétersbourg.

et il peut être réglé par la diplomatie. Ainsi, par l'entremise des Pays-Bas et de l'Angleterre, les deux ennemis parviennent à trouver un terrain d'entente, qu'ils concrétisent à La Haye, en février 1617. Un accord coûteux pour la Russie, qui perd son accès à la mer Baltique, mais réussit néanmoins à éviter le pire face à la meilleure armée d'Europe. De ces négociations, les gazettes locales retiendront la pauvreté de la délégation russe, à qui les puissances invitantes ont été obligées de fournir des vêtements décents.

Ladislas IV Vasa (1595-1648), roi de Pologne.
Gravure de P. de Iode, XVIIe siècle.

Avec la Pologne, qui a des prétentions sur le trône de Russie, l'affaire semble plus complexe. Dès l'été 1617, Ladislas Vasa prend, contre le nouveau tsar, la tête d'une armée composée de Cosaques et de mercenaires. Mais, cette fois, le peuple russe et le *Zemsky Sobor* sont fidèles à Michel. Après une vaine tentative de prendre Moscou, Ladislas est obligé de battre en retraite et de signer une trêve provisoire. Mais il n'accepte pas pour autant de renoncer à ses revendications et continue à se considérer comme le véritable tsar. Cette trêve signée avec la Pologne a cependant une conséquence importante : elle rend la liberté au père de Michel, Philarète, qui a déjà près de soixante-dix ans. C'est un homme autoritaire et ambitieux, doté d'une grande expérience politique et qui a été un acteur majeur du « temps des troubles ». Il n'a pas hésité à appuyer les revendications de deux des faux Dimitri pour servir sa propre ascension. Le premier l'a libéré du monastère où l'avait enfermé Boris Godounov et l'a nommé métropolite de Rostov. Le second l'a fait patriarche de Moscou, la plus haute autorité de l'Église orthodoxe russe. Philarète fera ensuite partie, en 1610, de la délégation envoyée par un groupe de nobles russes en Pologne pour proposer le titre de tsar à Ladislas ! Mais il est resté ferme sur une condition : sa conversion à l'orthodoxie. Cette condition lui aura valu six ans d'emprisonnement. Il est fort probable que, sans cette arrestation, c'est lui qui aurait été sollicité, en 1613, pour monter sur le trône. Cela aurait-il changé quelque chose ? Puisque, à partir de son retour, en 1619, le véritable tsar, c'est bien lui, sans aucun doute ! L'homme que Ladislas vient de libérer va en effet être le véritable architecte du renouveau russe. Aussitôt arrivé à Moscou, il ne perd pas de temps pour s'imposer, écartant la famille de sa femme et se faisant confirmer comme patriarche de Moscou par le *Zemsky Sobor* – un titre qui lui confère une autorité religieuse et politique. Le message est clair : le pays est désormais gouverné par un aigle à deux têtes. Michel n'est que trop soulagé de s'abandonner à l'autorité paternelle !

En politique, leur but est de rétablir l'autorité absolue du tsar et ils y parviennent sans difficulté, l'insécurité du « temps des troubles » ayant laissé de mauvais souvenirs. Le mythe du tsar « petit père protecteur du peuple » facilite leur tâche et Philarète, qui mène par ailleurs une vie peu vertueuse et n'a rien d'un théologien d'envergure, sait user de la crédulité populaire en se servant de l'orthodoxie comme d'un ciment national. Peu, désormais, osent s'élever contre ses décisions, dont certaines seront lourdes de conséquences pour ses successeurs. L'une d'entre elles est d'attacher définitivement les serfs à leurs propriétaires, afin de faire face au manque de main-d'œuvre, alors que, jusqu'ici, la possibilité de changer de maître était, pour les paysans, un moyen de négocier de meilleurs traitements. Ce sera l'un des freins, pendant plus de deux siècles, à une véritable modernisation politique et économique du pays. Dans le

Philarète, Fédor Nikitch Romanov (1553-1633). Litographie v. 1860. Bibliothèque nationale de Russie, Moscou.

domaine administratif, un problème reste loin d'être résolu : la collecte d'impôt est toujours catastrophique. Or, le tsar a besoin d'argent : de nouvelles taxes sont décidées, qui frappent aussi bien les nobles que les paysans. Philarète prend tout de même soin d'exempter de l'impôt ses propres biens…

Par ailleurs, il encourage la colonisation de la partie occidentale de la Sibérie, riche en fourrures et en matières premières – créant ainsi une dynamique qu'aucun de ses successeurs ne négligera – et favorise l'installation des étrangers, attirés par l'immense potentiel russe, dont les commerçants néerlandais, notamment, qui vont participer au redressement d'une économie en lambeaux. Ils déchanteront en revanche très vite : leur liberté d'action est restreinte, la liberté de culte est, malgré les promesses, quasi nulle, et le gouvernement développe un sentiment paranoïaque exacerbé, qui l'encourage à entretenir un puissant réseau d'espionnage et le pousse parfois à confisquer brutalement les biens de tout supposé opposant. Philarète gouverne l'Église avec le même pragmatisme que l'État, prêtant une particulière attention au règlement des levées et à l'encaissement des taxes, auxquels est employée une armée de fonctionnaires. Avec les catholiques et les réformés, même convertis, il se montre d'une méfiance qui tient peut-être à son expérience polonaise. De cette intolérance russe témoigne la triste histoire du prince danois, Waldemar Christian, venu après d'âpres négociations à Moscou afin d'épouser Irina, une fille de Michel Romanov. Le contrat stipulait que le prince garderait sa religion, mais, une fois sur place, le tsar exige sa conversion. Waldemar proteste, Michel lui refuse alors la main de sa fille, mais lui interdit de quitter la Russie... Après une tentative d'évasion ratée, le prince danois sera emprisonné et ne sera libéré qu'à la mort de son futur ex-beau-père !

En 1633, lorsque Philarète décède, son fils Michel Ier a trente-sept ans. En profite-t-il pour reprendre les rênes du pouvoir ? Non, c'est sa famille maternelle qui réapparaît, retrouvant un pays en bien meilleur état. La succession est assurée, puisque Michel, après deux mariages qui déplaisent à sa mère, a enfin trouvé, en 1626, en Eudoxia Strechnieva une femme digne de son rang. Étroitement encadrée par sa belle-mère, qui se charge de choisir les tuteurs de ses petits-enfants et qui l'accompagne partout, elle mettra au monde dix enfants, dont le tsarévitch, Alexis. Une succession sur laquelle pèse toujours la menace polonaise... Ladislas, devenu entre-temps roi de Pologne, se considère en effet comme l'unique tsar légitime. La guerre est inévitable, et c'est la Russie, se croyant prête, qui en prend l'initiative. La campagne commence sous de bons auspices, mais, à la première vraie difficulté, la machine s'enraye, et le siège de Smolensk est le tombeau de tous les espoirs russes : l'armée y est littéralement écrasée par les Polonais. Michel punira d'autant plus durement les chefs responsables de cette débâcle, qu'ils sont aussi des proches de son père, que ses oncles préfèrent écarter. Par chance, cette défaite cinglante n'aura aucune conséquence ! La mort du roi de Suède vient de laisser comme seule héritière une fillette de six ans, Christine. De quoi détourner l'ambition de Ladislas qui, oubliant vingt ans de revendication, a désormais hâte de conclure la paix. Bien sûr, le traité de 1635 ampute sérieusement les terres occidentales de la Russie, mais il met fin à toute contestation sur le trône russe...

Michel Ier n'aura probablement jamais régné par lui-même. Un règne peu glorieux, s'il en est, mais les influences qu'il aura subies auront été profitables à la Russie de 1613 et auront solidement assis sur le trône la dynastie des Romanov. Lorsqu'il meurt, en 1645, nul n'ose plus contester la légitimité de son successeur : « Le trône de Russie n'est ni héréditaire, ni électif, mais occupatif ! » Trois siècles plus tard, c'est avec un autre tsar « sous influence » que les Romanov perdront le pouvoir. Nicolas II est, quant à lui, dominé par sa femme, l'orgueilleuse et névrosée Alexandra Feodorovna, et par son gourou, le moine Raspoutine, impopulaire et de mauvais conseil. Née sous Michel Ier – qu'on avait sorti du couvent Ipatiev –, la dynastie des Romanov s'éteint donc, en juillet 1918, et ses derniers membres seront cruellement massacrés à Ekaterinbourg, dans la maison dite « Ipatiev »... Est-ce là une coïncidence ? C'est ainsi en tout cas que leur incroyable saga s'achève.

Eudoxia Strechnieva (1608-1645), femme du tsar Michel Ier de Russie.
Lithographie de Pyotr Fyodorovitch Borel, v. 1860.
Bibliothèque nationale de Russie, Moscou.

LE TAJ MAHAL
A-T-IL VRAIMENT ÉTÉ CONSTRUIT PAR AMOUR ?

Dans la ville d'Agra, sur la rive droite de la Yamunâ, on peut contempler l'un des plus célèbres édifices du monde, le Taj Mahal. Ses contours, sa symétrie, ses couleurs, identifiables au premier coup d'œil, font de lui le symbole de l'Inde, alliance de l'art islamique et de la culture hindoue. Mais sa renommée ne vient pas seulement de son architecture flamboyante. La légende du Taj Mahal veut qu'il ait été bâti par un empereur moghol, en hommage à l'une de ses épouses défuntes. Pourtant, trois siècles et demi plus tard, il semblerait que le Taj Mahal n'ait pas encore livré tous ses secrets...

Nous sommes en 1631. Depuis un peu plus d'un siècle, les Moghols, guerriers des steppes d'Asie centrale, de religion musulmane et de culture persane, descendants de Gengis Khan et Tamerlan, règnent en maîtres absolus sur l'Inde. Shâh Jahân est à la tête de l'Empire moghol après avoir succédé, quatre ans plus tôt, à son père, Jahangir. Il doit quitter sa capitale d'Agra pour dominer, au sud, une rébellion conduite par l'un de ses ennemis locaux. Sa seconde épouse, Mumtaz Mahal, enceinte pour la quatorzième fois, a obtenu l'autorisation de l'accompagner durant sa campagne militaire. Cela fait maintenant dix-neuf ans qu'il l'a épousée et il lui est particulièrement attaché. Il l'a rencontrée alors qu'il n'était qu'un prince âgé de quinze ans, lors du bazar traditionnel du Nouvel An, dans les rues d'Agra, manifestation au cours de laquelle l'aristocratie moghole a l'habitude de jouer aux marchands et aux clients.

Vue du Taj Mahal avec les jardins.

La jeune Arjumand Bânu Begam, la fille du Premier ministre de son père, n'avait alors que quatorze ans, et elle incarnait une vendeuse d'épices. Ce fut un coup de foudre au premier regard. Shâh Jahân a immédiatement désiré faire de la jeune fille son épouse mais, pour des raisons politiques, il dut d'abord se résoudre à épouser une princesse persane. La loi musulmane, autorisant la polygamie, lui permettra de choisir Arjumand comme seconde épouse, cinq ans plus tard, en 1612, qui s'imposera rapidement comme sa favorite. Elle est désormais Mumtaz Mahal, l'« Élue du Palais ». Aussi, lorsque l'Empereur apprend qu'après avoir donné naissance à son quatorzième enfant Mumtaz Mahal est au plus mal, il se rend immédiatement au chevet de sa bien-aimée. Hélas, celle-ci meurt trois jours plus tard. Selon la légende, elle aurait formulé deux souhaits. Le premier : que son époux n'ait plus d'autres enfants et le second : qu'il fasse construire un monument en sa mémoire, capable de braver le temps, symbole de leur amour éternel. L'Empereur est très affligé par le décès de sa femme. On raconte qu'en une nuit, sa barbe et ses cheveux ont blanchi. Après s'être retiré, une semaine entière, dans ses appartements, sans manger, il ordonne la construction d'un grandiose mausolée, en mémoire de sa chère épouse. La dépouille mortelle de la défunte est alors provisoirement ensevelie dans les jardins de Zainâbâd, au bord de la Tapti. Six mois plus tard, Shâh Jahân regagne sa capitale avec le corps de son aimée.

Il décide de construire le mausolée à Agra, capitale impériale, sur la rive du fleuve Yamunâ, non loin du Fort Rouge, résidence de l'Empereur. En six mois, les fondations, creusées sur sept mètres et remplies de gravier, sont achevées et, dès l'année suivante, le corps de l'Impératrice peut être transféré dans la crypte. Des interrogations demeurent sur les travaux du Taj Mahal, à commencer par leur durée. Si des chroniqueurs affirment que le mausolée fut terminé douze ans plus tard, soit en 1643, une inscription indique la date de 1648. On pense même aujourd'hui que l'édifice n'aurait été véritablement achevé qu'en 1652. Autre incertitude, son architecte. Si les noms d'au moins deux maîtres d'œuvre chargés de superviser les travaux sont mentionnés (Abd ul-Karim et Makramat Khan), le nom de l'architecte principal n'a jamais été indiqué de manière précise. Il s'agirait vraisemblablement d'Ustâd Ahmad Lâhorî, architecte réputé et expérimenté. Une légende rapporte que l'Empereur aurait fait exécuter la femme de l'architecte, afin que celui-ci ressente autant de chagrin que lui et, qu'après la construction du Taj Mahal, il lui aurait fait couper les deux mains, afin qu'il ne puisse plus réaliser pareil chef-d'œuvre.

Shâh Jahân (1592-1666), empereur moghol indien. Miniature persane sur ivoire. The Granger Collection, NYC.

Passionné d'architecture, le souverain moghol est soucieux de l'avancée des travaux et, dès qu'il le peut, il visite le chantier. Toutes les forces de son Empire sont d'ailleurs mobilisées et son coût va peser très lourd sur le Trésor impérial : pas moins de cinq millions de roupies, sans compter les dépenses en marbre et en pierres précieuses et semi-précieuses. Près de vingt mille ouvriers prennent part à la construction du mausolée, dont un grand nombre de femmes, notamment pour les travaux les plus durs. Des artisans réputés venus d'Europe ou de l'Empire ottoman combinent également leurs savoir-faire

Entrée du Taj Mahal. Aquatinte de William Daniell, dans « Oriental Scenery », 1795. Bibliothèque nationale Braidense, Milan.

pour ériger cet immense monument. Le marbre blanc, extrait des carrières du Rajasthan, distantes de plus de trois cents kilomètres d'Agra, est acheminé quotidiennement par un millier d'éléphants. Contrairement à l'idée reçue, le principal matériau de l'édifice est constitué de briques carrées et de mortiers. Le marbre blanc et le grès rouge n'ont servi que de revêtement, les bâtisseurs moghols pensant qu'ils remplaceraient durablement le plâtre. En 1643, alors que le mausolée n'est pas encore achevé, Shâh Jahân célèbre l'anniversaire de la mort de Mumtaz Mahal et, en présence des plus hauts dignitaires de l'Empire, des prières sont récitées pour que repose en paix l'âme de la souveraine défunte. Neuf ans plus tard, le mausolée est enfin terminé pour un résultat spectaculaire.

Le Taj Mahal possède deux entrées principales distinctes. La première se trouve au nord, sur les rives de la Yamunâ. Celle-ci est réservée à l'Empereur et ses proches, qui peuvent y accéder par le fleuve en bateau. La seconde se situe au sud et possède une porte aux dimensions gigantesques (trente mètres), dont le but est de dissimuler le Taj Mahal aux yeux des visiteurs. En effet, ce n'est qu'après l'avoir franchie que l'on peut apercevoir progressivement l'édifice. Pour parvenir jusqu'au mausolée, il faut traverser un luxueux jardin, pavé de marbre et divisé en quatre parties par des canaux perpendiculaires, alimentés par un réseau de canalisations souterraines, directement reliées aux eaux du Yamunâ. Les canaux se croisent en un bassin blanc, à la surface plane, dont les eaux paisibles reflètent la parfaite symétrie du Taj Mahal. L'édifice parvient en effet à conjuguer des formes simples et pures, à la précision toute géométrique. Bâti sur un plan carré et élevé sur une plate-forme de grès rouge, la coupole, qui culmine à soixante et un mètres de hauteur, est en forme de bulbe à double coque, reposant sur un tambour. Il est bordé à l'ouest, par une mosquée où les fidèles viennent prier pour le repos des défunts et à l'est, par une maison d'hôtes à l'architecture identique. Quatre petits kiosques adoucissent la verticalité de l'édifice. Aux quatre coins, ont été bâtis des minarets, légèrement inclinés vers l'extérieur, afin d'épargner le mausolée en cas de tremblement de terre. Au cœur du mausolée, se trouve la chambre funéraire, de forme octogonale, abritant le tombeau vide de Mumtaz Mahal, derrière une balustrade de marbre ajourée, dont les mailles permettent la pénétration d'une douce lumière. La splendeur du Taj Mahal est décuplée par la luminosité du soleil, qui se réfléchit sur ses contours de marbre blanc et qui le teinte, au fil de la journée, de toute une palette de couleurs différentes.

Le bâtiment bénéficie d'une incroyable richesse décorative. L'essentiel du vocabulaire ornemental est composé de fleurs, principalement des iris, des tulipes et des narcisses. Ces motifs ont été influencés par la culture occidentale, sans doute par les missionnaires jésuites qui ont fait venir, à la cour de l'Empereur moghol, des herbiers et orfèvres européens. Certaines variétés de fleurs représentées ne poussent d'ailleurs pas en Inde. Les ornements de la chambre funéraires sont incrustés d'un nombre incroyable de pierres précieuses et semi-précieuses, tellement bien taillées et polies qu'on les croirait peintes sur le marbre. Elles proviennent en majorité de cadeaux offerts par des ambassadeurs étrangers ou, pour certaines, d'impôts prélevés sur la noblesse moghole. On en a dénombré plus de quarante variétés différentes, dont certaines pierres proviennent de contrées lointaines : l'améthyste de Perse, le saphir du Sri Lanka, la turquoise du Tibet, la cornaline d'Irak, le jade vert de Chine, l'agate du Yémen ou encore la malachite de Russie. Enfin, on peut observer, par endroits, de superbes calligraphies de lettres noires, qui s'étendent sur le marbre blanc en de majestueuses frises géométriques. Elles ont été réalisées par le seul artiste, dont le nom figure sur le mausolée, Amânat Khân. La place accordée à la calligraphie, dans la tradition islamique, témoigne de cet art majeur, considéré comme le plus noble, puisqu'il est chargé de reproduire la parole de Dieu.

L'Empereur moghol n'aura guère le temps de profiter de ses visites au Taj Mahal. Car, à peine est-il achevé, qu'en 1658, Shâh Jahân est déposé par son fils Aurangzeb. Il sera emprisonné les huit dernières années de sa vie dans le Fort Rouge d'Agra, d'où on raconte qu'il passa ses journées à contempler l'édifice qu'il avait mis tant d'années à bâtir. À sa mort, en 1666, à la demande d'Aurangzeb, son corps est inhumé dans le mausolée, à la droite de son épouse. Les dépouilles se trouvent toutes les deux dans la crypte, le visage tourné en direction de La Mecque. Pourtant, de nombreux spécialistes doutent aujourd'hui qu'un mausolée de la taille du Taj Mahal ait été simplement bâti en hommage à la femme de l'Empereur, ce qui serait un cas sans précédent dans

Peinture indienne représentant Shâh Jahân embrassant son troisième fils, Aurangzeb. Or et gouache, Inde, v. 1750. Conservé au Musée des arts islamiques de Malaisie, 2012.

Arjumand Bânu Begam (1592-1631), dite Mumtaz Mahal, femme de l'empereur moghol Shâh Jahân. Miniature persane sur ivoire. The Granger Collection, NYC.

la tradition funéraire islamique. D'ailleurs, ces doutes proviennent aussi du fait avéré que, s'il fut un certain temps un veuf éploré, Shâh Jahân se consola vite auprès des centaines de femmes que comptait son harem. En réalité, il est possible qu'il ait ordonné la construction de ce mausolée dans le seul but de montrer au monde sa toute-puissance et la magnificence de son règne, fertile en victoires et en triomphes. Shâh Jahân était en effet hanté par l'image de sa propre grandeur et l'étalage d'un si grand nombre de pierres précieuses, dans les ornements, semble davantage témoigner d'un désir d'afficher son opulence, que de rendre un hommage éternel à celle qu'il avait tant aimée, comme l'ont tout d'abord cru et magnifié les romantiques européens au XIXe siècle.

Une question se pose donc : Shâh Jahân aurait-il finalement fait construire ce monument à sa gloire, afin d'en faire son propre mausolée ? On pourrait le penser, pour la simple et bonne raison qu'à sa mort, l'Empereur y a bien été inhumé. Toutefois, la conception du monument, où le tombeau de Mumtaz Mahal apparaît au centre géométrique du mausolée, nous indique, à l'origine du moins, que l'Empereur aurait souhaité être inhumé à un autre endroit. D'après la légende, l'Empereur moghol avait même envisagé de construire, sur la rive opposée du fleuve, un Taj Mahal identique, mais de marbre noir, pour accueillir sa propre sépulture. Celui-ci aurait été relié par un pont au Taj blanc, symbole de la victoire de l'amour sur la mort. Déposé par son fils, Shâh Jahân n'aurait simplement pas eu le temps de mener à bien ce projet. Néanmoins, rien ne permet d'établir avec certitude l'existence de ce dessein, les travaux n'ayant jamais commencé.

Une autre hypothèse sur la réelle signification du Taj Mahal a récemment été évoquée. En effet, un historien américain, Wayne Begley, a affirmé, à la fin du XXe siècle, que ce mausolée grandiose aurait été construit dans le but de personnifier le « Trône de Dieu » – décrit dans le Coran et qui domine le paradis – et où Dieu prendra place au jour du Jugement dernier. Le mausolée représenterait donc ce trône tel qu'il est dépeint dans la tradition islamique et le jardin symboliserait le paradis. De nombreux éléments semblent donner raison à ce postulat. Tout d'abord le plan de l'édifice, dont le mausolée n'est pas, contrairement à la tradition moghole, au centre du jardin, mais à son extrémité septentrionale, comme pour exprimer la position du Trône de Dieu, au-dessus du paradis. À cela, s'ajoutent encore d'autres éléments concordants. On peut voir, en effet, dans les quatre minarets, les quatre piliers du trône mentionnés par les Écritures, soutenus par quatre anges. Même chose pour les deux canaux qui s'entrecroisent et qui pourraient symboliser les quatre fleuves du paradis, également mentionnés par le Coran. À l'intersection des canaux, se trouve un bassin carré et surélevé de marbre blanc, qui représenterait le bassin céleste de l'abondance, d'où coulent les quatre fleuves célestes et que vit le prophète Mahomet lors de son ascension miraculeuse au paradis.

Cette théorie est consolidée par les nombreuses citations coraniques qui figurent, en lettres de marbre noir, sur les murs du Taj Mahal et qui sont, dans leur grande majorité, des sourates évoquant le paradis. Sur la porte d'entrée sud, empruntée par tous les visiteurs, est inscrit : *Quant à toi, ô âme rassérénée, reviens à ton Seigneur, agréante, agréée, entre au nombre de Mes serviteurs, entre dans Mon Paradis*. Cette allusion omniprésente au paradis se retrouve – jusque dans les ornements floraux – à l'intérieur du mausolée puisque, dans la culture islamique, les fleurs sont perçues comme les symboles du royaume de Dieu. Mais dans quel but l'Empereur aurait-il cherché à bâtir un édifice représentant le Trône de Dieu et le paradis ? La réponse se trouve certainement dans la personnalité du souverain moghol, connu pour être un grand mystique, très marqué par le soufisme, sans doute en raison de sa date de naissance, qui correspond à l'an 1000 du calendrier musulman. Son épitaphe le désigne d'ailleurs sous le nom de « Rizwan, le gardien des cieux, celui qui vit dans l'Éternité et réside au Paradis ». Elle indique en outre la date de sa mort et affirme qu'il a rejoint la salle de banquet de l'Éternité.

Le secret de la signification du Taj Mahal est-il résolu ? C'est fort probable, car la thèse de la représentation du Trône de Dieu et du Paradis, décrits par le Coran, est probante. Mais d'autres mystères demeurent. On ignore, par exemple toujours, où gisent les corps de l'Empereur et l'Impératrice. Officiellement, ils reposeraient dans la crypte du mausolée. Cependant, de nombreux Indiens sont persuadés que les véritables tombes ne se trouvent pas là, mais dans un autre soubassement. Cette rumeur repose sur des éléments réels, puisque les dix-neuf salles souterraines présentent de nombreux passages obstrués, et il est probable que les souterrains menant à la véritable sépulture aient été condamnés au moyen de briques et de mortier. Les secrets du Taj Mahal n'ont donc pas fini de passionner les historiens !

Intérieur du Taj Mahal, tombe de Mumtaz Mahal.
The Granger Collection, NYC.

WU ZETIAN,
L'ÉTONNANT PARCOURS D'UNE CONCUBINE DEVENUE IMPÉRATRICE DE CHINE

Dans le comté de Qian, au fin fond de la province du Shaanxi, à environ quatre-vingt-cinq kilomètres au nord-ouest de Xi'an, se trouve le mausolée des membres de la famille impériale de Li, le seul mausolée chinois qui renferme les tombes de deux empereurs. Quatre portes ouvrent vers les quatre points cardinaux : la porte du Phénix au sud, la porte de la Tortue au nord, la porte du Dragon bleu à l'est et la porte du Tigre blanc à l'ouest. On accède au monument de l'empereur Gaozong, à l'ouest de la porte du Phénix, par une longue voie bordée de statues de pierre. Sa composition s'appuie classiquement sur les sept éléments qui composent le monde dans la cosmologie chinoise, c'est-à-dire le soleil, la lune, le métal, le bois, l'eau, la terre, et le feu.

De l'autre côté, une stèle de plus de six mètres de haut, sculptée avec une grande finesse, signale la tombe de son épouse, l'impératrice Wu Zetian, qui créa sa propre dynastie, celle des Zhou. Or cette stèle-là recèle un mystère. Traditionnellement, ce genre de monument présente des inscriptions faisant l'éloge du défunt. Celui de Gaozong raconte, en plus de huit mille mots, ses exploits militaires et loue son administration. Alors que la tombe de Wu Zetian – et c'est là le mystère – ne porte absolument aucune inscription ! Est-ce par modestie ? Est-ce la décision de son successeur, son fils Zhongzhong, qui lui reprocha ainsi de l'avoir écarté du pouvoir ? Ou parce que, situation inédite, elle fut la seule femme dans la très longue liste des empereurs chinois ?

L'impératrice Wu Zetian (625-705), dans un album comprenant 86 portraits d'empereurs chinois, Chine, XVIIIe siècle. The British Library.

武則天

Serait-ce enfin sa double appartenance à la dynastie des Tang et à celle des Zhou, qui mit en péril sa désignation ? À moins qu'il ne parût indécent d'y inscrire les crimes qui lui étaient attribués...

Née vers 624, Zhao – on pense que tel était son prénom – était déjà, à treize ans, réputée pour sa beauté. Très jeune, elle avait perdu son père – Wu Shihuo, commandant de garnison – dont sa mère, vaguement apparentée à la famille impériale, était la deuxième épouse. Avec sa mère veuve et ses deux sœurs, elle vivait de façon extrêmement modeste dans le Sichuan, loin de la capitale, Xi'an, et de la cour. Cependant, elle reçut une excellente éducation, qui favorisa son intelligence et son esprit cultivé. Des qualités qui attirèrent l'attention et la désignèrent pour rejoindre le gynécée de l'empereur Taizong afin de devenir une de ses concubines, et, qui sait, être un jour appelée à lui donner un fils... une chance inespérée. La jeune Wu Zhao quitta donc sa famille, porteuse de grands espoirs. Pendant des siècles, la tradition, en Chine, voulait que l'empereur dispose de centaines, parfois de milliers, de concubines, toutes soigneusement sélectionnées, dont l'unique occupation consistait à se faire remarquer de lui – au prix d'une terrible compétition. La littérature chinoise de l'empire foisonne d'intrigues de concubines impériales qui, la plupart du temps, s'achèvent dans un bain de sang ! De rang inférieur à celui des épouses, et souvent soumises au bon vouloir de celles-ci, et sans autre contact, en dehors du gynécée, qu'avec les eunuques qui veillent sur elles, elles sont la garantie pour l'empereur d'avoir des héritiers tout en lui permettant d'assouvir, sans limite, sa soif de plaisirs charnels. Pour celles qui parviennent à se distinguer, la possibilité s'ouvre alors de sortir de cette prison semi-dorée et de promouvoir leur famille. L'humble condition de Wu Zhao la place, hélas, parmi les concubines à un rang très inférieur, celui de « talentueuse ». Or l'empereur, fort âgé, meurt dix ans plus tard, sans qu'elle ait même peut-être eu l'opportunité de l'approcher.

Taizong (599-649), deuxième empereur chinois de la dynastie Tang.

Dans l'histoire de la Chine, les concubines étaient souvent condamnées à périr à la mort de leur maître. Mais l'époque des Tang est relativement favorable aux femmes, qui jouissent d'une certaine considération. Wu Zhao est tonsurée et envoyée au monastère bouddhiste de Gaynesi. Son caractère affirmé laisse à penser qu'il est peu probable qu'elle y soit restée très longtemps... Le destin lui donne rapidement l'opportunité de s'en échapper. Sans doute a-t-elle déjà, au palais impérial, croisé la route du fils de Taizong, le nouvel empereur, Gaozong ; peut-être a-t-elle déjà attiré son attention. On prétendra plus tard qu'il l'aimait en secret depuis longtemps. Bien évidemment, il était impensable que le fils de l'empereur ait des relations avec une concubine de son père ! À l'occasion d'une visite au monastère, Taizong remarque de nouveau la jeune femme et cet intérêt affiché ne passe pas inaperçu aux yeux de sa première épouse, Dame Wang. Celle-ci est préoccupée, car elle n'a pas encore d'enfant et se trouve désormais aux prises avec une dangereuse rivale, la concubine Xiao, dont il faudrait absolument détourner l'empereur. Elle va alors utiliser Wu Zhao ! À vingt-huit ans, celle-ci a gardé toute sa beauté et elle pourrait l'y aider. Sans hésiter, l'épouse va la sortir de son monastère pour la ramener à la cour.

Son plan va fonctionner à merveille et l'empereur, ravi, réintègre Wu Zhao dans le gynécée pour aussitôt délaisser la concubine Xiao. Mais Dame Wang a largement sous-estimé la nouvelle venue, qui ne tarde pas, parmi les concubines, à accéder au rang le plus élevé, puis à la supplanter auprès de l'empereur. La prochaine étape, pour Wu Zhao, est d'écarter définitivement ses deux rivales. Par tous les moyens... Par chance, Wu Zhao est enceinte. Malheureusement, elle met au monde une fille. Dame Wang, vient, comme il se doit, lui rendre visite. Le berceau est placé dans une pièce voisine de la chambre. L'impératrice caresse l'enfant, la prend dans ses bras, puis la repose pour aller féliciter la jeune mère. Dès qu'elle est partie, Wu Zhao, restée un moment seule, se précipite, étouffe sa fille dont elle n'a que faire et la recouche avec précaution. C'est l'empereur qui, entrant juste après, découvre le nourrisson mort. Larmes et cris de la mère désespérée qui accuse ses suivantes ! Évidemment, celles-ci ont tôt fait de rappeler que ce n'est pas l'une d'elles, mais Dame Wang qui a été la dernière à la prendre dans ses bras... Cette habile mise en scène est racontée en détail dans les Annales des Tang, mais, faute de preuves, l'empereur hésite à sévir. Il faut à Wu Zhao trouver un autre subterfuge. Le temps presse, car elle vieillit et, à tout moment, une nouvelle rivale peut prendre sa place ! Or, l'empereur est très superstitieux et Wu Zhao va en tirer habilement parti, accusant Dame Wang et la concubine Xiao de sorcellerie : « Se cachant derrière sa manche, elle s'appliquait à calomnier. Son charme de renarde avait le pouvoir particulier d'ensorceler le maître. »

Si certains membres de l'entourage de l'empereur, comme son ennemi, le poète Lo Ping-Wang, ne sont pas dupes, cette fois, elle a touché juste : ses deux rivales sont répudiées... Wu Zhao veut parachever sa victoire, d'autant qu'elle a appris que l'empereur continue à rendre visite à son ex-épouse. Aussi fait-elle arrêter les deux femmes pour les soumettre à un monstrueux supplice : elle leur fait couper pieds et mains et les laisse agoniser de longues heures dans des cuves de vinaigre. Cela ouvre-t-il les yeux de Gaozong sur la folle ambition de sa concubine ? Absolument pas ! Il lui accorde au contraire toute confiance et, empli de gratitude, lui offre enfin le titre de première épouse. À trente-deux ans, Dame Wu devient impératrice sous le nom de Zetian qui signifie « Selon la volonté du Ciel » ! L'année suivante, en 656, elle donne à Gaozong un fils, aussitôt désigné comme son héritier. Enfin, elle a accédé à la plus haute marche. Ou presque : reste encore l'empereur... Son époux, de santé fragile, se repose de plus en plus sur elle pour les questions de l'empire. La nouvelle impératrice se révèle une administratrice compétente. Prônant une baisse des impôts, elle favorise l'agriculture et se préoccupe de l'éducation des femmes. Stratège aussi, car, si elle encourage l'expression des critiques, c'est pour mieux repérer les opposants et les éliminer le moment venu. Lorsque l'empereur est seul avec ses conseillers, elle se dissimule derrière un rideau pour écouter ce qu'on dit d'elle. Devant l'empereur Gaozong, de plus en plus faible et qui n'ose protester, elle terrorise la cour, obligeant les femmes et les filles des mandarins qui lui résistent à lui servir d'esclaves. Son insatiable appétit de pouvoir lui aliène rapidement les lettrés et les ministres. Quant aux plus hostiles, elle sait les intimider : ils ne peuvent qu'accepter de la voir s'attribuer le titre d'Impératrice céleste (tianhou), et inscrire sa famille Wu dans le registre des grandes familles, comme plus tard elle attribuera, à titre posthume, à ses parents les titres d'empereur et d'impératrice.

L'empereur Gaozong (628-683) et son épouse, Wu Zetian.

Elle a maintenant quatre fils, dont les deux aînés sont très appréciés des ministres. Mais l'un et l'autre vont décéder, le premier empoisonné, le second assassiné, probablement sur son instigation. Ainsi, en 683, à la mort de l'empereur Gaozong –

les Annales insinuent ouvertement qu'elle aurait aussi sa part de responsabilité dans la disparition de son époux, tant elle s'est efforcée d'empêcher les médecins d'accéder à son chevet –, c'est son troisième fils, Zhongzong, jusque-là docile, qui monte sur le trône. Or voilà qu'il donne rapidement d'inquiétants signes d'indépendance ! Impitoyable, Wu Zetian le fait aussitôt destituer et exiler pour le remplacer par son plus jeune frère, Ruizong. Ce dernier n'est âgé que de vingt-deux ans, mais, pour ne pas courir de risques, elle le maintient sous étroite surveillance. Elle prépare alors avec soin sa propre accession au trône. Impératrice douairière, désormais toute-puissante, elle déplace la capitale à Luoyang, rebaptisée Shendu (« Capitale sainte »), favorise les membres de son clan et profite d'une révolte pour éliminer plusieurs centaines d'aristocrates. Wu Zetian fait graver une stèle portant le message : *Une sage mère reprendra la fonction impériale*. La stèle est « découverte » dans la rivière Luo. Il ne lui reste plus qu'à se faire proclamer, par Ruizong, « Sainte Mère et Empereur divin ». S'appuyant sur les moines bouddhistes, pour contrebalancer le taoïsme de la famille impériale, elle les oblige à rédiger une nouvelle interprétation du *Sutra du nuage blanc*, qui la désigne comme incarnation du bouddha Maitreya. C'est ainsi qu'elle finit par devenir, en 690, « empereur » d'une nouvelle dynastie, les Zhou. Et le Ciel semble l'avoir bénie ! Ne signale-t-on pas, à ce moment, que, partout dans l'empire, les poules se sont changées en coqs ?

La première – et unique – impératrice de Chine règnera encore quinze ans. En 705, gravement malade, elle doit faire face à une nouvelle rébellion qui vise deux de ses favoris, les frères Tchang, qu'on soupçonne d'être ses amants (après tout, elle n'a que quatre-vingt-un ans !). Mais Wu Zetian résiste encore : il faudra faire appel à la force et lui mettre littéralement le couteau sous la gorge pour l'obliger à

Maitreya (le Buddha du futur),
monastère de Thiksey, Ladakh, Inde, v. 1970.
Photographie de Bildarchiv Steffens et Walter Allgöwer.

Grottes de Longmen à Luoyang (Henan), Chine.

abdiquer. Retirée au palais de Shangyang, elle meurt l'année suivante. Son fils Zhongzhong lui succède, obéissant à sa dernière volonté d'être enterrée comme impératrice au côté de son époux, Gaozong. Cette personnalité peu banale ne pouvait plaire à

Mausolée de Qianling,
stèle qui abrite la tombe de Wu Zetian.

tous ! Toute sa vie, elle s'est heurtée à l'hostilité des lettrés. Ce qui jette un voile sur le récit des crimes qui lui sont attribués. Aussi, s'il ne faut la juger que sur son œuvre, force est de reconnaître qu'elle reste, en tant qu'impératrice, une remarquable femme d'État, qui a su renforcer les ressources agricoles du pays, briser les privilèges des familles nobles, améliorer le niveau de vie de l'ensemble de la population et, en démocratisant les concours administratifs, permettre à tous d'accéder à des postes importants. Elle a aussi mené une politique extérieure intelligente, annexant à la Chine les riches territoires de la Corée ; elle a encouragé les progrès de la médecine, tout comme, à travers le soutien apporté au bouddhisme, elle a favorisé la construction de temples et l'expression artistique – c'est à elle qu'on doit l'exceptionnel groupe de statues monumentales de la grotte de Fengxiansi, à Longmen. Elle entretenait également une importante police secrète et encourageait la délation parmi les fonctionnaires, mais, à sa décharge, elle a toujours eu affaire à une forte opposition. Sans oublier qu'elle n'était qu'une femme, à une époque encore empreinte d'une forte misogynie culturelle. Quoi qu'il en soit, le fait que la stèle qui signale son mausolée soit restée vierge de toute inscription demeurera sans doute pour toujours un véritable mystère...

CHRISTINE DE SUÈDE,
REINE SCANDALEUSE ?

Le 23 décembre 1655, toute la ville de Rome est en émoi. Les bourgeois romains ont orné leurs maisons de fleurs, les artisans ont fermé boutique, et le peuple se masse aux abords de la Porta del Popolo, près de la villa Médicis, dans l'espoir d'apercevoir le magnifique cortège qui s'avance vers le Vatican. Montée en amazone, sur un cheval immaculé, une femme s'avance, impériale, à la rencontre du Sacré Collège et de la cour pontificale, réunis à l'entrée de la ville pour l'accueillir. Jusqu'à la place Saint-Pierre, une foule bigarrée de seigneurs, de moines, de bourgeois, de prostituées, se presse pour suivre l'*Illustrissima donna*, qui pénètre dans la basilique pour y admirer le monumental baldaquin que Le Bernin vient tout juste de terminer, et rejoindre, dans la chapelle Sixtine, le pape Alexandre VII qui la reçoit, comme on le rapportera par la suite, « avec des paroles pleines de bonté ».

Qui pourrait croire que le souverain pontife recevrait ainsi la fille de l'un des plus grands chefs de guerre de l'évangélisme luthérien ? Et qu'elle serait plus tard inhumée au Vatican ? Car cette personne de marque, reçue avec de si grands égards, n'est autre que celle qui a succédé sur le trône à Gustave-Adolphe II de Suède, héros de la guerre de Trente Ans, dont les éclatantes victoires militaires et les réformes administratives avisées ont fait de son royaume l'une de plus grandes puissances européennes. Un royaume sur lequel la jeune femme, fantasque et indocile, refusera pourtant de régner.

La reine Christine de Suède (1626-1689).
Détail, par Sébastien Bourdon, Stockholm, XVIIe siècle.
Musée national de Belgrade.

Lorsqu'elle rencontre le pape Alexandre VII, Christine a abdiqué depuis plus d'un an, et cela fait déjà cinq ans qu'elle reçoit, en secret, les enseignements des théologiens envoyés par le Vatican pour convaincre la souveraine de rejoindre le giron romain. Une grande victoire pour le camp catholique, qui a su tirer parti de la liberté d'esprit et de la souplesse intellectuelle de la jeune femme, voire – à en croire les mauvaises langues – de son inquiétante versatilité... Car ce n'est pas la première fois que la reine s'illustre en changeant subitement d'avis, en adorant ce qu'elle avait détesté auparavant, en délaissant ce qui lui convenait pour se réinventer entièrement. Insaisissable dans ses goûts et ses inclinations, indomptable dans ses décisions, Christine de Suède n'a jamais accepté de faire ce qu'on attendait d'elle, et a toujours cultivé, en toutes choses, une farouche indépendance...

Une liberté d'esprit qui commence dès le jour de sa naissance. Lorsqu'elle vient au monde, le 8 décembre 1626, la petite princesse est très attendue. Malgré l'appétit légendaire de son père, Gustave-Adolphe, pour les choses de l'amour, sa descendance semble particulièrement compromise : il a, en effet, fallu attendre trois ans après son mariage pour que la reine Marie-Éléonore, fille de l'Électeur de Brandebourg, Jean-Sigismond de Hohenzollern, donne naissance à un premier enfant, qui ne vécut guère que quelques semaines ; de nouveau enceinte l'année suivante, elle accouche cette fois-ci d'une petite fille mort-née. La troisième grossesse de la reine, qui se passe mieux que les précédentes, éveille à nouveau les plus grands espoirs ; les astrologues sont formels, cette fois-ci, ce sera un vigoureux petit garçon, qui perpétuera la glorieuse lignée des Wasa, à la suite de son illustre père. Aussi, le soir du 8 décembre, apprennent-ils, satisfaits, que leurs prévisions étaient justes : « Je naquis coiffée depuis la tête jusqu'aux genoux, n'ayant que le visage, les bras et les jambes libres, rapporte elle-même Christine de Suède. J'étais toute velue. J'avais la voix grave et forte. Tout cela fit croire aux femmes qui me recevaient que j'étais un garçon.

Elles remplirent tout le palais d'une fausse joie, qui abusa le roi lui-même pour quelques moments. L'espérance et le désir aidèrent à tromper tout le monde. »

Pourtant, en donnant les premiers soins au nouveau-né, les sages-femmes doivent se rendre à l'évidence : malgré toute leur expérience, elles ont commis une erreur de taille à propos du sexe de l'enfant... Le nouveau rejeton du couple royal est à nouveau, hélas, une petite fille. C'est à la sœur du roi, la princesse Catherine, que revient la délicate tâche d'annoncer la méprise au monarque, qui n'en semble point trop affecté : « Il me prit dans ses bras. Il me fit un accueil aussi favorable que s'il n'eût pas été trompé dans son attente, rapporte Christine. Il dit à la princesse : "Remercions Dieu, ma sœur. J'espère que cette fille me vaudra bien un garçon. Je prie Dieu qu'il me la conserve, puisqu'il me l'a donnée." » Et, en effet, le roi Gustave-Adolphe ne montrera jamais une quelconque déception concernant Christine, enfant intrépide à laquelle il a la ferme intention d'inculquer un véritable « esprit guerrier ». Il se noue alors, entre le père et la fille, une relation précieuse dont Christine chérira d'autant plus le souvenir qu'elle sera brève. Elle est en effet à peine âgée de six ans lorsque le Lion du Nord est tué à la bataille de Lützen, en 1632. Le camp protestant a perdu son chef de guerre, la Suède l'un

Gustave II Adolphe dit le Grand ou le Lion du Nord (1594-1632), roi de Suède. Gravure v. 1625.

de ses plus grands rois, et Christine, un père adoré. Car, alors que la situation politique se complique dans le royaume – où les généraux manifestent très vite des velléités d'indépendance –, le parti catholique prépare sa revanche.

René Descartes (1596-1650) donnant des leçons de philosophie à la reine Christine de Suède, v. 1649-1650. Collection privée.

Que peut une petite reine de six ans devant pareils périls ? Déjà considérée comme relativement « excentrique », pour ne pas dire plus, la reine Marie-Éléonore voit sa santé mentale définitivement altérée par la mort de son royal époux. Et, lorsque Christine trouve, auprès de la princesse Catherine, sa tante, l'affection qui lui manque, Marie-Éléonore a vite fait de l'écarter. Les errements de la reine mère vont rapidement alerter le chancelier Axel Oxenstierna, alors en poste diplomatique en Allemagne. Ce personnage méconnu, pourtant l'un des plus fins politiques d'un siècle qui en comptait beaucoup, va jouer un rôle crucial dans l'existence de Christine. Dès son retour en Suède, en 1636, il fait tout pour écarter Marie-Éléonore du conseil de régence, et arracher Christine à son influence délétère. Bien décidé à faire l'éducation de sa pupille politique – afin de pouvoir conserver auprès d'elle une place de choix, une fois sa majorité atteinte –, l'habile conseiller fait entrer Christine au Conseil d'État, dès l'âge de seize ans. Mais, très vite, il découvre une jeune fille énergique, décidée, et bien peu encline à taire ses opinions : Christine n'entend pas demeurer un pantin entre les mains du diplomate et compte le lui faire savoir. C'est en 1644 que Christine s'émancipe définitivement du Conseil de régence ; du haut de ses dix-huit ans, la voilà prête à régner sur un puissant royaume qui fait l'objet de toutes les convoitises.

Axel Oxenstierna (1583-1654), homme d'état suédois, par Michiel Jansz. van Mierevelt, Stockholm, XVIIe siècle. Château de Gripsholm, Suède.

Et Christine est solidement armée pour cette tâche. Cette fille, que l'on a crue garçon, a, en effet, bénéficié d'une éducation des plus viriles : point de musique ou de raffinements poétiques pour la jeune fille. C'est de mathématiques et de Cicéron que l'entretiennent ses précepteurs et ce, dès six heures du matin. De cette sévère éducation, naît un appétit intellectuel insatiable, que la jeune reine nourrit avec délice, auprès des plus brillants esprits de son époque, priant même René Descartes de venir l'instruire de sa science. Climat trop rigoureux ou rivaux trop jaloux, le grand philosophe perdra la vie dans ces contrées septentrionales hostiles, l'année même du couronnement de Christine, en 1650. Six ans après avoir revendiqué sa souveraineté, la reine qui est, dans les formules officielles, appelée « roi de Suède », a déjà à son actif un certain nombre d'accomplissements politiques. Notamment la paix avec le Danemark, éternel rival du royaume de Suède, et surtout la signature de la paix de Westphalie, qui met fin à la guerre de Trente Ans. Conclue contre l'avis du chancelier Oxenstierna, elle marque définitivement l'émancipation politique de la jeune souveraine, et le caractère inflexible de sa volonté. Une résolution dont elle fait également preuve dans son inlassable opposition à tout projet de mariage. Le principal prétendant paraît pourtant parfait en tous points : il s'agit de son cousin, Charles-Gustave, le fils de sa chère tante Catherine, qui serait, dit-on, fou d'amour pour elle.

Pourtant, sans être totalement rebutée – comme en témoignent ses attentions pour le comte de La Gardie – par les choses de l'amour, et malgré une curiosité marquée pour les plus grandes impudeurs des poètes latins, Christine ne voit pas son bonheur dans le mariage, qu'elle considère comme un accomplissement trivial destiné aux femmes ordinaires. Elle, c'est de l'étude des plus grands auteurs et du commerce des plus beaux esprits qu'elle compte tirer ses jouissances, et non des vulgaires joies du corps, qui suffisent habituellement aux personnes de son sexe. Ce sera du moins le cas jusqu'en 1651, année où elle rencontre le père Bourdelot, ecclésiastique qui, sans pouvoir exhiber le moindre diplôme, s'improvise médecin auprès d'une reine que des années d'études forcenées ont considérablement affaiblie. Pour le bon père, le remède à appliquer à cette femme, usée avant l'âge, bossue, décharnée, est simple : il est grand temps de faire exulter le corps ! Et force est de constater – malgré la terrible réputation que les historiens suédois ont traditionnellement faite à ce « professeur d'immoralité », « ce pervertisseur » – que le remède fonctionne à merveille : tout en entretenant la reine des polissonneries de l'Arétin, il lui prescrit repos, nourriture saine et abondante, et un recours minimal, mais nécessaire, à l'amour physique, afin de préserver l'équilibre nerveux. Traitement qui permet à Christine de recouvrer, en peu de temps, vigueur et santé.

Finies les longues heures solitaires passées à étudier. Voici venu le moment, pour Christine, de se réconcilier avec un corps qu'elle a si longtemps négligé. Peu sensible à sa toilette et à son apparence, la reine déteste cordialement tout ce qui lui rappelle sa nature féminine, tant méprisée. « Elle ne ressemblait en rien à une femme, elle n'en avait pas même la modestie nécessaire : elle se faisait servir par des hommes, dans les heures les plus particulières ; elle affectait de paraître homme, en toutes ses actions », rapporte ainsi Françoise de Motteville dans ses Mémoires. Un comportement qui suscite l'étonnement de nombre de contemporains et d'historiens, qui en sont venus à formuler l'hypothèse, un peu romanesque, d'une véritable ambiguïté physique. Il est vrai que l'erreur initiale des sages-femmes qui l'ont mise au monde, et qu'on ne pouvait soupçonner de manquer d'expérience, peut laisser penser que la conformation physique de la reine était peut-être anormale…

Christine, reine de Suède, ici à cheval à Rome.

Qui plus est, ses manières, inhabituellement viriles, provoquent l'étonnement de tous ceux qui la rencontrent. Doit-on pour autant affirmer, à l'instar de la princesse Murat, que la reine était hermaphrodite ? Ce serait dire bien plus qu'il n'est possible d'en savoir. Toujours est-il que la reine, décidée à profiter enfin des joies terrestres, ne s'interdit plus aucune exploration. Si elle s'attache, dès 1652, au ténébreux don Antonio Pimentel de Prado, envoyé en Suède par la couronne d'Espagne, elle est également sensible aux charmes de sa suivante, Ebba Sparre. Ses amours, la munificence dont elle fait preuve avec ses favoris, et surtout la splendide bibliothèque que constitue, pour son compte, l'érudit Vossius finissent par lui coûter fort cher. Surtout, le rigorisme moral et le dogmatisme, qui marquent le luthérianisme de l'époque, finissent par lui peser, au point de l'étouffer.

C'est, dès 1651, qu'elle commence à songer sérieusement à l'abdication, un an à peine avant que les émissaires envoyés incognito par le pape – avec le dessein de faire la conquête spirituelle de la reine protestante – arrivent à Stockholm. Il est encore difficile, aujourd'hui, de faire la part de la lassitude, du dégoût pour l'intolérance religieuse qui a cours, à cette époque, en Suède ou tout simplement de la crainte de la banqueroute, pour comprendre ce qui a amené Christine à abandonner sa couronne. Toujours est-il qu'en 1654, sa décision est prise : la reine va tout à la fois renoncer à son royaume et à sa religion. C'est dans la matinée du 16 juin 1654 qu'est lu l'acte d'abdication. « Enfin », soupire la reine. La voilà délivrée de toutes les obligations, qu'elle a, en toute lucidité, presque tournées en dérision par de nombreuses provocations, durant les derniers mois de son règne, anoblissant les individus les plus tarés et jetant copieusement l'argent par les fenêtres. La voici enfin libre de s'adonner à ses plaisirs et de voyager sans relâche. Elle sait que la nouvelle éclatante de sa conversion lui vaudra un accueil plus que chaleureux à Rome, la ville éternelle lui réserve bien des délices. Car, outre la joie d'appartenir désormais à une religion qui, moyennant un sincère repentir, autorise bien des péchés, elle va y rencontrer celui qui restera son amant jusqu'à sa mort : le cardinal Azzolino. Un sûr moyen d'oublier le souvenir de la délicieuse Rachel Sylw, rencontrée sur son chemin à Hambourg...

Mais la vie à Rome est décidément douce. Courtisée par les plus grandes familles romaines, Christine, qui réside au palais Farnèse (actuelle ambassade de France), peut enfin s'adonner également aux joies de l'esprit et du corps, enchaînant les fêtes et multipliant les largesses à destination des artistes, dont elle devient l'amie, comme Le Bernin ou Corelli. Une générosité qui aura cependant ses limites, car, très vite, l'argent vient à manquer. Christine se résout alors à reprendre la route pour réclamer à son cousin les rentes qu'il lui avait promises, selon les termes de son abdication ; et peut-être, aussi, pour renouer avec les délicieux frissons de la politique... C'est ce que lui offre en effet Mazarin, en 1657, au moment où elle passe par la France, afin de regagner la Suède, lui proposant de façon assez vague le trône de Naples, moyennant le ralliement du pape au projet. Une proposition que Christine prend extrêmement au sérieux, et qui plonge Mazarin dans l'embarras le plus complet. Surtout lorsqu'il apprend que Christine est allée jusqu'à faire exécuter l'un de ses favoris à Fontainebleau où elle réside – son écuyer, le marquis de Monaldeschi – soupçonné d'être un espion à la solde de l'Espagne. Le crime est, il est vrai, tout à fait atroce : Christine n'ayant pas hésité à laisser agoniser le traître pendant plus d'une heure.

Autoportrait de Gian Lorenzo Bernini dit Le Bernin (1598-1680), v. 1630. Musée d'Art et d'Histoire de Serpukhov, Russie.

Le récit du forfait est rapidement connu dans toute l'Europe ; impossible désormais, pour l'ancienne reine, de prétendre à un quelconque rôle politique de premier plan. Ses ultimes tentatives pour se rapprocher à nouveau de la couronne suédoise, à la mort de son cousin Charles-Gustave, ainsi que son inexplicable candidature au trône de Pologne, en 1668 – une année avant son décès – n'auront aucune suite. Le caractère excessif, imprévisible et impétueux de la reine ne se prête décidément pas à l'exercice du pouvoir. Il est en revanche de ceux qui marquent l'histoire et frappent l'imagination, tant Christine a su incarner, par ses contradictions mêmes, tous les aspects baroques d'une époque inconstante. Reine durant dix ans à peine, Christine de Suède, érudite et jouisseuse, spirituelle et terrienne, tolérante et excessive, est pourtant la plus emblématique souveraine du XVIIe siècle.

LOUIS XIV,
ROI DES TÉNÈBRES ?

1er septembre 1715. Après une longue semaine d'agonie, le roi Louis XIV s'éteint, quelques jours avant son soixante-douzième anniversaire. Depuis une semaine, comme le rapporte le duc de Saint-Simon avec mille détails, les Grands du royaume s'agitent et toute la cour bruisse de rumeurs et de suppositions quant au contenu du testament qu'il a remis, quelques jours plus tôt, aux mains du Parlement. Il n'est cependant pas difficile d'en deviner le contenu, qui sera rendu public à sa mort : le roi souhaite faire du duc du Maine, l'un des fils qu'il a eus de la marquise de Montespan, le prochain régent. Un bâtard à la tête des affaires de l'État ? Que nenni ! Voilà un projet qui scandalise la plus grande partie de la noblesse, que l'élévation des enfants illégitimes du roi au rang de princes du sang, l'année précédente, a déjà échaudée.

Grâce aux tractations ourdies par le duc d'Orléans, le Parlement annule promptement ce scandaleux testament, sur l'avenir duquel le défunt roi ne se faisait guère d'illusions : « Le voilà, emportez-le, il deviendra ce qu'il pourra », avait-il dit à M. de Mesmes, président du Parlement, avant de le lui confier. C'est donc un désaveu total de l'orientation absolutiste du règne de Louis XIV qui suit sa mort. Détesté par un peuple écrasé sous l'impôt, engagé dans d'interminables guerres et dans une lutte sans merci contre les protestants, le brillant souverain fait bien pâle figure. Et c'est sous les quolibets et les huées du peuple de Paris que son convoi funèbre l'emporte vers la basilique de Saint-Denis, auprès de ses ancêtres de la Maison de France.

Portrait du roi de France Louis XIV (1638-1715),
par Hyacinthe Rigaud, 1701. Musée du Louvre, Paris.

Honni par son propre peuple, trahi dans ses dernières volontés par son neveu, Louis XIV achève donc son long règne de façon bien amère. « Quoique la vie et la mort de Louis XIV eussent été glorieuses, il ne fut pas aussi regretté qu'il le méritait », déplore Voltaire, que l'on ne peut guère soupçonner de flagornerie, dans son *Siècle de Louis XIV*. Qu'est devenu l'éclat flamboyant du Roi-Soleil, bâtisseur de palais et d'empire, qui, à la fin de son règne, est le souverain d'un Européen sur cinq ? Pourquoi les Français conspuent-ils le cadavre de celui dont ils ont tant craint pour la vie en 1686, lorsque le roi, malade, était donné mourant ? Comment ce souverain impérieux s'est-il aliéné les plus proches membres de sa cour ?

Nombre d'auteurs se sont fait l'écho de cette ambivalence. Déjà, sous son règne, le roi avait autant d'ardents défenseurs, tels que Molière et Bossuet, que d'âpres détracteurs, comme Saint-Simon ou Fénelon. Et Voltaire, Gaxotte ou Labrousse n'ont cessé de s'affronter à travers les siècles, les premiers construisant la légende dorée du Roi-Soleil, père des arts et souverain de la plus puissante nation du monde, le second dressant un tableau sombre d'un règne autoritaire et guerrier qui a plongé le peuple dans la misère en institutionnalisant l'arbitraire. Il est vrai que le règne du Roi-Soleil commence sous des auspices qui lui feront abhorrer le désordre et craindre avant tout les ambitions séditieuses de la noblesse. Le jeune roi n'oubliera en effet jamais les troubles de la Fronde, qui l'ont obligé à quitter précipitamment le Louvre en 1648, lors de la journée des Barricades, ni le soulèvement du Grand Condé en 1651 après qu'un lit de justice eut proclamé sa majorité. De ces épisodes troublés, il gardera une indéfectible méfiance à l'égard des Grands de la cour et une volonté farouche d'imposer la stricte primauté du pouvoir royal.

Dès la mort, en 1661, de Mazarin, qui a dirigé les affaires de l'État aux côtés d'Anne d'Autriche durant toute la période de régence du jeune roi, Louis XIV décide de s'emparer intégralement du pouvoir.

Portrait de Nicolas Fouquet, surintendant des Finances (1615-1680), par Le Brun. Peinture du XVIIe siècle. Château de Vaux-le-Vicomte.

Il ne nomme pas, en effet, de nouveau « principal ministre » pour le remplacer : c'est seul qu'il entend gouverner, et ses ministres ne peuvent avoir qu'une fonction de conseil. Et, bien logiquement, l'une de ses premières décisions est de faire arrêter le surintendant des Finances Fouquet. Sa superbe et sa fortune immense l'ont en effet irrité : mais c'est surtout sa mainmise sur les finances du royaume, dont Fouquet est devenu le créancier, qui lui paraît intolérable : arrêté sur ordre du roi, Fouquet est finalement reconnu coupable de malversations et de lèse-majesté trois ans plus tard et est enfermé au fort de Pignerol pour le restant de ses jours. Le message est clair : aucune position administrative, si haute soit-elle, ne peut mettre à l'abri de la colère du souverain.

Quant aux grandes familles de la cour, le jeune roi va également s'empresser de les mettre au pas. Désireux de s'éloigner d'une capitale qu'il déteste depuis la Fronde, il va s'attacher à un pavillon de chasse construit par son père au début du XVIIe siècle dans les environs de Paris. En pleine possession du pouvoir, à partir de 1661, Louis XIV se lance dans les premiers travaux d'agrandissement et d'embellissement puis, dès 1664, dans les transformations pharaoniques visant à métamorphoser le modeste relais de chasse en palais d'une splendeur inouïe. À nouveau, les desseins du roi suscitent le scepticisme de nombre de courtisans, qui renâclent fortement à aller s'installer dans

Louis XIV au premier plan, lors de la construction du château de Versailles, en 1678.
Illustration dans Belles Images d'Histoire, par H. Géron et A. Rossignol, v. 1950.
Collection privée.

ce que le duc de Saint-Simon décrit comme un marais malsain, « le plus triste et le plus ingrat de tous les lieux, sans vue, sans bois, sans eau, sans terre, parce que tout y est sable mouvant ou marécage, sans air par conséquent qui n'y peut être bon ». Toujours aussi charitable, le mémorialiste n'est guère plus enthousiaste à propos des travaux entrepris par le souverain : « Il y bâtit tout l'un après l'autre, sans dessin général ; le beau et le vilain furent cousus ensemble, le vaste et l'étranglé. Son appartement et celui de la reine y ont les dernières incommodités, avec les vues de cabinets et de tout ce qui est derrière les plus obscures, les plus enfermées, les plus puantes. Les jardins dont la magnificence étonne, mais dont le plus léger usage rebute, sont d'aussi mauvais goût. » Bref, pour nombre d'observateurs contemporains, Versailles est à l'image du pouvoir qu'il abrite : une puissance tapageuse, brutale, dans les mains d'un roi qui entend gouverner à sa guise, sans tolérer de contre-pouvoirs.

Point d'obscurantisme pourtant : c'est en effet en despote éclairé que le Roi-Soleil conçoit l'exercice des prérogatives royales. Nourrie par l'étude de trois générations de théoriciens absolutistes, sa pensée politique donnera une inflexion irréversible à la pratique du pouvoir en France. Entouré de ministres qui sont avant tout des conseillers, « technocrates » avant la lettre, issus de la – récente – noblesse de robe, Louis XIV centralise l'État français qu'il réforme profondément sur le plan administratif, consolide les frontières territoriales de la France et, surtout, imprime une étape décisive au mouvement continu de l'histoire séculaire de l'abaissement des grands nobles. Incarnant l'unité du pouvoir, il n'hésite pas à s'approprier les figures mythologiques d'une puissance triomphante, en s'identifiant à Apollon, dont les images lumineuses jalonnent le parc de Versailles : ainsi le dieu Soleil prend-il ses plaisirs nocturnes dans la grotte de Thétys, la déesse marine qui chaque soir accueillait dans ses bras le Soleil ; dès son lever, lançant son char, il répand chaleur et rayons sur les terres continentales ; encore enfant, dans les bras de Latone, il change en grenouilles les paysans révoltés de Lycie, semblables aux Grands séditieux de la Fronde...

Dans ce huis clos qu'est Versailles, la noblesse, étourdie de divertissements, n'a guère de prise sur les affaires de l'État. C'est qu'à Versailles, tout est spectacle, du lever au coucher du roi – qui sont, cela va de soi, publics. Tout est prétexte à mettre en scène la magnificence d'un pouvoir absolu, qui nourrit tous les arts et cultive tous les plaisirs. Car Louis XIV, amateur éclairé, sait soutenir de ses largesses les plus grands esprits de son temps, qui contribuent aux fêtes et spectacles continuels qu'offre le roi à une cour qu'il faut constamment désennuyer. L'une des premières grandes fêtes données à Versailles tire son nom d'un chapitre du *Roland furieux*, de l'Arioste ; « Les Plaisirs de l'île enchantée », tel est en effet le programme que proposent Lully et Molière, grands ordonnateurs de cette semaine de célébrations, aux courtisans éblouis. Feux d'artifice, festins et bals, Versailles est un tourbillon de mondanités qui ne s'arrêtent jamais, où l'on dépense sans compter, où l'on joue avec passion, et où, bien sûr, on s'endette – petit mal auquel le roi n'hésite pas à remédier, car rien n'est plus docile qu'un homme redevable.

Le 19 juillet 1674. Représentation du Malade imaginaire, *de Molière, dans les jardins du château de Versailles, en présence du roi Louis XIV.* Gravure par Jean Lepautre, 1676.

Il ne se forme pas moins des partis et groupes d'opinion – les « cabales » dont le duc de Saint-Simon dénonce les complots, faute sans doute de pouvoir y prendre part – qui cherchent à influencer les décisions du souverain. La faction catholique de la cour, parti ultramontain avant la lettre, rassemble tous ceux, nombreux, que la politique étrangère du souverain scandalise. Poursuivant la politique étrangère initiée par Richelieu, le roi cherche en effet à dégager la France de la tenaille dans laquelle la tiennent les Habsbourg, dont une branche règne en Espagne et sur les possessions espagnoles de Flandre, et l'autre en Autriche. Pour cela, il n'hésite pas à s'allier des princes protestants d'Allemagne, qui lui prêtent main-forte contre les très catholiques Habsbourg. Si l'on ajoute à ce grand péché politique un tempérament jouisseur qui le portait vers les plus belles femmes de la cour, de la douce Mme de La Vallière à la mordante marquise de Montespan, on comprend que le parti dévot, Bossuet en tête, ait bien des choses à reprocher au si brillant souverain. C'est donc à leur grand soulagement – et grâce aux manœuvres habiles de Louvois – qu'ils le voient abandonner l'alliance avec les princes huguenots et s'attacher à extirper la séditieuse hérésie, en revenant progressivement sur les mesures de tolérance garanties par Henri IV avec l'édit de Nantes.

Portrait de Jacques-Benigne Bossuet (1627-1704), évêque de Troyes, par Hyacinthe Rigaud, 1671. Collection Musée du château de Versailles.

Car si le Vert Galant considérait que la réalité du pouvoir exigeait de prendre parfois quelques chemins de traverse en matière de religion, Louis XIV, lui, entend rassembler tout le royaume dans une foi unique ; là encore, c'est l'unicité du pouvoir qui prime sur toute autre considération. Conversions forcées, dragonnades, les persécutions se multiplient contre les protestants, jusqu'à la révocation en 1685 de l'édit de Nantes. Applaudie par le parti dévot, qui voit dans cette victoire la bénéfique influence de la très pieuse Mme de Maintenon, favorite épousée en secret après la mort de la reine, cette décision aura les conséquences politiques les plus désastreuses. L'hégémonie de la France sur l'ensemble de l'Europe inquiète en effet depuis quelque temps les puissances protestantes du nord de l'Europe. La révocation de l'édit de Nantes et les multiples provocations militaires du royaume de France vont achever de convaincre le prince protestant Guillaume d'Orange et les princes allemands d'allier leurs forces avec celles des catholiques Léopold Ier d'Autriche et Charles II d'Espagne dans la Ligue d'Augsbourg. C'est le début de la guerre de Neuf Ans, qui révèle la Grande-Bretagne comme puissance majeure du continent et contraint le roi de France à exiger de son peuple un tribut toujours plus lourd. Finalement amputé de la Lorraine, l'orgueilleux royaume de France doit se résoudre à admettre qu'il n'est pas invincible.

Françoise d'Aubigné dite Madame de Maintenon (1635-1719), par Pierre Mignard, dit le Romain. Huile sur toile. Musée des Beaux-Arts de Niort.

Et pourtant, c'est au bout de deux ans à peine de paix que le vieillissant Roi-Soleil se lance à nouveau dans la bataille. À la mort de Charles II d'Espagne, en 1700, il décide de soutenir l'acceptation de son testament qui fait du duc d'Anjou, petit-fils de Louis XIV, son héritier ; et voilà la guerre avec les Habsbourg rallumée, dans l'espoir de voir la menace espagnole définitivement neutralisée par la présence d'un roi de sang Bourbon. Une guerre de succession qui va durer treize ans, épuisant toutes les nations européennes et bouleversant profondément son équilibre géopolitique. Et si Philippe d'Anjou accède finalement au trône sous le nom de Philippe V, c'est totalement exsangue que le royaume de France sort de cette guerre. Accablé par l'impôt, exaspéré par les guerres continuelles qui charrient dans leur sillon le désordre et la misère, affamé par les disettes qui se sont succédé à la fin du XVIIe siècle, puis à la fin de la décennie 1710, le peuple de France est éreinté. Le Roi-Soleil l'est tout autant. À l'aube du XVIIIe siècle, il est roi de France depuis déjà cinquante-sept ans, et a vu successivement disparaître tous ses successeurs potentiels. Les premières années du siècle nouveau sont en effet marquées par le deuil. Le Grand Dauphin, fils et successeur présumé du roi, meurt de la vérole en 1711 ; c'est ensuite au tour du duc de Bourgogne, son petit-fils, puis de son premier arrière-petit-fils, en 1712, qui meurent tous deux du même mal, la rougeole. Ces années de douleur, le Roi-Soleil les traverse dans une sèche austérité qui fait oublier à la cour les fastes et les fêtes du début de son règne. Versailles, morne prison d'une noblesse impatiente, offre le triste spectacle d'une fin de règne interminable.

Portrait de Philippe V (1683-1746), roi d'Espagne, par Michel-Ange Houasse. Collection particulière espagnole.

Lorsqu'il finit par succomber, en 1715, de la gangrène, son successeur n'a que cinq ans. Les Grands de la cour croient pouvoir saisir l'occasion de reconquérir une place prééminente, et de refermer la parenthèse absolutiste dans un royaume à bout de souffle. Ils ne voient pas que le changement qu'a imprimé Louis XIV à la monarchie française est aussi inexorable qu'irréversible. La centralisation du pouvoir est en marche, et la monarchie française, pratiquement entrée dans ses frontières définitives, sera désormais absolue. C'est en effet au prix de l'épuisement du royaume que le Roi-Soleil a écrit l'une des pages les plus glorieuses de son histoire. Car les ors de Versailles auront vite fait oublier les guerres et les disettes dévastatrices. Au-delà de sa légende noire, Louis XIV restera pourtant dans l'histoire comme l'un des plus éclatants souverains français.

MARIE LECZINSKA,
REINE AIMÉE OU HUMILIÉE ?

Ça commence comme un conte de fées. En 1725, vivait en Basse-Alsace un roi détrôné dont le nom paraissait voué à l'oubli, et dont la famille se trouvait accablée de misère. La seule richesse de ce père était sa fille Marie, âgée de vingt-deux ans, d'une humeur toujours enjouée, qui savait lire, chanter, danser et jouer du clavecin. Mais de quel destin pouvait-il rêver pour Marie ? Il avait bien quelques ambitions, mais, ayant voulu la marier au fils de la margrave de Bade, il avait déjà essuyé un humiliant refus.

Or, il y avait à Versailles un jeune roi de quinze ans, prénommé Louis, héritier d'un puissant royaume et fiancé à une infante espagnole. Louis apparaissant comme de santé fragile, son entourage pensa qu'il était urgent que le roi eût des enfants et que la princesse espagnole, qui n'avait que cinq ans, ne pourrait lui en donner de sitôt. On s'avisa donc de lui trouver une autre épouse et on dressa pour cela une liste de cent jeunes filles nobles, âgées de treize à vingt-deux ans. Or, on n'en trouva qu'une seule qui fût digne d'épouser le roi : Marie. C'est ainsi que celle-ci, occupée sagement à coudre avec sa mère, vit un jour son père les rejoindre, la mine réjouie :
« Ah ! Ma fille, s'écria-t-il, tombons à genoux et remercions Dieu !
— Quoi ! Mon père, seriez-vous rappelé au trône ?
— Le ciel nous accorde mieux encore, dit-il : vous êtes reine de France ! »
Le père, la mère et la fille s'embrassèrent en pleurant.

Portrait de Marie Leczinska (1703-1768), reine de France, par Jean-Marc Nattier. XIXe siècle. Musée des Beaux-Arts, Dijon.

Dès qu'ils se rencontrèrent, Marie et Louis s'aimèrent l'un l'autre. Ils se marièrent volontiers et eurent huit filles et deux garçons. Chacun sait que, dans la réalité, leur vie ne fut pourtant pas un conte de fées. Comment Marie Leczinska, fille d'un ex-roi de Pologne, fut-elle reçue à la cour du roi de France, Louis XV, arrière-petit-fils et successeur de Louis XIV ? En quoi l'étiquette de Versailles a-t-elle terni les espoirs de cette prude jeune fille, humiliant la femme et brisant les rêves de la reine de France ?

« J'avoue que, pour le Roi, dont le sang était resté le seul pur en France, il est surprenant qu'on lui fasse faire une pareille mésalliance », s'indigne la duchesse de Lorraine et de Bar. De vilaines rumeurs se propagent sur la nouvelle reine, cette « vieille fille » (sept ans de plus que son époux) probablement stérile, laide – « Elle fait très bonne mine, quoique sa mine ne soit pas jolie du tout », écrit plus aimablement Voltaire à son amie, la présidente de Bernières – et sotte. Ce qu'on prend pour de la sottise n'est pourtant que de la maladresse : élevée loin des cours, Marie ne connaît pas toutes les subtilités de l'étiquette versaillaise, où la moindre erreur de préséance se mue en affaire d'État... Sans compter qu'on lui reproche d'avoir dû, pour conclure cette alliance, renvoyer chez elle, au risque d'un incident diplomatique, la petite fiancée espagnole, si mignonne et pleine de charme, dont toute la cour s'était entichée... Si ce n'est ni pour son rang, ni pour son aisance, ni pour sa beauté, pourquoi donc a-t-on choisi Marie ?

C'est au duc de Bourbon et à sa maîtresse, Mme de Prie, qu'il faut s'en prendre. Depuis deux ans que Louis a atteint sa majorité (fixée alors à treize ans) et a été couronné roi, il laisse totalement l'exercice du pouvoir au duc. Un pouvoir que ces deux-là verraient leur échapper d'un mauvais œil. Il leur fallait une reine qui puisse donner des enfants au roi, bien sûr – c'est primordial pour que le duc d'Orléans, premier dans l'ordre de succession, ne risque pas de monter sur le trône –, mais qui ne soit ni ambitieuse, ni entourée d'une faction d'intrigants, et même une qui leur soit assez reconnaissante de l'avoir choisie pour devenir leur alliée. Marie n'a d'ailleurs pas encore rencontré Louis que Mme de Prie lui fait la leçon sur les personnes qu'il convient de fréquenter et celles dont elle doit se méfier ; à commencer par l'évêque de Fréjus, M. de Fleury, qui, ancien précepteur du roi, a sur lui une influence grandissante. Et, dans les mois qui suivent, la maîtresse du duc ne quitte pas la jeune fille, lui rappelant quotidiennement tout ce qu'elle doit au bon duc de Bourbon. Voilà Marie bien ennuyée car, de son côté, son père qui n'est pas avare de conseils, l'a mise en garde contre ceux qui voudraient accaparer sa confiance : « Vous ne devez plus penser que d'après [le roi] et comme lui. » Or, si elle demande à Louis comment il aime M. de Fleury : « Beaucoup », dit-il. Et M. le duc de Bourbon ? « Assez... » Mme de Prie la presse alors d'obtenir du roi un rendez-vous en privé pour le duc, son bienfaiteur. Marie finit par céder et fait mander Louis dans sa chambre. Il a la surprise d'y trouver le duc, qui lui remet une lettre d'accusation contre M. de Fleury. Louis XV la lit et la lui rend sans un mot. Le duc, étonné de ce silence, sollicite l'avis du roi. Celui-ci ne répondant pas, Monsieur de Bourbon insiste : quelle est la volonté du roi ?

Portrait de Jeanne Agnès Berthelot de Plémont, dite Madame la Marquise de Prie (1698-1727).

« Que les choses demeurent comme elles sont.

— J'ai donc eu, Sire, le malheur de vous déplaire ?

— Oui », conclut Louis.

Le roi de France, Louis XV et sa femme, Marie Leczinska, assise, avec leurs enfants. Gravure de 1730. Collection de la BNF, Paris.

Quelques mois plus tard, en juin 1726, le duc et sa maîtresse sont exilés sur leurs terres. Fleury, nommé en septembre cardinal, à la demande du roi, devient tout-puissant. Marie se retrouve soudain esseulée : elle a perdu ses seuls guides à la cour, et Louis lui a signifié leur disgrâce avec une certaine rudesse. La voilà prévenue : la reine n'a pas à se mêler des affaires d'État ! En dépit de cet incident, ses premières années de mariage sont heureuses. L'affection que lui porte le roi est intacte : « On fait tout ce qu'on peut, ici, pour réjouir la reine. Le roi s'y prend très bien pour cela, écrit Voltaire. Il s'est vanté de lui avoir donné sept sacrements pour la première nuit, mais je n'en crois rien du tout. Les rois trompent toujours leurs peuples. » Ce en quoi Voltaire a peut-être tort, car, en cinq ans, la reine met au monde cinq enfants : deux jumelles, en 1727, puis une troisième fille en 1728 et enfin, deux garçons – le dauphin tant attendu en 1729 – et son frère, le duc d'Anjou, en 1730. La succession est assurée ! Deux autres filles naissent en 1732 et 1733. Mais cette dernière année se révèle funeste pour la reine : elle perd deux de ses enfants, sa troisième fille, « Madame Troisième », en février, et le petit duc d'Anjou, en avril. C'est un vif chagrin pour la reine. La santé de ses autres enfants, surtout celle du dauphin, devient alors un souci obsessionnel, qui va à jamais la rendre inquiète et mélancolique. Elle perd aussi la compagnie de son père, qui s'engage dans une éphémère reconquête de son trône de Pologne, si peu soutenu par son allié, le royaume de France, qu'il échouera dans sa quête. Il se verra cependant offrir, en compensation, par le traité de Vienne de 1738, le duché de Lorraine et de Bar qui reviendra, à sa mort, par l'intermédiaire de Marie, à la couronne de France. Du moins cela permet-il à la reine d'apporter tardivement au royaume, avec cette belle province, une dot qui la rend moins misérable.

Louis XV le Bien Aimé (1710-1774), en armure et perruque, v. 1740.
Pastel par Gustav Lundberg. Musée du château de Versailles.

Mais surtout, le roi la délaisse : il entame une longue liaison avec sa première maîtresse, la comtesse de Mailly. Une liaison discrète et intermittente, car le roi est encore rempli de scrupules envers son épouse. Mais la reine l'a deviné et en souffre : elle s'en ouvre dans une lettre à son père qui l'exhorte à la patience – ce n'est qu'une passade, son époux lui reviendra. La naissance de trois autres filles, entre 1734 et 1737, cependant, n'y change rien. Et l'adultère royal devient public, en 1738, sans faire scandale. A-t-on déjà vu un roi sans favorites ? On en rejette la responsabilité sur la reine : « Une dame du palais m'a conté que la plus grande faute était à la reine, si le roi avait pris une maîtresse. Elle se conduisait en bégueule. [...] Elle disait : "Eh quoi ! Toujours coucher, toujours grosse, toujours accoucher !" En conséquence, elle faisait de longs jeûnes au roi, sous prétexte de sa santé, elle dédaignait enfin ce qu'elle regrette amèrement aujourd'hui », rapporte le conseiller d'Argenson. En réalité, la reine a fait une fausse couche, au printemps 1738, et les médecins sont formels : toute nouvelle grossesse mettrait sa vie en danger. Elle doit donc fermer sa porte au roi, qui se réfugie dans le lit de la comtesse...

La reine se révolte, n'épargnant pas à sa rivale de violentes scènes de jalousie. Un jour que Mme de Mailly, qui fait partie de ses suivantes, sollicite la permission de s'absenter pour suivre un voyage de la cour, elle lui aurait répondu : « Faites, madame, vous êtes "la maîtresse". » Puis, quand Mme de Mailly est successivement remplacée, dans le cœur du roi, par ses sœurs, Mme de Vintimille et surtout Mme de Châteauroux, elle finit par se résigner, feignant de se désintéresser de ces tocades. Louis ne revient désormais à elle que lorsqu'il est souffrant et sur le point de mourir. Comme à Metz, en 1744, promettant, pour obtenir sa guérison, d'abandonner sa vie dissolue, et oubliant ses engagements dès qu'il est à nouveau sur pieds. La reine finira même par entretenir d'assez bons rapports avec cette Jeanne-Antoinette Lenormant d'Étiolles, dont la liaison avec le roi commence en 1745, lors du « bal des Ifs » donné pour le mariage du dauphin, et à qui il offrira le titre de marquise et le domaine de Pompadour. Installée à Versailles, au-dessus de l'appartement du roi, elle y sera, pendant vingt ans, la véritable souveraine – n'hésitant pas à fournir à l'insatiable appétit du roi de ces « petites maîtresses » qu'il retrouve, pour de brèves escapades sentimentales, dans le « parc aux cerfs ».

Dès lors, tout en continuant à assumer ses devoirs de reine, Marie se retire dans les appartements privés que lui a fait aménager Louis. Elle s'y consacre en grande partie à l'éducation de ses enfants, en particulier le dauphin, car ses filles lui sont rapidement enlevées pour être élevées au couvent de Fontevraud. Elle y mène une vie calme, entourée d'un cercle restreint d'amis. Mélomane passionnée, elle prend des cours de chant auprès du castrat Farinelli, qu'elle fait venir en

Jeanne-Antoinette Lenormant d'Étiolles, née Poisson, marquise de Pompadour (1721-1764). Pastel par Maurice Quentin de la Tour. The Granger Collection, NYC.

1737 ; elle recevra aussi le jeune Mozart en 1764. La reine aime aussi peindre, sans prétention, des panneaux pour son « cabinet chinois » ou des aquarelles, ayant choisi pour maître de peinture Jean-Baptiste Oudry. Les courtisans continuent à la dédaigner, d'autant qu'ils la savent sans influence sur le roi : ils la jugent bigote, terne, peu coquette, avec ses mises toujours modestes – c'est elle qui demande à Nattier, en 1748, de la peindre plutôt en « habit de ville », avec son bonnet de dentelles. Ils se moquent de sa frilosité, de sa superstition et de sa peur des esprits, et forcent le trait sur sa gourmandise, qui alourdit son tour de taille. Il est vrai que la reine a de fréquentes indigestions (qui nourrissent l'imagination de ses cuisiniers : c'est à elle qu'on doit l'invention des « bouchées à la reine » !)... Ses amis la défendent, notamment le duc et la duchesse de Luynes, en attirant l'attention sur son petit salon, selon la mode du temps, qui réunit quelques beaux esprits, tels que le président de Hénault, le philosophe Moncrif... et où l'on converse librement. On y découvre certes une femme simple, mais spirituelle et cultivée, qui parle six langues et se fait la protectrice des arts.

Bigote, la reine ne l'est pas. Lorsque l'intendant des menus plaisirs hésite à faire jouer devant ses filles *Le Cocu imaginaire* de Molière, elle le reprend vivement : « Apprenez, monsieur, que ces sortes de mots ne peuvent gêner la pudeur de mes filles et qu'il vaut bien mieux jouer devant elles ces excellentes pièces de Molière que toutes ces pièces à sentiment dont nous sommes inondés. » Pieuse, et surtout, charitable, Marie contribue à toutes les bonnes œuvres de l'époque sur sa cassette personnelle : la maison de l'Enfant-Jésus créée pour accueillir les jeunes filles pauvres, les sœurs de Saint-Vincent-de-Paul... La reine n'hésite pas à se priver de bijoux ou de porcelaines, pour lesquels elle a pourtant du goût : « Je n'ai pas besoin de robes, dit-elle, quand les pauvres n'ont pas de chemises. » Cette générosité la fait aimer du peuple, qui la surnomme « la bonne reine ».

Madame Henriette, fille de Louis XV, à Versailles, par J. M. Nattier.

Cinq ans après la mort de Marie, en 1773, l'avocat Aublel de Maubuy écrit, dans ses *Vies des femmes illustres et célèbres de France* : « Sous quelque aspect qu'on l'envisage, ou comme fille ou comme reine, soit comme épouse, soit comme mère, on verra que rien ne manqua à sa félicité. » Pourtant, comme fille, elle a eu la douleur de voir un père qu'elle adorait mourir d'une longue agonie, brûlé vif par accident. Comme reine, il lui aura fallu accepter des rivales et subir une influence qu'elle n'aura jamais connue à la cour. Comme épouse, elle aura dû fermer les yeux sur les infidélités publiques d'un époux qu'elle aimait, à qui on attribue, outre des amours passagères, pas moins de quinze maîtresses officielles. Et c'est comme mère qu'elle éprouva les plus lourdes douleurs, ayant perdu six de ses dix enfants, notamment l'aînée, Mme Henriette, sa préférée en 1752, puis son fils en 1765, le dauphin Louis-Ferdinand, en qui elle avait fondé tous ses espoirs, mais aussi son petit-fils, le duc de Bourgogne en 1761...

Portrait de Louis, dauphin de France (1729-1765), par Alexandre Roslin, XVIIIe siècle. Musée du château de Versailles.

Au moins aura-t-elle eu un ultime bonheur, celui de voir son époux revenir à son chevet – tous ces deuils vécus en commun les ont rapprochés – et l'accompagner durant les derniers mois de la longue maladie qui l'emporte à son tour, le 24 juin 1768, dans sa soixante-cinquième année. Sa mort provoque une grande émotion. « Voyez comme elle est aimée », montre Louis à ses filles, devant l'incessant défilé de petites gens venus lui rendre hommage. Dès le lendemain, il retournera à ses maîtresses, se consolant, à cinquante-huit ans, dans les bras d'une jolie jeune femme de vingt-cinq, Mlle de Vaubernier, qu'il va falloir marier, dès septembre, avec le comte du Barry, pour pouvoir décemment l'introduire à la cour. Le cœur de Marie retournera, lui, à son enfance : car si son corps de reine repose à Saint-Denis, son cœur, à sa demande, est déposé à Nancy, en l'église Notre-Dame-de-Bon-Secours, auprès de ses parents.

FRÉDÉRIC LE GRAND,
FIN STRATÈGE OU DESPOTE ?

Depuis le XVIIe siècle, la Prusse se détache du Saint Empire romain germanique par sa puissance. Il faut dire que Frédéric-Guillaume Ier surnommé le « Roi-Sergent » tient son royaume avec autorité. Son fils Frédéric est un adolescent sensible et malheureux, sous la férule d'un père d'une grande sévérité, qui ne supporte pas sa passion pour les arts – les écrivains ne sont, pour lui, que des « pisseurs d'encre » – ni son goût pour les garçons... Le roi n'est pas avare de coups de pied et d'humiliations en tout genre pour briser cet héritier (ses frères aînés étant décédés), dans lequel il ne voit qu'une mauvaise graine. Le jeune garçon ne jouit en outre d'aucune liberté et ses visites à sa mère et sa sœur sont comptées. Comment se construire lorsque personnalité et éducation sont à ce point opposées ? Frédéric sera-t-il fidèle aux rigides préceptes de son père ? Suivra-t-il la voie du despotisme « aveugle » ou bien celui du despotisme « éclairé » ?

À dix-huit ans, Frédéric se rebelle : avec l'aide d'un ami très cher à peine plus âgé, Hans Hermann von Katte, il complote de s'enfuir pour l'Angleterre. Il ignore que ses moindres faits et gestes sont épiés. À peine veut-il se procurer des chevaux que son père, alerté, le fait enfermer dans la forteresse de Küstrin, le 12 août 1730. Hermann von Katte est arrêté à son tour, et condamné à mort pour trahison. Le 6 novembre, à l'heure de l'exécution, Frédéric est conduit dans une pièce qui donne sur la cour où elle doit avoir lieu. Depuis la fenêtre, il envoie un baiser à Katte, qui lui assure d'un regard qu'il accepte son triste sort. Un capitaine force Frédéric à tourner la tête pour ne rien manquer de la scène. C'est peine perdue, le jeune homme ne verra rien : il s'est déjà évanoui !

Frédéric II le Grand (1712-1786), roi de Prusse.
Tableau par Antoine Pesne, 1740.

Ce drame, ajouté à l'année qu'il passera ensuite à Küstrin, va durablement marquer le caractère de Frédéric. La violence tant physique que psychologique s'intensifie à mesure que le prince héritier s'éloigne de l'idéal fixé par le roi. Désormais, le futur Frédéric II n'a plus d'autre choix, pour obtenir le pardon de son père, que de se plier à son éducation, très étroitement encadrée, de futur despote. Et, contre toute attente, il finit même par montrer un certain goût pour l'art militaire et accepter un mariage de pure convenance : « Entre ma femme et moi, il ne peut y avoir ni amour ni amitié. » Que lui reste-t-il, lorsqu'il quitte enfin Küstrin, en février 1732, de son goût pour les arts et la philosophie ?

À n'en pas douter, ce que le jeune prince a appris, lors de ces longues années sous la férule d'un tyran, c'est essentiellement l'art de la dissimulation. Aussi, dès qu'il recouvre un peu d'indépendance, se remet-il à la lecture de ses auteurs favoris et à ses liaisons homosexuelles. En 1736, il entame même une correspondance avec Voltaire, pour qui il éprouve une grande admiration. Il lui soumet ses poèmes et aussi un essai qu'il est en train de rédiger et qu'il titrera l'*Anti-Machiavel*. Voltaire, à son tour, ne peut qu'être séduit par les idées qui y sont professées : Frédéric n'y déclare-t-il pas qu'il n'existe aucun sentiment de plus fatal au monde qu'une « ambition déréglée », et que « les nouvelles conquêtes d'un souverain ne rendent pas les États qu'il possédait plus opulents ni plus riches » ? Les deux hommes ne tarissent pas d'éloges l'un envers l'autre. Pour le prince, Voltaire est un « Cicéron », un « Démosthène ». Pour le philosophe, Frédéric est un « César », le « Salomon du Nord ». Comment expliquer que – en parfaite contradiction avec les idées énoncées dans l'*Anti-Machiavel* – la première entreprise de Frédéric II, à peine est-il monté sur le trône en 1740, soit la conquête de la Silésie ? Or cette conquête va se révéler beaucoup plus difficile que prévu. Il faudra en effet trois guerres, jusqu'en 1763, pour arracher définitivement ce territoire à l'Autriche.

Frédéric II rend visite au philosophe Voltaire (1694-1778). Gravure du XVIIIe siècle.

Les débuts de conquérant du nouveau souverain sont peu brillants : le 10 avril 1741, à Mollwitz, croyant la bataille perdue, il s'enfuit à bride abattue pour se cacher dans un moulin – ce qui fera dire aux moqueurs que « à Mollwitz, le roi de Prusse s'est couvert de gloire et de farine ». Mais, s'appuyant sur la redoutable armée que lui a léguée son père, Frédéric finit par se montrer habile stratège – il publiera plusieurs traités d'art militaire –, tenace surtout, voire téméraire. En 1760, il n'est sauvé de l'invasion que par la mort de la tsarine de Russie. Il se montre enfin peu scrupuleux de la parole donnée et des alliances conclues : allié de la France, il change cinq fois de camp entre 1741 et 1745, au gré des victoires et défaites françaises, au grand profit de la Prusse. Un anti-Machiavel des plus machiavéliques, décidément.

Néanmoins, la guerre exige une armée toujours plus importante car les pertes sont considérables même lors des victoires. Frédéric II va devoir tripler ses effectifs : il ne comptera pas moins de cent quatre-vingt mille hommes pour un peu plus de deux millions d'habitants à son avènement – ce qui fera dire à Mirabeau : « La Prusse n'est pas un État qui possède une armée, mais une armée qui possède un État. » Bien sûr,

Siège et prise de Prague par les troupes de Frédéric II de Prusse, alliées à l'armée française, en novembre 1741.
Gravure par S. Cholet, peint par Couder.

cela coûte cher au pays : d'une part, la guerre affaiblit économiquement la Prusse – la Silésie est ruinée, la monnaie dévaluée, les paysans pressés d'impôts – et, d'autre part, elle oblige le roi à ménager l'aristocratie. Car ce n'est pas en les attirant, comme en France, à la cour, que les souverains prussiens parviennent à s'attacher les nobles, c'est en les faisant officiers. Et Frédéric II a besoin d'eux pour son armée : « La race est si bonne qu'elle mérite d'être conservée à tout prix », écrit-il et, de fait, ce sont les paysans qui le paient au prix fort, par le maintien du servage et de la corvée sur les terres seigneuriales.

Comment donc, aux yeux de la plupart des philosophes, Frédéric II passe-t-il encore pour un prince éclairé ? C'est parce qu'à part auprès de Montesquieu, qui le considère comme « le plus grand fou qui fut jamais » et décline l'invitation qui lui est faite de se rendre en Prusse, Frédéric II a su se forger sa propre légende. Il se fait construire, à Potsdam, sur le modèle du Trianon, un petit palais auquel il donne le nom français de « Sans-Souci ». Dans ce monument élevé à sa gloire – telle la vitrine d'un souverain ouvert et tolérant, passionné d'arts et de musique –, il reçoit l'élite intellectuelle de son temps. La « ménagerie philosophique », généreusement appointée, qu'il y attire va accréditer l'image d'homme des Lumières qu'il revendique être. Le plus illustre de ses hôtes sera Voltaire. Lorsque, en 1750, ce dernier cède enfin à l'invitation du roi de Prusse et arrive à Berlin, son admiration envers Frédéric II paraît sincère : « Comment sont donc faits les grands hommes, si celui-là n'en est pas un ? » écrit-il à son ami d'Argental, en septembre. Voltaire et Frédéric II ne sont pas si éloignés qu'il y paraît. Le philosophe est de ceux qui pensent qu'« il faut un maître à l'État pour faire triompher l'autorité, l'ordre et la civilisation ». Et, à vrai dire, ce n'est pas seulement l'amour de la philosophie ou l'amitié du souverain prussien qui l'ont décidé à venir, il a aussi fallu lui promettre vingt mille livres de rente – un salaire de ministre ! –, un appartement au château, la table, le chauffage, deux bougies par jour, et autant de livres de sucre, de thé, de café et de chocolat tous les mois.

Au début, leurs relations sont idylliques. Les deux hommes s'envoient d'aimables petits mots sous forme de rébus : « *P/venez a 6/100* » (« Venez souper à Sans-Souci ») ; réponse : « *G a* » (« J'ai grand appétit »). Moins de trois ans plus tard, le philosophe envisage de s'enfuir de Prusse déguisé en pasteur réformé, cachant ses bagages dans un chariot de foin ! Il faut dire que les rapports entre les deux hommes n'ont cessé de s'envenimer. D'abord en raison d'un procès que Voltaire subit à propos d'une sombre affaire de trafic de diamants, et dont il sortira blanchi – mais peut-être pas totalement blanc. Ensuite à cause des denrées qu'on lui doit et qui lui sont quelquefois remises avariées ou insuffisantes. Plaintes dont Frédéric se moque : « Il est affreux, réplique-t-il, d'être si mal obéi ; mais [...] je ne ferai pas pendre ces canailles-là pour un morceau de sucre ou pour une pincée de mauvais thé. Ce qui me fait le plus de peine, c'est de voir M. de Voltaire distrait de ses idées sublimes par de semblables misères. [...] Eh bien, n'en parlons plus ; je vais ordonner qu'on les supprime. » Enfin, à propos d'une phrase du roi qui a été rapportée au philosophe : « J'aurai besoin de lui encore un an tout au plus ; on presse l'orange, et on en jette l'écorce. » « Je vois bien qu'on a pressé l'orange, écrit alors Voltaire à sa nièce, il faut penser à sauver l'écorce. [...] Et c'est là l'homme qui m'écrivait tant de choses philosophiques et que j'ai cru philosophe ! » En mars 1753, il obtient malgré tout la permission de quitter le pays : « Je partis avec promesse de revenir, et avec le ferme dessein de ne le revoir de ma vie. »

Les deux hommes se réconcilieront, même si Voltaire ne pourra s'empêcher, au passage, de railler, dans *Candide*, le roi de Prusse, le dépeignant sous les traits à peine déguisés du roi des Bulgares – le terme « bulgare » donnera celui de « bougre » qui désigne, au XVIIIe siècle, les homosexuels – tout en disant pis que pendre du souverain dans sa correspondance avec d'Alembert. Certes, la personnalité du roi est complexe, difficile à cerner. Tout en affermissant son autorité – en court-circuitant les diètes provinciales pour imposer les ordres de son cabinet –, il continue à se dire l'« ami des philosophes ». Propagande efficace pour couvrir un absolutisme sans faille, ou adhésion véritable aux principes des Lumières soumis cependant à la raison d'État ? Sur le plan des idées, Frédéric II affiche son hostilité à la monarchie de droit divin et se montre volontiers anticlérical – attitude propre à séduire les philosophes, qui voient là le triomphe de la raison sur l'obscurantisme. Mais dans les faits ? Il abolit la torture et réforme de manière efficace un système judiciaire auquel il se soumet lui-même, dans une affaire avec un meunier voisin dont il convoite les terres. Il est en outre considéré comme le fondateur du système scolaire prussien, avec une attention inédite portée à l'éducation des filles, qu'il trouve négligée. En Silésie, où il n'est pas

Frédéric II et Voltaire, au palais Sans-Souci, à Potsdam, v. 1740.
Gravure d'après Adolph von Menzel. The Granger Collection, NYC.

tenu aux mêmes égards qu'en Prusse vis-à-vis de la noblesse, il abolit le servage et les corvées. Il se montre aussi curieux des nouvelles techniques, faisant assainir les marais de l'embouchure de l'Oder pour ouvrir ces vastes territoires à la colonisation, et encourage la culture de la pomme de terre, dont il fait la nourriture de base des paysans. Enfin, il se révèle tolérant, accueillant aussi bien les huguenots que les jésuites, réduits à l'état laïc après la dissolution de leur ordre. Le bilan se révèle plus que positif puisqu'il est parvenu à hisser un minuscule pays – dont la population a triplé sous son règne – au rang de véritable puissance européenne ! Il est en outre aussi populaire chez les paysans, qui l'appellent affectueusement, avec le temps, le « vieux Fritz », voyant en lui l'incarnation de l'énergie prussienne.

Toute sa vie durant, Frédéric II entretiendra des relations intimes avec ses lieutenants – il nommera son plus fidèle amant directeur du théâtre royal, puis chancelier du Royaume –, mais aucun ne sera aussi cher à son cœur que Katte, à part peut-être ses chiens, ses « Pompadours » auprès desquels il se fera enterrer. « L'Europe entière parlait de lui, l'Europe entière le considérait comme un héros mais au sujet de son caractère, de sa politique, de sa morale et de son comportement, les opinions divergeaient au plus haut point », écrira à son propos, Dieudonné Thiébault, en 1765. Créateur d'une nouvelle forme d'absolutisme, machiavélique ou réaliste, progressiste ou réactionnaire, réformateur ou conservateur ? Les opinions divergent encore...

Le roi de Prusse Frédéric II rendant visite aux paysans sur leurs terres.
Gravure de 1887. Collection privée.

SI LES MURS DE **L'ÉLYSÉE** POUVAIENT PARLER ...

Nous sommes en 1715, Louis XIV vient de mourir. Le comte d'Évreux, Henri-Louis de La Tour d'Auvergne, quatrième fils du duc de Bouillon et d'une nièce de Mazarin, est un aristocrate désargenté, pingre et taciturne. Lorsqu'il ose demander au régent Philippe d'Orléans de lui attribuer la capitainerie des chasses de Monceaux, celui-ci, qui aime se moquer de ses courtisans, lui répond : « J'y consens, Monsieur, et vous en porterai le brevet dans votre hôtel. » Le comte, n'ayant pas de demeure digne de ce nom, relève pourtant le défi. Après avoir vendu l'un de ses fiefs – et consenti un mariage d'intérêt avec la fille du financier Antoine Crozat, de vingt ans sa cadette, qu'il ne tarde pas à répudier, sitôt les travaux terminés –, il acquiert un terrain d'une dizaine d'hectares en rase campagne, à l'ouest de Paris, au niveau de l'actuel faubourg Saint-Honoré.

L'architecte Armand-Claude Mollet est chargé des travaux et, en 1720, l'hôtel d'Évreux est achevé. Fidèle à sa promesse, le Régent remet au comte son brevet, ajoutant 140 toises (530 m²) de terrain pour le féliciter d'avoir relevé le pari. Le comte résidera de manière permanente dans cet hôtel particulier – qui dispose d'une cour fermée par un portail d'apparat et d'un spacieux jardin à la française – durant trente et un ans, de 1722 jusqu'à sa mort, en 1753. Nul ne se doute alors que la grande Histoire va s'écrire là.

Vue du Palais de l'Élysée et des jardins.
Gravure de Courvoisier, dans « Vues de Paris », 1827.
Arts décoratifs, Paris.

Intrigues, passions, gloires, mais aussi scandales et tragédies vont émailler l'histoire mouvementée du palais. Durant trois siècles, les murs de l'Élysée ont été les témoins des moindres faits et gestes de ses hôtes, du simple secret d'alcôve à la plus cruciale décision politique. Ce célèbre lieu de pouvoir va en effet accueillir les plus grandes figures de la Monarchie et de l'Empire. C'est aussi dans ce palais qu'ont résidé, depuis 1848, les vingt-quatre présidents de la République française. Or si l'Élysée fascine toujours autant, c'est parce que son histoire est aussi notre histoire...

À la mort du comte, l'hôtel d'Évreux est racheté par la marquise de Pompadour, favorite de Louis XV, pour cinq cent mille livres. Celle-ci n'aime pas son agencement et décide de le transformer en profondeur, aux frais du royaume. Elle apporte une touche féminine, qui se maintiendra au fil des siècles, et que regretteront certains de ses hôtes, davantage habitués aux institutions militaires, comme le général de Gaulle. La célèbre marquise a tellement marqué les lieux de son empreinte, qu'un salon porte encore son nom aujourd'hui. Elle y réside très peu – préférant Versailles – mais, en 1763, elle y accueille le roi de France, Louis XV, pour l'inauguration de sa statue équestre, désormais située sur la place de la Concorde. Elle organise, à cette occasion, une réception grandiose avec feux d'artifice. Lorsque, le 15 avril 1764, la Pompadour décède à Versailles – privilège réservé aux seuls membres de la famille royale –, sa dépouille est ramenée, en pleine nuit, dans son hôtel particulier afin de préserver les apparences. L'hôtel d'Évreux revient alors à Louis XV, qui s'en sert de résidence pour les ambassadeurs étrangers, puis en fait son garde-meuble avec, au rez-de-chaussée, une salle d'exposition publique où est présentée la collection royale de peinture.

L'hôtel d'Évreux est ensuite vendu au financier Nicolas Beaujon, personnage haut en couleurs, philanthrope à ses heures perdues et grand amateur de jeunes filles – qu'il appelle ses « berceuses » et qu'il fait épouser par ses domestiques, pour sauvegarder la morale, lorsque celles-ci viennent à tomber enceintes. À sa mort, le domaine est racheté par Louis XVI, qui en fait cadeau à sa cousine, la duchesse de Bourbon, Bathilde d'Orléans, sœur de Philippe-Égalité et mère du duc d'Enghien. L'hôtel d'Évreux prend alors le nom de Palais de l'Élysée, en raison de sa proximité avec l'avenue des Champs-Élysées. Au cours de la Révolution, l'Élysée est placé sous séquestre par la Convention, qui le met ensuite à la disposition de l'Imprimerie nationale, avant qu'il ne serve de salle des ventes. Sous le Directoire, il passe entre les mains de plusieurs financiers, comme Nicolas Hovyn ou Ribié Montreux de Marimeto, qui en font un établissement de plaisir – une maison close – où sont donnés ballets et concerts. Certains appartements du premier étage sont loués ; on dit que l'un d'eux aurait été occupé par le père d'Alfred de Vigny.

Jeanne-Antoinette Poisson (1721-1764), marquise de Pompadour, maîtresse du roi de France Louis XV.
Pastel par Maurice Quentin de La Tour.
The Granger Collection, NYC.

En mars 1805, à la naissance de sa fille Louise, Caroline Bonaparte Murat, sœur de Napoléon, reçoit de l'empereur la permission et l'argent nécessaires pour acquérir le palais de l'Élysée. Extrêmement ambitieuse, Caroline désire vivre dans un palais princier à la hauteur de son rang. Pour cela, elle n'hésite pas à réaménager complètement l'Élysée et à le parer d'œuvres d'art. Ses principaux agencements sont l'escalier d'Honneur et la salle de Bal, aujourd'hui connue sous le nom de salon Murat, dans laquelle se réunit chaque Conseil des ministres depuis

Georges Pompidou. La princesse Caroline – dont les disputes avec son époux, Joachim Murat ou son amant, le gouverneur militaire de Paris, Jean-Andoche Junot, sont légendaires – organise régulièrement à l'Élysée des soirées fastueuses, auxquelles participe, de temps à autre, Napoléon, pour lequel elle n'hésite pas à jouer les entremetteuses (comme avec la jeune Éléonore Denuelle de la Plaigne, qui donnera son premier fils à l'empereur). Mais, en 1808, Murat est nommé roi de Naples et doit, par décret, céder tous ses biens français à l'empereur. Le palais prend alors le nom d'Élysée-Napoléon. Après son divorce avec Napoléon, en décembre 1809, c'est Joséphine de Beauharnais qui occupe l'Élysée, mais l'Empereur continue à y séjourner occasionnellement. Ce palais ne lui portera pas chance... En 1814, suite à la défaite française contre les coalisés européens, lors de la campagne de France, Paris est occupé par les Cosaques et le tsar s'installe un temps à l'Élysée. Revenu au pouvoir lors des Cent-Jours, c'est à

l'Élysée, dans le salon d'Argent, que Napoléon signe son ultime abdication, le 22 juin 1815, après la défaite de Waterloo, n'ayant osé apparaître aux Tuileries.

Sous la restauration, l'Élysée devient la propriété du duc de Berry, neveu du vieux roi Louis XVIII, fils du futur Charles X et premier héritier au trône de France. Mais, le 13 février 1820 au soir, il quitte son palais pour assister à un opéra dont il ne reviendra pas. Il est poignardé à la sortie de l'Opéra, rue de Richelieu, par un ouvrier républicain fanatique voulant éteindre à jamais, par ce geste, la dynastie des Bourbons. Ce sera cause perdue, car, très vite, on apprend que la duchesse de Berry est enceinte ! L'espoir renaît lorsque, le 29 septembre 1820, elle donne le jour à un fils, Henri. Les poètes Alphonse de Lamartine et Victor Hugo joignent leurs talents aux réjouissances qui accompagnent la naissance de cet « enfant du miracle ». Pourtant, en 1830, quand Charles X est renversé, l'enfant devra suivre son grand-père dans l'exil. Élevé dans la haine de la Révolution et l'ignorance de la France, il ne saura pas saisir à temps l'occasion qui lui est offerte de monter sur le trône, en 1871, en refusant le drapeau tricolore et tout ce qu'il symbolise. Toujours est-il qu'à la suite de l'assassinat de son père, le palais de l'Élysée tombe progressivement en désuétude, ne servant qu'à héberger quelques riches résidents étrangers.

C'est la naissance de la seconde République, en 1848, qui va lui redonner vie, puisque, après avoir songé à y installer la bibliothèque du Louvre, les députés décident de faire de l'Élysée la résidence du premier président de la République française, Louis-Napoléon Bonaparte. Mais, après deux décennies de vacance, l'Élysée s'est détérioré, au point que, lors du premier dîner officiel organisé par le président, Victor Hugo critique vivement la vétusté des lieux. Après le réaménagement du palais par l'architecte Meunier, Bonaparte peut enfin organiser des réceptions

Arrivée de Louis Napoléon Bonaparte (Napoléon III) à l'Élysée le lendemain de son élection.
Dans « L'Illustration », 20 décembre 1848. Collection privée.

somptueuses, bals et grands dîners, dont le coût lui vaut de vives critiques de la part de l'Assemblée. Il ne fera guère honneur à sa charge : la Constitution l'empêchant de renouveler son mandat de quatre ans, le président fomente – depuis son bureau du salon Cléopâtre et avec l'aide de son demi-frère, le duc de Morny – le coup d'État qui abat la République et donne naissance au Second Empire ! La boucle est bouclée en 1851 : le lieu où s'est achevé le Premier Empire devient le berceau du Second. Louis-Napoléon Bonaparte, devenu l'empereur Napoléon III, part s'installer aux Tuileries, symbole de la monarchie. Il engage son ami d'enfance, Joseph-Antoine Lacroix, pour transformer l'Élysée. Les remaniements les plus visibles sont la salle des portraits, où l'empereur fait placarder les effigies des principales têtes couronnées d'Europe, et le jardin, désormais séparé des Champs-Élysées par une grille. Bien qu'il n'y réside pas, Napoléon III continue à y organiser des dîners. Et c'est d'ailleurs au cours de l'un d'eux qu'il rencontre Eugénie de Montijo. Les rénovations du palais s'achèvent en 1865. L'Élysée sert alors de résidence princière aux nombreux souverains venus pour l'Exposition universelle de 1867.

En 1870, le Second Empire prend fin et la France devient, pour la troisième fois de son histoire, une République... mais dirigée par des royalistes rêvant de restituer la monarchie. Quelques mois après la Commune de Paris – au cours de laquelle l'Élysée est sauvé *in extremis* du pillage grâce au gouverneur de Gourlet –, Adolphe Thiers devient, à l'âge de soixante-quatorze ans, le second président de la République française. Logé à la Préfecture de Paris, il effectue plusieurs séjours à l'Élysée, où il donne des réceptions plutôt parcimonieuses. Au printemps 1873, Thiers, victime d'une fronde des parlementaires monarchistes, doit démissionner. C'est le maréchal Mac Mahon qui le remplace au poste de président de la République. C'est avec lui que l'Élysée renoue avec sa fonction de résidence présidentielle, puisque Mac Mahon y donne les premières fêtes du nouveau régime. Mais les monarchies européennes dédaignent le régime républicain. Le premier hôte royal du président est le Shah de

Fête organisée au palais de l'Élysée par le président Mac Mahon pour le Shah de Perse Nasir al-Din. Gravure dans « Le Monde illustré » n°850 du 26 juillet 1873.

Perse, Nasir al-Din. Après l'instauration du septennat et l'échec du rétablissement de la monarchie, les Républicains ont désormais la majorité à l'Assemblée et au Sénat et ils obtiennent la démission de Mac Mahon, le 30 janvier 1879. La République se dote alors de son premier président... véritablement républicain !

Mais la Constitution de 1875 a réduit considérablement son rôle, au profit des assemblées. Aussi, les parlementaires choisissent-ils de confier ce poste symbolique à une personnalité de second plan, Jules Grévy, qui s'est, dans le passé, posé en farouche opposant à la création d'un tel poste. Avec Grévy, le rôle du président devient honorifique et ne se limite qu'à représenter la France dans les cérémonies officielles et à conduire la politique étrangère. En 1885, Grévy, âgé de soixante-dix-huit ans, est réélu président de la République pour un second septennat, faisant de lui le plus vieux chef d'État que la France ait connu depuis les

Mérovingiens. Il ne finira jamais ce mandat. En septembre 1887, un scandale de grande ampleur éclate : le député Daniel Wilson, qui a épousé la fille de Grévy, se livre à un trafic de décorations à haute échelle, à l'intérieur même du palais de l'Élysée, vendant légions d'honneur et médailles du Mérite agricole ! Deux mois plus tard, Wilson est arrêté. Le président Grévy, son malheureux beau-père, a beau jurer ne pas être au courant, il se retrouve tellement éclaboussé par le scandale qu'il doit démissionner et quitter l'Élysée, le 2 décembre.

Pour le remplacer, le parlement élit au poste de président de la République, Sadi Carnot, petit-fils de l'ancien membre du Directoire, Lazare Carnot. Cet ancien ministre des Finances est connu pour ses qualités morales, indispensables pour effacer le fâcheux souvenir des décorations. À l'Élysée, Carnot crée un arbre de Noël destiné aux enfants pauvres, tradition qui sera perpétuée par ses successeurs. Il organise également, dans les jardins du palais, des matinées musicales, pour lesquelles des kiosques sont aménagés sur la pelouse, et instaure les premières garden-parties. C'est sous sa présidence qu'est organisée l'Exposition universelle de 1889, pour le centenaire de la Révolution française. À cette

occasion, il inaugure, à l'Élysée, une salle des fêtes, destinée à recevoir ses hôtes de marque et éviter ainsi d'avoir à dresser une tente dans le jardin d'hiver pour chaque grand bal. C'est à cette époque que l'Élysée est, pour la première fois, équipé de l'électricité. Mais le 24 juin 1894, lors d'un déplacement à Lyon, un anarchiste italien du nom de Santo Caserio poignarde mortellement le président Carnot au foie. Le corps du président sera exposé durant quatre jours dans un salon de l'Élysée. Son successeur, Jean-Casimir Périer n'est âgé que de quarante-sept ans. Cet industriel fortuné, ancien président du Conseil, hésite longuement avant d'accepter le poste honorifique, mais périlleux, de président de la République. En entrant à l'Élysée, il aurait déclaré : « Me voilà prisonnier ! » Sa fortune et son train de vie lui sont très vite reprochés, notamment par Jean Jaurès. Lassé d'être moqué et de n'avoir aucun pouvoir de décision, Périer démissionne au bout de sept mois.

Le nouveau président, Félix Faure, tranche nettement avec son prédécesseur. D'origine modeste, il sait s'en tenir uniquement à son rôle constitutionnel, n'intervenant pas dans les querelles politiques. À Raymond Poincaré, qui lui reproche sa neutralité, il déclare : « Je suis la reine d'Angleterre. » Cette politique commence à payer et permet à la République française de sortir progressivement de l'ostracisme des monarchies traditionnelles européennes. Ainsi, en octobre 1896, le tsar russe, souverain le plus hostile au régime républicain, effectue une visite historique à Paris, dont toute l'Europe parle. L'apogée de ce séjour est la réception organisée, en son honneur, dans la salle des fêtes de l'Élysée, en présence de près de six cents députés et sénateurs, suivie d'un fastueux banquet de cent vingt couverts. Mais avec Félix Faure, l'Élysée va à nouveau être le théâtre d'un drame. En effet, le président, alors âgé de cinquante-huit ans, nourrit une véritable passion pour la gent féminine et profite du salon d'Argent, situé au bout du palais, pour recevoir celles que l'on surnomme pudiquement

Dîner offert par le président de la République française
Félix Faure, en l'honneur du général Duchesne, au palais de l'Élysée.
Dans « Petit Journal », 8 mars 1896. Collection Bianchetti.

ses « visiteuses ». Or, le 16 février 1899, en fin d'après-midi, ses collaborateurs entrent brusquement dans le salon, alertés par des cris. Ils découvrent alors le président moribond, aux côtés de sa maîtresse, Marguerite Steinheil, affolée et à moitié dénudée. Félix Faure est à l'agonie, victime d'une congestion cérébrale foudroyante, sans doute provoquée par l'absorption de drogues aphrodisiaques. Pour lui donner l'extrême onction, son secrétaire fait appel à l'abbé Renault. Et lorsque ce dernier demande : « Le président a-t-il encore sa connaissance ? » On lui répond cette phrase historique : « Non, on l'a fait sortir par-derrière. » Félix Faure décédera quelques heures plus tard à l'Élysée.

Entrevue du roi Édouard VII d'Angleterre et du président français Émile Loubet, dans le Salon doré de l'Élysée, le 1er mai 1903.

Début mai 1903, le nouveau président, Émile Loubet, organise, dans la salle des fêtes, un grand dîner, comptant pas moins de dix-huit plats, en l'honneur du nouveau roi d'Angleterre, Édouard VII, en visite à Paris. Cet événement marquera le début de l'Entente cordiale. Le chef du protocole manque pourtant de s'étrangler lorsque Marie-Marguerite Loubet, la femme du président, d'origine modeste et connue pour ses gaffes, demande à Édouard VII à quel métier il destine son fils aîné, le futur George V ! Quelques années plus tard, en 1906, au terme de son mandat, Émile Loubet est le premier président de la République à passer le pouvoir à son successeur, Armand Fallières, lors d'une cérémonie officielle organisée à l'Élysée. Après quarante ans de tâtonnements, les présidents de la République semblent enfin avoir réussi à trouver leurs marques dans le palais présidentiel. L'Élysée renforce d'ailleurs considérablement le prestige de l'institution, qui ne sera ternie, par la suite, qu'à une seule reprise. Élu président, en 1920, Paul Deschanel montre rapidement des signes de folie. Ce président pittoresque grimpe aux arbres, signe « Napoléon » sur les documents officiels et tombe par la fenêtre du train présidentiel, vêtu d'un simple pyjama. Il quittera bien sûr l'Élysée précocement, pour aller se faire soigner. Le rôle du président de la République va perdurer ainsi durant les IIIe et IVe Républiques, avec des présidents-fantômes, privés de toute autorité. C'est sous l'influence de Charles de Gaulle qu'il sera considérablement renforcé avec la Ve République. L'Élysée devenant un lieu éminemment stratégique, le cœur du pouvoir par excellence, celui dans lequel se décide l'avenir du pays.

Coup d'État, démissions, abdication, consécrations, l'histoire de ce monument mythique reste intimement liée à l'exercice de l'autorité suprême. Mais, depuis sa naissance, il semble que ce soit surtout les femmes qui aient façonné son image et qui lui aient donné son âme, à l'instar de la marquise de Pompadour, Caroline Murat, Micheline Auriol et Claude Pompidou...

MARIE-CAROLINE,
UN ROI EN JUPONS À LA COUR DE NAPLES ?

Si Marie-Caroline d'Autriche est devenue reine de Naples et des Deux-Siciles, c'est que le destin l'avait vraiment voulu ainsi ! Ferdinand, l'héritier du trône, est encore mineur lorsque son père, Charles III d'Espagne, décide de le fiancer à l'une des filles de l'impératrice Marie-Thérèse d'Autriche, Marie-Jeanne, mais celle-ci décède avant le mariage ; on décide alors de la remplacer par sa sœur, Marie-Josèphe, qui décède à son tour. C'est finalement une troisième sœur, Marie-Caroline, que l'on destinait d'abord au dauphin de France, le futur Louis XVI, qui convolera avec Ferdinand...

Ils font connaissance, en 1768, à Caserte où Charles III s'est fait bâtir un palais digne des Bourbons. Elle a seize ans, il en a dix-huit. Elle a appris quelques mots d'italien ; il ne connaît pas un mot d'allemand et, à vrai dire, pratique peu l'italien – il ne parle que le patois napolitain. Elle est cultivée et raffinée ; il est inculte, débraillé – le peuple le surnommera, affectueusement, le « Roi mendiant » – et volontiers vulgaire : il adore se fourrer les spaghettis dans la bouche avec les doigts. Ne se complaira-t-il pas à raconter, aux lendemains des noces, à propos de sa jeune épouse qu'« elle sue comme un porc ». Marie-Caroline est autoritaire, ambitieuse, née et éduquée pour régner ; Ferdinand est un « bon diable », comme dira son ministre Acton, peu vif d'esprit et qui souffre d'un manque cruel de confiance en lui. Il n'aime rien tant qu'aller à la pêche...

Marie-Caroline de Habsbourg-Lorraine dite d'Autriche (1752-1814), reine de Naples et des Deux-Siciles. Peinture d'Anton Raphael Mengs, 1772-1773. Palais royal, Madrid.

Ferdinand IV roi de Naples, Ferdinand III roi de Sicile et Ferdinand Ier roi des Deux-Siciles (1751-1825). Peinture de Francesco Liani. Musée de la Campanie, Capoue.

Rien ne les prédispose à s'entendre… Mais est-ce bien utile ? Elle le laissera pêcher et chasser à sa guise – une vraie vie de roi ! –, s'occuper d'affaires mineures, comme l'embellissement de la capitale et, en échange, il s'appuiera totalement sur elle pour ce qui est du gouvernement. Il n'a qu'à se féliciter d'avoir épousé une femme de tête… Ou peut-être davantage un roi en jupons ?

Depuis les années 1750, c'est le Premier ministre toscan, Bernardo Tanucci, qui dirige le royaume. Il a fait office de régent pendant la minorité de Ferdinand, placé par son père sur le trône de Naples à l'âge de neuf ans. Il gouverne toujours, conformément à cet esprit des Lumières qui est en faveur dans les monarchies européennes. Tanucci s'est particulièrement attaché à réduire le pouvoir de l'Église, expulsant, en 1767, les jésuites du royaume et confisquant quelques biens ecclésiastiques. Il a également réformé la justice en détruisant le pouvoir de juridiction des nobles, favorisé le commerce maritime et entrepris la construction de routes. Il a su en outre s'entourer de collaborateurs de qualité, comme le juriste Gaetano Filangieri ou l'économiste Antonio Genovesi. Une politique tout à fait conforme à celle que mène, en son Empire, la mère de Marie-Caroline, Marie-Thérèse d'Autriche. En revanche, sur le plan extérieur, le Premier ministre est bien sûr très favorable à l'Espagne, et très peu à l'Autriche, comme il est hostile aux francs-maçons que protège Marie-Caroline… Le heurt entre eux paraît donc inévitable, d'autant que le contrat de mariage de cette dernière, scrupuleusement préparé par sa mère, prévoit qu'elle pourra entrer au Conseil du royaume dès qu'elle aura donné naissance à un garçon !

Charles, l'aîné de ses fils, naît, après deux filles, en 1775. Le premier acte de la reine, en 1776, est tout naturellement de se débarrasser de l'encombrant Premier ministre, puis d'introduire dans le conseil l'Anglais, John Acton, chargé de renforcer l'armée et la marine et de se dégager de l'influence espagnole en se rapprochant de l'Autriche et de l'Angleterre. Une attitude qui ne plaît évidemment pas à Madrid : l'Espagne demande à Ferdinand d'intervenir, mais celui-ci s'en garde, bien qu'une partie de la cour, hostile, accuse ouvertement le nouveau Premier ministre – qui est aussi commandant en chef de l'armée et de la marine du royaume de Naples et ministre des Finances – d'être l'amant de la reine ! Ces premières années de règne sont cependant pacifiques et épanouissantes pour Marie-Caroline. Le royaume napolitain apparaît alors comme le plus florissant des États italiens, tant par les succès de son commerce que par sa stabilité politique ou sa puissance maritime et militaire. La cour sous son influence gagne en prestige et profite du regain d'intérêt pour l'Antiquité, qui attire les visiteurs les plus prestigieux. Les fouilles d'Herculanum et de Pompéi, récemment entamées, sont des étapes obligées du « Grand Tour », ce voyage à travers l'Europe qui parfait l'éducation des jeunes gens de la classe aristocratique ou de la bourgeoisie. Les fêtes que donne Marie-Caroline n'ont rien à envier à celles de Versailles. En 1785, elle a déjà donné naissance à dix enfants et commence, suivant l'exemple de sa mère, à tisser la toile matrimoniale qui va les installer sur tous les trônes d'Europe : un voyage dans le grand-duché de Toscane est l'occasion de conclure le mariage de ses deux aînées, Marie-Thérèse et Louise-Marie, avec les deux fils du grand-duc, dont l'un François est l'héritier de l'Empire et l'autre, Ferdinand, du grand-duché. Le roi peut être content de son sort et ne manque pas de répartie quand l'un de

Portrait de la famille royale de Naples. Peinture d'Angelica Kauffmann, 1783. Collection d'art de l'État du Liechtenstein, château de Vaduz.

ses valets veut lui ouvrir les yeux sur les aventures amoureuses de la reine et sur l'éventualité que certains de leurs nombreux enfants (ils en auront dix-sept !) ne seraient pas tous de lui : « Cela ne fait point de mal, cela croise les races », répond-il.

Au début des années 1790, l'Europe s'agite, dans la tourmente provoquée par la Révolution française. Une Révolution que Marie-Caroline – inquiète comme tous les souverains d'Europe – accueille cependant sans animosité, ouverte qu'elle est, par son éducation, aux idées des philosophes. Aussi le royaume de Naples n'adhère-t-il pas à la coalition anti-française des cours européennes. Mais la reine a, depuis l'enfance, une amie, une complice qui lui est particulièrement chère : sa jeune sœur

Marie-Antoinette. C'est elle, puisque Marie-Caroline a dû partir à Naples, qui a finalement épousé, en 1770, le roi de France, Louis XVI. Or, au matin du 16 octobre 1793, Marie-Antoinette est emmenée sur une charrette, mains entravées, sous les sarcasmes de la foule, de la Conciergerie à la place de la Révolution, pour être guillotinée. La nouvelle plonge Marie-Caroline dans une affliction et une fureur telles qu'elle va devenir aussitôt une ennemie farouche des jacobins français. Sous le portrait de sa bien-aimée cadette, elle écrira de sa main : « Je poursuivrai ma vengeance jusqu'au tombeau. » Marie-Caroline jette alors le royaume de Naples dans une alliance à corps perdu avec l'Angleterre. Le ministre John Acton, dont l'influence n'a cessé de croître, l'y pousse. L'ambassadeur d'Angleterre, lord Hamilton, aussi. L'ambassadeur... et son épouse, la sulfureuse Emma Hamilton. Passée par Paris fin 1792, lady Hamilton a d'ailleurs remis à Marie-Caroline une lettre de sa sœur Marie-Antoinette. C'est ainsi que les deux femmes ont fait connaissance. Elles sont depuis devenues confidentes, amies, et peut-être amantes – le bruit court en tout cas dans toutes les cours d'Europe...

En 1793, des troupes napolitaines sont envoyées soutenir les Anglais qui occupent, en France, le port de Toulon. Une expédition qui va donner à un jeune lieutenant corse inconnu, Napoléon Bonaparte, l'occasion de se distinguer et de conquérir ses galons de général de brigade... C'est sous sa pression que les Anglo-Napolitains sont contraints de rembarquer leurs troupes. Les armées révolutionnaires françaises, toujours sous le commandement de Bonaparte, déferlent sur l'Italie dont elles conquièrent peu à peu tous les états. En février 1798, ce sont les États pontificaux qui, après la fuite du pape Pie VI, deviennent la République romaine jacobine. À Naples, on commence à trembler : on pourchasse et on arrête désormais tous ceux qui sont favorables aux idées républicaines... C'est dire si l'annonce de la victoire de la flotte anglaise sur la flotte française, à Aboukir, en 1798, est accueillie avec des cris de joie ! L'amiral Nelson, qui a fait du port de Naples une de ses bases, est le héros du jour – surtout aux yeux

Le navire « Vanguard ». Gravure par A. Wilmore d'après Sir Oswald Walt. Musée national maritime, Londres.

de Marie-Caroline et de lady Hamilton. Les Napolitains se sentent pousser des ailes : si un État italien est capable de tenir tête aux Français, c'est bien Naples ! Ils décident alors de partir reconquérir le trône du pape ! Malheureusement, l'expédition tourne à l'échec. Les Français désormais marchent sur Naples, où les intellectuels et les bourgeois éclairés les attendent avec impatience pour instaurer la République. Ferdinand et Marie-Caroline se hâtent de s'enfuir à Palerme, en décembre 1798, sur un des vaisseaux de l'amiral Nelson, le *Vanguard*. La traversée, au cœur d'une terrible tempête, est éprouvante pour la reine, qui tient son fils Charles-Louis, âgé de six ans, mourant entre ses bras...

L'existence de la République napolitaine est éphémère : elle durera à peine quatre mois. Les républicains, n'ont pas su convaincre et les Français, qui les soutenaient, imposent des « réparations de guerre », qui leur valent l'hostilité populaire. Dès février 1799, une dizaine de milliers de volontaires regroupés dans l'Armée de la Sainte Foi, les « sanfédistes », soutenus par quelques fameux bandits calabrais, comme Fra Diavolo ou Panedigrano, partent à la reconquête du royaume. Déjà, la flotte britannique bloque le port de Naples. La République s'écroule. À Palerme, Nelson, délaissant son épouse, est devenu, au grand scandale de l'Angleterre, l'amant officiel de lady Hamilton. Entièrement dominé par elle, il est tout dévoué aux ordres de la reine. Il reçoit d'ailleurs l'ordre de précéder les souverains à Naples et de réprimer sans pitié les républicains qui se sont réfugiés dans le château Saint-Elme. Marie-Caroline l'a exhorté à « ne faire aucune faveur » et à ne se laisser fléchir « ni par les larmes, ni les protections, ni les richesses des parents des accusés » ! Une centaine d'insurgés sont exécutés. Même l'amiral Caracciolo, qui a pourtant combattu aux côtés des Anglais et que Nelson fait pendre au grand mât de son propre navire avant d'ordonner que l'on jette son cadavre à la mer... Même la poétesse et journaliste Eleonora de Fonseca Pimentel – que Marie-Caroline recevait auparavant dans son salon et dont elle avait fait sa bibliothécaire – à qui l'on refuse d'être décapitée et aussi de porter une culotte, elle qui ne voulait pas exposer ses jambes nues, lors de sa pendaison, sur le marché de Naples... À chaque exécution, le peuple napolitain crie : « Vive le roi ! », mais quand Eleonora monte sur le gibet, il se tait... Marie-Caroline ne va-t-elle pas trop loin ?

Ferdinand rentre seul à Naples – il a interdit à Marie-Caroline de le suivre –, en juin 1799. La situation y est encore trop tendue, d'autant que la chasse aux prétendus révolutionnaires se poursuit, avec des milliers d'arrestations, près de deux cents condamnations à mort et deux mille à l'exil. Bien que tenue à distance, la haine de Marie-Caroline ne désarme pas. Ferdinand n'ose même pas descendre du navire de Nelson, où il se sent plus en sécurité. En août, il décide de retourner se mettre à l'abri à Palerme. Marie-Caroline, désignée responsable de tous les événements dramatiques qui viennent de se passer, est très nettement considérée comme *persona non grata*. Aussi décide-t-elle, en compagnie de trois de ses filles et son amie lady Hamilton, de partir séjourner quelque temps en Autriche, dans sa ville natale de Vienne. De là, Emma poursuivra vers l'Angleterre avec l'amiral Nelson, qui y a été rappelé – à la grande douleur de la reine, qui se sent « comme morte » après ce départ. Le favori John Acton – ou ex-favori, car il semble que les relations entre Marie-Caroline et lui se soient distendues – poursuit l'ambitieux projet de reconquérir les États pontificaux et de rejeter les Français hors d'Italie. C'est un échec absolu, et les Autrichiens sont battus à Marengo. L'armée napolitaine est balayée en Toscane et Murat menace bientôt les frontières du royaume. Il va falloir se résoudre à négocier avec celui que Marie-Caroline appelle « le petit chien corse ». Et c'est évidemment elle qui doit, depuis Vienne, s'en charger, puisque Ferdinand est toujours à Palerme… Les conditions de l'armistice de 1801 sont dures. Marie-Caroline va-t-elle se résigner à abandonner ses projets de vengeance ? C'est bien mal la connaître !

Pourtant, une période d'accalmie commence pour le royaume, Ferdinand se décide même à revenir à Naples. Marie-Caroline en profite pour poursuivre sa politique matrimoniale en organisant un double mariage espagnol : son fils François épouse l'infante Marie-Isabelle et sa fille Marie-Antoinette, le futur roi d'Espagne, Ferdinand. Mais elle n'en oublie pas moins de comploter : elle entame des négociations secrètes avec les États de la Troisième Coalition, menée par l'Angleterre, au mépris des accords de neutralité qui ont été entre-temps conclus avec Paris. Ainsi, Naples accueille-t-elle trente mille soldats anglais et russes, qui attaqueront l'armée impériale par le sud, tandis que les Austro-Russes seront près de quatre cent mille à l'attendre du côté de la Moravie, encouragés par la victoire navale des Anglais, à Trafalgar, au large de Cadix. Nelson a en effet anéanti la flotte française, même s'il y a perdu la vie. Les espoirs de la coalition s'effondrent définitivement, le 2 décembre 1805, à Austerlitz. La tempête napoléonienne déferle sur le royaume de Naples, abandonné par Ferdinand et Marie-Caroline, qui s'enfuient de nouveau à Palerme. Ferdinand est destitué et le royaume de Naples aussitôt confié à Joseph Bonaparte, puis à Murat…

Marie-Caroline, qui ne se résigne pas pour autant et ne cesse de manigancer – tout comme Ferdinand continue de chasser ! –, va alors subir deux camouflets importants. En 1809, il lui reste encore une fille à caser – quand Marie-Amélie est née, elle se serait écriée : « Mon Dieu, encore une fille ! Encore une fille à marier ! » C'est celle qu'elle destinait au dauphin du royaume de France, Louis XVII... À moins, aujourd'hui, de la garder vieille fille – elle a déjà vingt-sept ans –, il lui faut accepter de la voir épouser Louis-Philippe d'Orléans, le fils de ce Philippe-Égalité qui a voté la mort du roi ! Mais surtout, en 1810, sa propre petite-fille, Marie-Louise, épouse Napoléon Ier... C'en est bien fini, cette fois, des intrigues de Marie-Caroline... En 1812, Ferdinand abdique du royaume de Sicile en faveur de son fils François. Il a totalement déserté le palais royal de Palerme et le palais chinois que les deux souverains se sont fait construire en 1799 ; il se retire, enfin tranquille, dans son palais de la Ficcuzza, au milieu d'un parc fort giboyeux. Dans un royaume en déliquescence, le véritable maître est lord Bentinck qui représente les intérêts de l'Angleterre. Marie-Caroline le surnomme « la bête féroce », car il se méfie d'elle et finit d'ailleurs par la faire exiler de Palerme pour Schönbrunn, où elle meurt le 8 septembre 1814. En veuf éploré, Ferdinand fait fermer les théâtres, dire tout ce qu'il faut de messes... Et puis, deux mois plus tard, le 27 novembre – oubliant que le protocole exige un an de deuil –, il se remarie secrètement, à Palerme, avec donna Lucia Migliaccio, princesse de Partanna : une vraie femme qui, contrairement à Marie-Caroline, ne s'intéresse pas du tout à la politique et au gouvernement du royaume... Et surtout pas une femme de tête !

Napoléon Ier et Marie-Louise, avec leur fils, le roi de Rome, Napoléon II, dans les jardins des Tuileries. Peinture anonyme, XIXe siècle. Collection privée.

TALLEYRAND
ÉTAIT-IL UN OPPORTUNISTE ?

Le 2 novembre 1788, Talleyrand décroche enfin, à trente-quatre ans, le prestigieux et riche évêché d'Autun, devenant par là même président des États de Bourgogne. Le 14 juillet 1790, en qualité de président de l'Assemblée nationale constituante, il célèbre, pour la Fête de la Fédération, la messe sur le Champ-de-Mars, devant trois cent mille personnes. Le 2 décembre 1804, il assiste parmi les dignitaires du premier rang au couronnement de Napoléon Ier à Notre-Dame. Le 5 juin 1806, il est fait prince de Bénévent. Le 1er avril 1814, ayant prononcé la déchéance de l'Empereur, il est nommé par le Sénat président du gouvernement provisoire. Et, le 9 juin 1815, il signe l'acte final du Congrès de Vienne, dont il a été l'un des principaux acteurs. Dificile de déterminer lequel de ces moments représente le plus fidèlement cet insaisissable personnage. Sa longue carrière n'est plus à une contradiction près puisqu'il contribuera encore à faire un roi !

Mais la caricature rattrape le prince de « bien au vent », « l'homme aux six têtes », le « prince des girouettes », le « diable boiteux », le « Satan des Tuileries »... C'est que l'homme agace : jugé ambigu, traître, infidèle, paresseux, intéressé, avide, frivole, débauché et joueur. Malgré tout, quelle longévité politique : un demi-siècle au pouvoir, sous six régimes différents !

Opportunisme ou génie diplomatique ? Qui était donc M. Charles Maurice de Talleyrand-Périgord, cet apparent virtuose du « retournement de veste » ?

Charles Maurice de Talleyrand-Périgord, Prince de Bénévent (1754-1838), en habit de grand Chambellan.
1807, par Pierre Paul Prud'hon. Musée Carnavalet, Paris.

Un homme d'Église ? Sûrement pas ! Nommé au siège épiscopal d'Autun, il ne se presse pas pour aller le rejoindre – malgré la lettre qu'il envoie le 26 janvier au clergé et aux fidèles de son diocèse : *Desidero videre vos*, « Je brûle du désir de vous voir » ! S'il se décide à y apparaître, ce n'est que parce qu'une réunion des états généraux est prévue pour le 27 avril 1789, et que, s'il veut s'y faire élire député, il faut absolument qu'il soit présent à l'assemblée préliminaire de l'évêché, le 28 mars. Il accourt donc, le 12 mars... Le 25, il y célèbre, en la cathédrale Saint-Lazare, la messe de l'Annonciation. Les chanoines se poussent du coude, désapprobateurs, ou riant sous cape : il se trompe, s'emmêle dans les réponses... On le prétendra incapable de dire une messe. C'est faux, bien sûr, il a suivi quatre ans de séminaire : simplement, il n'a pas pris la peine de s'informer des rites particuliers de cet antique évêché. Et le 12 avril – le matin même de Pâques –, il est déjà reparti, désertant les lieux avant de dire la messe ! Il a brillamment réussi à se faire élire : campagne électorale oblige, c'est la seule période de sa vie où on l'aura aperçu bravant le froid pour lire pieusement son bréviaire dans son jardin ou sur sa terrasse... À Autun, on ne le reverra plus !

Peut-on lui tenir rigueur de s'être ensuite, le 13 janvier 1791, débarrassé de son froc d'évêque ? Le moins qu'on puisse dire, c'est qu'il n'a jamais manifesté de vocation religieuse. Aîné de sa famille, il aurait dû être officier, mais il est affligé d'un pied-bot : sa nourrice l'a laissé tomber d'une commode quand il avait quatre ans – c'est du moins ce qu'il raconte, mais on peut aussi y voir une déformation congénitale. Quoi qu'il en soit, il a dû laisser son droit d'aînesse à son frère cadet et accepter, selon la tradition nobiliaire, d'entrer dans la carrière ecclésiastique. Il le dira à maintes reprises : « Je fus si malheureux que je passai mes deux premières années de séminaire sans presque parler à personne... » Il s'en ouvre d'ailleurs immédiatement à son supérieur : « On me force d'être ecclésiastique, on s'en repentira. » Son état ecclésiastique ne l'empêche pas, par ailleurs, de mener une vie fort dissolue : il aime la bonne chère, le jeu et les femmes

– ce qui aurait d'ailleurs retardé sa nomination épiscopale. Déjà, au séminaire, il ne craignait pas, à dix-huit ans, de s'afficher avec une jolie actrice de la Comédie-Française, de sept ans son aînée : Dorothée Dorinville, dite Mlle Luzy, rencontrée sous un parapluie en sortant de l'église Saint-Sulpice. C'est que Talleyrand ne manque pas de séduction : « Son visage était gracieux, ses joues très rondes et, quoiqu'il fût boiteux, il n'en était pas moins fort élégant... », note Mme Vigée-Lebrun. Il collectionnera les conquêtes jusqu'à la fin de sa vie. Pourtant, nommé, à vingt-six ans, agent général du clergé de France – grâce à l'influence de son oncle, archevêque de Reims –, il a su remplir sa tâche avec zèle. L'occasion pour lui de s'initier aux finances et à la diplomatie, mais aussi de nouer des relations avec Choiseul, Vergennes, Mirabeau, Calonne... Et de défendre avec ardeur et habileté les biens de l'Église, face aux besoins d'argent d'un Louis XVI qui songe à la confiscation. Et c'est bien le même homme qui refuse au roi ce qu'il va lui-même, en octobre 1789, proposer à l'Assemblée constituante : la nationalisation des biens du clergé – tout comme il s'élèvera, plus tard, vertueusement contre l'immoralité des jeux de hasard !

Honoré Gabriel Riqueti, comte de Mirabeau (1749-1791), homme politique français.

Quel est ce nouveau Talleyrand qui se jette à corps perdu dans la Révolution ? Il écrira à son amie, la comtesse de Brienne : « Une vérité qui doit vous arriver est que cette révolution qui se fait

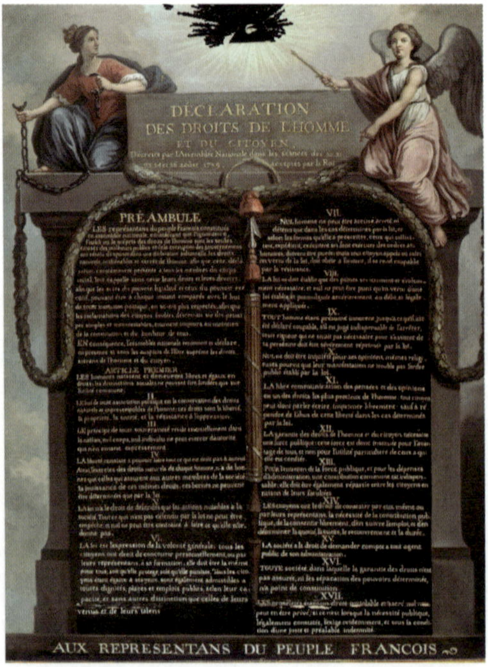

Déclaration des droits de l'homme et du citoyen adoptée le 26 août 1789, pendant la Révolution française.

aujourd'hui, en France, est indispensable dans l'ordre des choses où nous vivions et cette révolution finira par être utile... Le Tiers état parlait de ses droits : il en avait, il devait l'emporter. » Est-il sincère ? Qui peut en douter, même s'il n'en perd pas pour autant sa lucidité. Le 14 juillet 1790, au moment de célébrer la messe sur l'autel de la Patrie, il glissera à La Fayette : « Ah ça, je vous en prie, ne me faites pas rire ! » ? Car il se distingue rapidement, à l'Assemblée nationale constituante, par son ardeur et ses idées réformatrices. Déjà, dans les cahiers de doléances du diocèse autunois, il a détaillé un véritable programme, dénonçant les principaux abus de la royauté, et proposant rien de moins qu'une monarchie constitutionnelle parlementaire où tous les sujets seraient égaux. Dès le 6 août 1789, il propose que les servitudes féodales et personnelles soient supprimées. Le 21, il fait adopter, à l'unanimité, l'article VI de la Déclaration des droits de l'homme et du citoyen, qu'il a rédigé : « [...] La loi doit être la même pour tous, soit qu'elle protège, soit qu'elle punisse. Tous les citoyens étant égaux à ses yeux sont également admissibles à toutes dignités, places et emplois publics, selon leur capacité, et sans autre distinction que celle de leurs vertus et de leurs talents. » C'est le 10 octobre qu'il prononce le célèbre discours où il entend mettre à la disposition de la Nation les biens du clergé. Le 4 décembre, il met en garde l'Assemblée contre l'utilisation du papier-monnaie. Le 9 mars 1790, il soutient la proposition de loi sur les poids et mesures, à l'origine de la création du système métrique. Le 10 septembre 1792, enfin, il présente un long rapport sur l'instruction publique, auquel ont contribué Condorcet, Monge et Lavoisier, et qui prévoit une instruction égale pour tous, à la fois intellectuelle et morale, allant de l'école primaire à l'Institut, et qui serait confiée à des instituteurs. Un projet que le socialiste Jean Jaurès, un siècle plus tard, jugera « magnifique ». Un programme qui le rend, par ailleurs, très populaire auprès des républicains !

Alors, pourquoi, en septembre 1792, s'arrange-t-il pour se faire envoyer à Londres, avec un sauf-conduit de Danton, obtenu non sans difficulté, mais qui pourra prouver, s'il en est besoin, qu'il n'est pas un émigré ? Par prudence, sans doute, devant les difficultés qui s'amoncellent, intérieures et extérieures, pour la nouvelle Assemblée dite Convention. En fait, il est temps car, le 5 décembre, on découvre dans l'« armoire de fer », le coffre-fort secret dans lequel Louis XVI dissimulait, aux Tuileries, sa correspondance, deux lettres où il proposait justement ses services au roi – voilà qui va alimenter son image de traître ! Mis en accusation, décrété d'arrestation – et tout de même inscrit sur la liste des émigrés –, il s'embarque, en février 1794, pour les États-Unis. Il passera deux ans à l'abri, à Philadelphie, où il reconstitue la fortune que vient de lui confisquer la Convention, grâce à de fructueuses opérations financières : « Ma raison me dit, écrit-il à Mme de Staël, qu'il faut refaire un peu de fortune pour ne pas être dans la gêne et dans la dépendance continuelle lorsqu'on devient plus âgé. » Après toutes sortes de spéculations sur le change, sur les marchandises et sur les terres, pour lesquelles il s'ingénie à trouver des capitaux auprès des banques européennes, il pressent avant les autres l'intérêt pour l'Europe de commercer avec des États-Unis, alors en plein développement démographique et économique. Il aura aussi le temps d'envoyer de Londres, en novembre 1792, un important mémoire, où se dévoilent ses principales idées dans le domaine

Anne-Louise Germaine Necker, baronne de Staël-Holstein, dite Mme de Staël (1766-1817), femme de lettres française. Gravure, 1817.

de la politique étrangère : « la véritable primatie... est d'être maître chez soi et de n'avoir jamais la ridicule prétention de l'être chez les autres » ; « la France doit rester circonscrite dans ses propres limites : elle le doit à sa gloire, à sa justice, à sa raison, à son intérêt et à celui des peuples qui seront libres avec elle ». Oui, c'est bien le même homme, celui qui dès son retour en France, va envoyer Bonaparte à la conquête de l'Égypte, qui s'exprime ici. C'est grâce à une femme, son amie « intime », Mme de Staël, qu'il est rayé de la liste des émigrés, et peut rentrer à Paris. Il obtient même, dès juillet 1797, sous le Directoire, le portefeuille des Relations extérieures, où il succède à Charles Delacroix, le père d'Eugène, dont la rumeur prétendra – à tort probablement – qu'il est le véritable géniteur ! À l'annonce de sa nomination, Talleyrand explose de joie, rapportent des témoins : « Il faut faire une fortune immense, une immense fortune ; une immense fortune, une fortune immense. » Indice, aussi, du peu de confiance qu'il accorde à ce régime.

L'expérience américaine et surtout les bons rapports que l'Angleterre entretient avec son ancienne colonie lui permettent, une fois de plus, de développer des idées originales, cette fois sur le système colonial : il y voit une source de prospérité réciproque, à condition de n'y établir ni domination ni monopole, mais de rechercher l'essor économique. L'Empire ottoman est en décomposition et l'occasion se présente d'en arracher quelques débris, avant que la Russie et l'Autriche ne se le partagent. Voilà pourquoi il songe à l'Égypte. Ce sera l'occasion de rencontrer Bonaparte, par l'intermédiaire de Joséphine : « Je trouvais, dans ce jeune vainqueur, quelque chose d'assez nouveau, d'assez fort, d'assez habile et d'assez entreprenant pour attacher à son génie de grandes espérances. » Les deux hommes ne tarissent pas de compliments l'un envers l'autre. Si Bonaparte rentre trop précipitamment de la campagne d'Égypte, c'est pour préparer la chute d'un gouvernement qu'ils s'entendent tous deux à trouver faible et discrédité. Ils complotent, au domicile même de Talleyrand, rue Taitbout, pour préparer leur coup d'État du 18 Brumaire (22 novembre 1799). Une nuit, un bruit de voitures et de gendarmes leur fait craindre d'avoir été découverts : fausse alerte. « Nous rîmes beaucoup, le général et moi » !

Talleyrand démissionne pourtant de son poste de ministre, en juillet 1799, car il est compromis dans un scandale financier : les négociations avec les États-Unis sont rompues par les délégués américains, qui font état publiquement de commissions douteuses qu'il aurait essayé de leur soutirer. Qu'importe ! Avec le consulat, il retrouve la cohabitation entre le premier consul, bientôt Empereur, et son ministère. Et cela commence sous les meilleurs auspices puisque Bonaparte le couvre d'honneurs : grand chambellan en 1804, grand cordon de la Légion d'honneur en 1805, prince de Bénévent en 1806, et vice-grand électeur de l'Empire en 1807... L'Empereur assume aussi une grande part des dépenses de restauration engagées dans le château de Valençay, que Talleyrand s'achète en 1803. Il s'agit bien de ce même Talleyrand à qui, en 1809, l'Empereur lancera : « Vous êtes de la merde dans un bas de soie ! » L'affaire se passe dans l'après-midi du 28 janvier 1809, dans le cabinet de l'Empereur, en présence de Cambacérès, de Lebrun, du ministre de la

Joséphine de Beauharnais reçoit les ambassadeurs au palais des Tuileries, à Paris, en présence de Talleyrand, 1802.
Illustration par F. de Myrbach, dans « Life of Napoleon » vol. 2, W.M. Sloane.

Marine Denès et de Fouché, alors ministre de la Police. Napoléon est rentré précipitamment d'Espagne, ayant eu vent d'un complot Fouché-Talleyrand. Pendant une demi-heure, il s'emporte contre un Talleyrand impassible : « Vous mériteriez que je vous brisasse comme un verre, j'en ai le pouvoir, mais je vous méprise trop pour en prendre la peine. Pourquoi ne vous ai-je pas fait pendre aux grilles du Carrousel ? »

Le lendemain, Talleyrand perd son poste de grand chambellan, et s'en va aussitôt offrir ses services à Metternich, l'ambassadeur d'Autriche, lui laissant entendre, en même temps, qu'il a des besoins d'argent. Aller se vendre à l'ennemi : encore une traîtrise ? Ou peut-être est-ce l'effet d'une déception qui dégrade ses relations avec l'Empereur depuis plusieurs années déjà ? En octobre 1805, consulté par lui sur les conditions à imposer à l'Autriche, après la victoire d'Ulm, Talleyrand a écrit un mémoire détaillé, dit « Mémoire de Strasbourg », dans lequel il recommande à l'Empereur de ne pas affaiblir l'Autriche pour la séparer de l'Angleterre et s'en servir de rempart et d'allié contre la Russie – il y annexe un projet de traité, propre à assurer une « paix durable ». Quelques semaines plus tard, c'est Austerlitz : dans l'exaltation de la victoire, ses conseils sont balayés par Napoléon, qui en prend le contre-pied. La confiance est rompue et, dès lors, Talleyrand paraît se sentir délié de ses engagements envers l'Empire. Aussi se consacre-t-il entièrement à ses propres affaires, financières et privées.

Pourtant, ce fameux jour de 1809, Napoléon ignore que son ministre mène, depuis un an, des négociations secrètes avec le tsar pour l'encourager à lui tenir tête. Metternich, qui considère par ailleurs Talleyrand comme un « instrument tranchant avec lequel il est dangereux de jouer », estime alors qu'« il existe en France deux partis aussi opposés l'un à l'autre [...] À la tête de l'un se trouvent l'Empereur et tous les militaires... [...] À la tête de [l'autre] se trouve principalement M. de Talleyrand.» En 1814, resté à Paris, Talleyrand est prêt à accueillir les alliés. Le 30 mars, c'est lui qui signe la capitulation et persuade le tsar hésitant de restaurer les Bourbons. Et il s'affirme même comme l'un des plus fermes soutiens de celui qu'il appelle désormais « l'usurpateur ». Lors du retour de l'île d'Elbe, en mars 1815, il se montre assez habile pour se faire une place parmi les vainqueurs, comme à Vienne où s'est réuni le congrès chargé de rétablir la paix en Europe. Lui qui, deux ans plus tard, va créer un esclandre dans les salons de l'ambassade d'Angleterre, pour avoir parlé avec insolence du cabinet du roi Louis XVIII et qui, sous le règne de Charles X, deviendra l'un des plus fermes soutiens des orléanistes !

Après un rôle assez effacé sous la Restauration, le fait d'avoir largement participé à l'avènement de Louis-Philippe ramènera Talleyrand sur le devant de la scène. À bientôt quatre-vingts ans, c'est surtout dans la caricature qu'il réapparaît, portant le sabot du Diable : il est « l'horrifique, diabolique, satanique, démoniaque, béquillard, périgourdin, ancien chambellot, évêquot, cagot, parpaillot, emmitré, triple traditeur, vendeur, pipeur de souverains, trafiqueur, restaurificateur de pays, entreteneur de discordes, supermetternïckodiplomaticien, ratificateur, archiprotocoliste, protocoliseur, protocolisant, en ascension aérostatique et apocalyptique. » Il y a du vrai là-dedans, même si, à bien étudier ses prétendus revirements, il semble surtout être resté remarquablement « de son avis », dans un temps où tout changeait en permanence. « Je pardonne aux gens de n'être pas de mon avis, je ne leur pardonne pas de n'être pas du leur », disait-il. Est-ce la clef de son comportement versatile ? Pour Chateaubriand, Talleyrand fut « un monstre ». Quant à Vitrolles, il le considérait comme « un vilain homme ». D'après Mme de Rémusat, il fut surtout un pauvre homme « qui valait mieux que lui-même ». Ne disait-il pas d'ailleurs : « Je veux que, pendant des siècles, on continue à discuter sur ce que j'ai été, ce que j'ai pensé et ce que j'ai voulu. » C'est réussi !

Talleyrand. Caricature le montrant comme un opportuniste qui retourna sa veste à chaque changement de régime.
Gravure v. 1830, par le baron Gérard.

VIVE!
VIVE LES NOTABLES!
VIVE LA LIBERTÉ
VIVE LE Ier CONSUL!
VIVE L'EMPEREUR!
VIVE le Roi..!

L'ÉTRANGE MORT **D'ALEXANDRE IER** TSAR DE RUSSIE

La nouvelle est tombée de manière abrupte, même si, depuis quelques jours, on priait fébrilement, dans toutes les églises de Russie, pour la guérison du tsar. En ce 1er décembre 1825, Alexandre Ier s'est éteint, à quelques jours seulement de son quarante-huitième anniversaire. Il est mort à deux mille kilomètres de la capitale après une si courte maladie, que les Saint-Pétersbourgeois en restent abasourdis. Il aurait pris froid, en novembre, en inspectant les troupes de Crimée, et serait rentré avec une forte fièvre typhoïdale, qui l'aurait emporté en quelques jours. Le tsar séjournait à Taganrog, sur les bords de la mer d'Azov, en compagnie de la tsarine Élisabeth Alexeïevna, atteinte de tuberculose. Ils espéraient tous deux que ce séjour améliorerait sa santé. Un choix qui peut sembler étrange, si on considère que le lieu est réputé humide, poussiéreux et particulièrement venteux.

Certains prétendent que le tsar avait besoin de s'éloigner des intrigues de la cour pour mener à bien un nouveau projet. Nombreux sont ceux qui auraient aimé se recueillir auprès de son corps – peut-être pour se persuader que c'est bien du tsar qu'il s'agit –, mais il a fallu organiser la cérémonie sur place et refermer le cercueil en toute hâte. Car, malgré l'embaumement du corps, le visage est déjà noirci par l'humidité et les traits déformés.

Portrait en pied d'Alexandre Ier,
tsar de Russie (1777-1825), par François Gérard.
Musée national du château de Malmaison.

Ceux qui peuvent lui rendre un dernier hommage ont d'ailleurs bien du mal à le reconnaître. Cette étrange circonstance intrigue et encourage les plus folles rumeurs. On ne tarde pas à parler d'assassinat, voire de mystérieuse substitution du corps. Et quand, deux mois plus tard, le convoi funèbre atteint enfin Saint-Pétersbourg, la question agite encore les esprits : est-ce bien la dépouille du tsar qui vient d'être déposée dans la crypte de la cathédrale Saint-Pierre-et-Saint-Paul ?

Une dizaine d'années plus tard, à l'automne 1836, un inconnu âgé d'une soixantaine d'années traverse, sur un cheval attelé à une charrette, le petit village de Krasnoufimsk, sur les contreforts de l'Oural, dans la région de Perm. L'homme attire l'attention car, bien que vêtu comme un paysan, il n'en a pas les manières, qui sont bien trop raffinées. Plutôt méfiants, les habitants décident de l'arrêter pour le conduire au poste de police de la ville voisine. Depuis que le frère et successeur d'Alexandre, Nicolas Ier, est monté sur le trône, le climat général a bien changé. Le nouveau tsar n'a pas oublié les tragiques journées de décembre 1825. Dans la confusion qui a suivi la nouvelle de la mort d'Alexandre, un groupe d'officiers nobles a soulevé une partie des troupes de Saint-Pétersbourg au cri de « Vive la Constitution », et il s'en est fallu de peu que ces « décembristes » ne réussissent à le renverser. Heureusement, le soulèvement a pu être contenu grâce aux troupes restées fidèles. La répression n'en a été que plus sévère. Les meneurs ont été condamnés à la pendaison immédiate et cent vingt officiers ont été déportés en Sibérie. Depuis, le régime a basculé dans l'autoritarisme le plus rigide et les contrôles policiers se sont renforcés. L'homme, justement, n'a pas de passeport intérieur, c'est un sans-papier. Interrogé, il livre son nom : « Fiodor Kouzmitch », mais refuse de répondre aux autres questions. Il prétend ne se souvenir de rien. Il recevra donc le châtiment destiné aux vagabonds : vingt coups de fouet et la déportation en Sibérie.

Portrait de Fiodor Kouzmitch, reconnu par certains comme étant le tsar Alexandre Ier de Russie (1777-1825). Gravure du XIXe siècle.

Un an plus tard, après avoir accompli, à pied, enchaîné à d'autres condamnés, le long trajet qui y mène, Fiodor Kouzmitch est embauché pour quelques mois à la distillerie de Krasno Retchensk. Là aussi, il ne manque pas d'attirer l'attention. Ce vieil homme à la longue barbe blanche a un aspect et un comportement d'une telle noblesse qu'il inspire à tous le respect. Installé dans une petite maison à l'écart, il vit dans le plus extrême dénuement et passe ses journées à prier, hormis les instants qu'il consacre à l'instruction des enfants. On ne tarde pas à reconnaître en lui un starets (un saint moine, en russe), lui attribuant même quelques miracles. Peu à peu, les visiteurs affluent, parmi lesquels quelques personnages importants. Il apparaît alors que le saint homme parle plusieurs langues, a d'excellentes notions de politique, peut raconter précisément la guerre de 1812 contre Napoléon Bonaparte et se souvient même avec grande précision et force détails de l'entrée d'Alexandre Ier dans Paris, en 1814...

Qui est donc Fiodor Kouzmitch ? Grand aux yeux bleus, un vieux soldat lui trouve une curieuse ressemblance avec Alexandre Ier. Un marchand de Tomsk, du nom de Khromov, s'en convainc. La rumeur, bien que démentie avec véhémence par l'intéressé, se répand jusqu'à Saint-Pétersbourg : le tsar n'est pas mort, il mène une vie d'ermite en Sibérie ! Alexandre Ier abandonnant ses palais pour une chaumière, est-ce vraiment crédible ? Le tsar était, au regard de ses contemporains, une personnalité difficile à cerner.

Enfant, il fut séparé de ses parents par sa grand-mère, la grande Catherine II, qui, jugeant son fils Paul incapable de gouverner, choisit alors son petit-fils Alexandre pour lui succéder. Elle décide de le préparer à son rôle de futur tsar en confiant son éducation à un disciple de Voltaire, le philosophe La Harpe. Tiraillé entre un père conservateur et une grand-mère ouverte aux idées progressistes des Lumières, Alexandre a surtout appris très jeune l'art de taire son opinion. C'est ainsi que Chateaubriand, alors ambassadeur, le décrira : « Sincère comme homme, en ce qui concernait l'humanité, Alexandre était dissimulé, comme demi-Grec, en ce qui touchait à la politique. »

Il est certain, en revanche, que le tsar a toujours montré un penchant pour le mysticisme. Celui-ci s'est fortement accentué après la guerre de 1812. Lors de l'incendie de Moscou, Alexandre a une révélation : « L'incendie de Moscou a illuminé mon esprit et le Jugement de Dieu m'a amené à sentir la chaleur de la foi [...] ; à partir de ce moment, je suis devenu un autre homme. » Il se sent désormais investi d'une mission divine : rétablir la paix en Europe. Un ressenti renforcé par sa rencontre avec une « prophétesse », la baronne de Krudner – qui, pour l'heure, connaît un certain succès dans les cours européennes – et d'un disciple de Mesmer, le Lyonnais Nicolas Bergasse. Sous leur influence et pour assurer la pérennité du traité de Vienne, Alexandre propose, en juin 1815, de faire signer à l'empereur d'Autriche, François-Jospeh Ier et au roi de Prusse, Frédéric-Guillaume III une « Sainte Alliance », pour forger entre eux des relations harmonieuses et pacifiques. Ce texte suscite les moqueries des Anglais – qui voient là « une pièce de mysticisme sublime et de non-sens » –, mais, pour le tsar, son importance ne fait aucun doute. Aussi exige-t-il que le texte soit lu, chaque année, à la date anniversaire de sa signature, dans toutes les églises de Russie.

À partir des années 1820, les circonstances l'obligent à renoncer à ses rêves de fraternité internationale : la montée des nationalismes en Europe conduit ses alliés à prendre des posi-

L'impératrice Élisabeth Alexeïevna, princesse Louise Augusta de Bade (1779-1826), par Gerhard von Kügelgen, v. 1801.

tions des plus conservatrices. Lui-même ne laisse-t-il pas, en 1821, les insurgés grecs orthodoxes se faire écraser par le sultan turc ? Poussant ainsi l'opinion à se retourner contre lui. Cet échec ravivera sans doute à ses yeux un remords resté latent : celui d'avoir participé, au moins tacitement, à l'assassinat de son père, Paul Ier. Il était au courant, dès 1801, du complot destiné à le détrôner. Quand on a évoqué la possibilité d'employer au besoin la force, il ne s'y est pas opposé. Comment aurait-il pu s'attendre à ce que son père résiste et soit sauvagement étranglé, puis piétiné à mort ? Ce drame l'a bouleversé. Il est à peine monté sur le trône qu'il confie à son épouse Louise de Bade, devenue Élisabeth Alexeïevna : « Je ne puis remplir les devoirs qu'on m'impose ; comment aurais-je la force de régner avec le souvenir constant que mon père a été assassiné ? »

Son désir d'abandonner le pouvoir revient de façon lancinante. Ainsi se confie-t-il au grand-duc Constantin, en 1819 : « Je veux abdiquer, je suis fatigué » ; et à Guillaume de Prusse, le beau-frère de Nicolas : « J'abandonnerai le trône quand j'aurai cinquante ans. [...] je vivrai dans une solitude complète... »

Dans le même temps, son inclination pour la religion s'accroît. Et d'ailleurs, son dernier acte politique n'est-il pas de vouloir réconcilier les Églises d'Orient (orthodoxe) et d'Occident (catholique), en envoyant un émissaire auprès du pape Léon XII ? À moins que ce renoncement ne soit l'expression d'une repentance corrélative à sa récente rupture avec la belle Marie Narychkine, sa favorite depuis près de vingt ans – dont il a eu cinq enfants, morts en bas âge pour la plupart –? Alexandre craint plus que tout de devoir rendre des comptes pour adultère devant le tribunal divin. Alors, oui, il n'est pas impossible qu'en 1825, Alexandre ait volontairement disparu de la scène publique et politique pour réapparaître, quelques années plus tard – après un pèlerinage en Terre sainte – sous le nom de Fiodor Kouzmitch !

Cela signifierait que l'acte de décès, signé par neuf médecins, serait un faux. À vrai dire, le rapport d'autopsie comporte quelques anomalies : il note une blessure à la jambe droite, et pourtant c'est à la jambe gauche qu'Alexandre portait les cicatrices d'une infection due à un coup de sabot ; il signale également des lésions sur l'encéphale, témoignant d'une syphilis que le tsar n'a jamais eue... Dissonances que l'on ne tarde pas à relier à la fermeture précipitée du cercueil et les témoignages suspicieux des témoins qui ont à peine reconnu le tsar dans son cercueil lors du dernier hommage. Des éléments que l'on peut aussi rapprocher des contradictions relevées dans les différents récits de ses derniers jours. Le tsar était particulièrement entouré, et tous ses faits et gestes relatés au quotidien. Or, quand son ami le prince Volkonski parle, par exemple, d'une nuit calme, le médecin Wylie note « nuit agitée »... Quant au journal de la tsarine, il s'interrompt brutalement le 11 novembre. Par ailleurs, on relève chez Fiodor Kouzmitch des coïncidences troublantes avec le tsar Alexandre Ier, comme le fait qu'ils soient tous deux sourds d'une oreille. N'est-il pas étrange que Fiodor prenne autant de soin à dissimuler son écriture, dans laquelle certains croient reconnaître celle du tsar ?

Mais que s'est-il passé ? Comment le tsar a-t-il pu ainsi disparaître ? Tolstoï a bien une théorie sur la question. Pour lui, le tsar aurait assisté au châtiment des verges – encore très répandu à l'époque – sur un soldat et aurait remarqué à cette occasion que celui-ci lui ressemblait trait pour trait. L'homme ayant succombé sous les coups, le tsar aurait fait dérober son cadavre, et, avec la complicité de son médecin, simulé la maladie et mis en scène sa propre mort... C'est du moins le scénario que Tolstoï imagine dans un roman inachevé, écrit en 1903, *Le Mystère de Fiodor Kouzmitch*. À cette époque, l'idée s'est tellement répandue que, pour beaucoup, elle ne fait plus aucun doute, à commencer par certains membres de la cour. La famille impériale elle-même s'y intéresse.

En 1866, deux ans après la mort de Fiodor Kouzmitch, le marchand Khromov écrit au tsar Alexandre II. Sans réponse, il insiste et vient à Saint-Pétersbourg, en 1881, voir son successeur Alexandre III. Pour en avoir le cœur net, celui-ci fait ouvrir la tombe d'Alexandre Ier. Le bruit court alors – bien qu'aucun rapport officiel n'ait été publié – qu'elle était vide. Ce qui donne un nouvel élan aux rumeurs. Ne voit-on pas d'ailleurs, en 1873, le grand-duc Alexis Alexandrovitch, frère d'Alexandre III, et plus tard, en 1891, le tsarévitch, futur Nicolas II, venir se recueillir sur la tombe du *starets* ?

Alexandre III (1845-1894),
par Ivan Nikolaïevich Kramskoï, 1886.
Musée national Russe, Saint-Pétersbourg.

Et pourtant, l'historien de la famille, le grand-duc Nicolas Mikhaïlevitch, cousin de Nicolas II, qui enquête lui aussi avec passion sur le sujet en 1903, considère cette substitution comme improbable. Il lui semble difficile de croire qu'Alexandre Ier, qui aimait tendrement son épouse – après avoir été l'un et l'autre grandement infidèles – , l'ait abandonnée alors qu'elle était très malade ; de fait, elle lui a survécu à peine quelques mois, mourant sur la route du retour entre Taganrog et Saint-Pétersbourg. Ne faudrait-il pas accorder plus d'attention à l'hypothèse d'un assassinat ? Les intrigues n'ont jamais cessé à la cour de Russie depuis la mort de Paul Ier. Alexandre lui-même aurait confié à ses proches sa crainte d'être empoisonné par Tarassov, un de ses médecins. Il se méfiait aussi, semble-t-il, de sa mère, l'impératrice douairière Maria Fedorovna. Privée par sa belle-mère Catherine II de l'éducation de ses deux fils aînés, Alexandre et Constantin, elle a reporté toute son affection sur le troisième, Nicolas. Et, frustrée d'avoir été écartée du pouvoir à la mort de son mari – après avoir essayé en vain de se faire proclamer impératrice –, elle désirait ardemment voir son cadet monter sur le trône. Pour cela, elle a certainement joué un rôle décisif dans le renoncement de Constantin à la succession impériale. Le moment était particulièrement favorable : avant sa mort, Alexandre avait certes perdu de sa popularité, mais il avait préparé le terrain pour un renversement des alliances en Europe, dont Nicolas pourra tirer toute la gloire.

Ce serait donc une belle fin donnée à une sordide histoire, que d'accréditer la conversion d'Alexandre en saint ermite. Connaîtra-t-on seulement un jour la vérité ? Après la révolution d'Octobre, le cercueil d'Alexandre Ier a été rouvert. Il était bel et bien vide. Aucune chance donc de vérifier, grâce à un test ADN, l'identité de celui qui, peut-être, y a été enfermé un jour. Quant au *starets*, Fiodor Kouzmitch, il a été enterré en janvier 1864, à Tomsk, où une chapelle a été élevée sur sa tombe. Depuis, les miracles et les guérisons obtenus par son intercession se sont multipliés. Aussi a-t-il été sanctifié en 1984. Cela ne fait aucun doute pour ses nombreux fidèles : il ne peut s'agir que d'Alexandre Ier. D'ailleurs, le quartier où se trouve sa sépulture a été rebaptisé « Quartier impérial ». Malheureusement, ses restes ont eux aussi disparu durant la longue période de persécution religieuse qui a suivi la Révolution russe. Ils auraient été miraculeusement retrouvés le 5 juillet 1995. Placés dans un riche reliquaire de bois sculpté, ces quelques ossements – devenus objets de grande vénération – sont aujourd'hui intouchables. D'autant plus qu'ils participent à la prospérité de Tomsk, nouveau centre religieux, qui attire les pèlerins de toute la Russie.

Catherine II la Grande (1729-1796), impératrice de Russie.
Gravure d'après le tableau d'Alexander Roslin.

Peut-être faut-il faire confiance à saint Fiodor ? À la veille de sa mort, le marchand Khromov qui l'avait accueilli chez lui, lui demanda tout simplement : « On dit que tu es Alexandre le Béni. Est-ce vrai ? » Le vieil homme répondit, en levant les yeux vers le Ciel : « Il n'y a pas de mystère qui ne soit un jour révélé. »

VICTOR HUGO
L'EXIL POUR LA GLOIRE ?

Le 11 décembre 1851, un homme coiffé d'une casquette d'ouvrier et enveloppé dans une vaste houppelande noire, dont le passeport porte les mentions : « Lanvin Jacques-Firmin, compositeur d'imprimerie à livres », quitte Paris en train pour Bruxelles. Victor Hugo, rejoint deux jours plus tard par sa maîtresse Juliette Drouet – qui a pour mission de rapporter ses manuscrits –, vient d'entamer, incognito, un exil qui va durer vingt ans. Il a enfin trouvé un rôle à la mesure du « Chateaubriand ou rien », qu'il ambitionnait d'être à seize ans.

Huit jours plus tôt, il était de ceux qui ont tenté d'organiser la résistance face au coup d'État du prince-président Louis-Napoléon Bonaparte, autoproclamé Empereur. Il visitait les barricades pour encourager les ouvriers du faubourg Saint-Antoine à se révolter. Mais le soulèvement n'a pu aboutir. Il a fallu se cacher et préparer sa fuite, avec l'aide de la précieuse Juliette – et celle de la police peut-être, qui n'a pas mis trop de zèle à se saisir de l'écrivain populaire, qui jouissait encore jusque-là des faveurs du pouvoir.

C'est donc depuis la vaste chambre de la Grand-Place de Bruxelles, où il s'installe dans un premier temps, qu'Hugo va se façonner une image de héros et de martyr de la liberté. Que vient-il chercher dans cet exil volontaire, lui qui connaît déjà le succès, sinon la gloire ?

Victor Hugo (1802-1885), par Léon Bonnat, 1879.
Collection Musée du château de Versailles.

« Si l'on n'est plus que mille, eh bien, j'en suis ! Si même
Ils ne sont plus que cent, je brave encor Sylla ;
S'il en demeure dix, je serai le dixième ;
Et s'il n'en reste qu'un, je serai celui-là ! »

À peine arrivé, il s'empresse de raconter en détail le coup d'État. Il y était ! Comme il l'écrit, dès le 14 décembre, à son épouse Adèle, restée à Paris : « Acteur, témoin et juge, je suis l'historien tout fait. » Rédigé dans l'urgence, *Le Crime du 2 Décembre* ne sera pourtant publié qu'en 1877… Par prudence ? Non, puisqu'il se met aussitôt à l'écriture d'un pamphlet tout aussi virulent, qui va le forcer à quitter la Belgique. N'est-ce pas là l'expression d'une crainte induite par les réactions virulentes et sarcastiques qu'Hugo ne manquerait pas de recevoir, face au rôle héroïque qu'il s'octroie ?

Victor Hugo. Lithographie d'Honoré Daumier (1808-1879), dans *Le Charivari* du 10 juillet 1849. Maison de Victor Hugo, Paris.

Depuis deux ou trois ans, Victor Hugo est souvent la cible des caricaturistes, qui ne le prennent plus au sérieux. Il faut dire que son parcours politique prête à quelques doutes, même si lui-même sait avec talent le mettre en scène comme une avancée « vers la lumière ». À vingt-trois ans à peine, il a été nommé par Charles X chevalier de la Légion d'honneur pour son zèle monarchiste ; après la révolution de 1830, il a su gagner les faveurs de Louis-Philippe, qui l'a nommé pair de France et vicomte, en 1845, ce qui lui a permis de siéger à la très conservatrice

Juliette Drouet (1806-1883), maîtresse de Victor Hugo.

Chambre des pairs, hostile au suffrage universel. Il y a seulement trois ans, en 1848, après la chute du roi, il était encore l'un des plus fervents soutiens de la régence de la duchesse d'Orléans – une de ses grandes admiratrices – avant de rallier la République et de se faire élire député de la Seine au suffrage universel... puis de prendre activement le parti de Louis-Napoléon Bonaparte, dont il est aujourd'hui un des plus fermes opposants.

Il est tentant de ne voir en lui, comme Daumier – qui le croque passant la mine vexée devant le banc des ministres qui lui font des pieds de nez –, qu'un opportuniste, déçu de n'avoir toujours pas obtenu de portefeuille ministériel. Et ses envolées lyriques à la Chambre, sur la misère, sur la liberté de l'enseignement et de la presse, lui attirent surtout les moqueries : Charles-Marie de Sarcus, autre caricaturiste bien connu sous le nom de Quillenbois, le dessine à califourchon sur un mirliton, manière de signifier : « Ce qu'il dit, c'est du vent ! » Désormais inscrit, depuis le 9 janvier 1852, sur la liste des proscrits du Second Empire, le poète va briguer l'auréole du génie persécuté. « Vie pauvre, exil, mais liberté ! Mal logé, mal couché, mal nourri », écrit-il à Charles. Cependant, c'est un exilé plutôt confortablement installé qui prend la plume, en plein centre de Bruxelles, au 27 de la Grand-Place, où il a emménagé avec Juliette, au-dessus du bureau de tabac de Mme Cébère, la « mère des proscrits ».

Aussitôt, il songe à mieux soigner la mise en scène. Avec Adèle, qui vient lui rendre visite en mai 1852, il commence par organiser la vente de tout leur mobilier parisien. Affichée dans Paris, l'annonce de celle-ci crée la surprise. On imagine le poète ruiné – ce qui n'est pas vraiment le cas ! Malgré le bannissement, ses avoirs n'ont pas été bloqués. On accourt en foule pour assister à l'exposition du mobilier liquidé « pour cause de départ de M. Victor Hugo » : la bibliothèque, la collection de tableaux et de dessins, des objets divers et hétéroclites. Première touche apportée à l'image de l'exilé. Puis, le 1er août, Hugo prend ses distances avec Bruxelles : on craint alors des pressions du nouveau gouvernement sur les autorités belges pour obtenir l'extradition des exilés.

Or, dans quelques jours, va paraître clandestinement son pamphlet contre *Napoléon le Petit*, au titre et au texte plus que provocateurs : « La civilisation, le progrès, l'intelligence, la révolution, la liberté, il a arrêté cela un beau matin, ce masque, ce nain, ce Tibère avorton, ce néant ! » L'ouvrage est déjà imprimé, en deux formats – dont un plus petit, facile à distribuer en contrebande en France. Il va d'ailleurs obtenir un succès considérable, puisqu'il sera réimprimé dès sa sortie. Victor Hugo s'embarque alors pour Anvers, où il prononce sur le quai un vibrant discours d'adieu aux autres proscrits. Destination : Jersey, où il débarquera le 5 août, avec une nouvelle allocution. Pourquoi Jersey ? On aurait effectivement pu s'attendre à ce qu'il choisisse Londres, grand pôle de l'émigration politique, où son glorieux modèle Chateaubriand l'a précédé dans l'exil, en 1793. Il y a songé. À la Suisse aussi, à l'Italie, où des correspondants lui ont offert l'asile. À l'Espagne où la Junte socialiste l'a invité à s'installer. Toutefois, le destin d'un poète ne peut être celui d'un simple mortel : dans une grande ville comme Londres ou Turin, il aurait pris le risque de se fondre dans la masse. Alors que Jersey est une île. Et n'est-ce pas l'île qui, dans l'imaginaire du XIXe siècle, renvoie le mieux à l'exil et à la gloire ? Comment ne pas penser à Sainte-Hélène ? Dès leur arrivée, Mme Victor

Hugo et sa fille Adèle n'ont d'ailleurs pas manqué de faire le rapprochement avec le nom de la capitale de l'île, Saint-Hélier. Il fallait à Victor Hugo une île, embrassée par l'océan, où il puisse laisser son regard errer sur l'infini. Et Jersey offre plus encore : les jours de beau temps, il peut contempler, avec la nostalgie qui convient, sa chère patrie perdue.

Et quels joyaux, ces paysages désertiques, qui conviennent à merveille pour exprimer la solitude et le malheur de l'exilé ! Il est vrai qu'Hugo dispose d'une invention récente, dont il a tout de suite pressenti l'intérêt, jusqu'à faire installer un atelier de développement dans sa maison de Jersey : la photographie. Par l'image, le poète raconte son cynisme. Son fils Charles se passionne aussi pour cette nouvelle technique, mais Hugo se garde le choix des sites et les poses. Près de quatre cents clichés seront pris entre 1852 et 1855 – pour la plupart à destination d'un livre familial sur les îles anglo-normandes qui ne paraîtra jamais. Le poète aime à se faire représenter sur la grève d'Azette, les bras croisés face à la mer, le regard fixé sur l'horizon, éternel insoumis, grand homme toujours debout. Ou bien au sommet du rocher des « Proscrits » , seul devant l'univers infini, prophète des temps modernes prêt à recevoir le message divin.

Victor Hugo (1802-1885) sur le rocher des Proscrits lors de son exil à Jersey. Photo de 1852.

Léopoldine Hugo (1824-1843) le jour de sa première communion, par Auguste de Châtillon. Maison Victor Hugo, Paris.

Coïncidence, Victor Hugo va légitimement trouver à Jersey l'occasion de converser avec les dieux et les morts. La famille s'est installée à *Marine Terrace*, une grande maison austère, isolée en bord de mer et proche du cimetière. Un lieu propice pour l'initiation au spiritisme que leur propose une amie, Delphine de Girardin.

Après quelques séances sans résultat, et l'achat d'un petit guéridon à trépied, voici que, le 11 septembre 1853, Léopoldine – la fille aînée d'Hugo, qui s'est tragiquement noyée dix années plus tôt avec son mari – se manifeste et que Charles se révèle comme un excellent médium. Malgré la mise en garde de Juliette, qui refuse d'y participer : « Je sens que ce passe-temps a quelque chose de dangereux pour la raison, s'il est sérieux, comme je n'en doute pas de ta part, et d'impie, pour peu qu'il s'y mêle la moindre supercherie », et le départ de Delphine de Girardin, les séances deviennent presque quotidiennes. Elles permettent au poète d'échanger librement avec Chateaubriand, Dante, Racine, Marat, Charlotte Corday, Robespierre, Hannibal, André Chénier, Mahomet, Shakespeare, Luther, Eschyle, Molière, Aristote, Byron, Walter Scott, Galilée, Platon, Isaïe, Louis XVI, Napoléon Ier, Jésus-Christ… et même avec la colombe de l'Arche de Noé (qui a dit que les animaux n'ont pas d'âme ?) ou des abstractions, comme la Mort, le Drame, la Poésie, la Critique…

Hugo ne s'assoit pas lui-même devant le guéridon, mais pose la plupart des questions, et en retranscrit rigoureusement les réponses dans le livre « les tables tournantes de Jersey », au cours d'interminables et épuisantes soirées. La table peut dicter jusqu'à quatre mille mots en vers ou en prose (dans un style très hugolien...). Une crise de démence d'un des participants y met fin, en octobre 1855, à temps pour Hugo qui, tutoyant désormais les géants de la littérature, et rédigeant parallèlement des œuvres visionnaires comme *Les Châtiments* et *Les Contemplations*, bascule dans l'irrationnel jusqu'à se prendre pour un prophète : « L'exil ne m'a pas seulement détaché de la France, il m'a presque détaché de la terre, et il y a des instants où je me sens comme mort et où il me semble que je vis déjà de la grande et sublime vie ultérieure. »

Il n'en garde pas moins quelques liens avec la réalité, lui qui continue à envoyer par la poste à ses correspondants ses portraits avec l'objectif de ne pas se laisser oublier : « J'ai l'exil, l'exil sombre, exil abandonné. [...] C'est à peine si aujourd'hui la presse française ose prononcer mon nom. » Parallèlement, il ne se départ pas de son rôle d'opposant déterminé et inflexible. Alors que tant d'exilés accueillent avec soulagement l'amnistie de 1859, qui leur permet de rentrer en France, Hugo la refuse avec grandeur : « Fidèle à l'engagement que j'ai pris vis-à-vis de ma conscience, je

Victor Hugo (1802-1885). Photographie de 1867. The Granger Collection, NYC.

partagerai jusqu'au bout l'exil de la liberté. Quand la liberté rentrera, je rentrerai. » Une attitude dont son fils Charles dénoncera avec amertume la facilité : « La publicité est une force pour les proscrits en vue ; le nom soutient le caractère, la gloire combat avec le génie [...]. Leur combat singulier avec l'exil a cent mille spectateurs [...] Rien de ce qu'ils souffrent n'est ignoré [...] L'histoire pénètre dans leur chambre misérable, s'assied sur leur chaise de paille [...] Mais les obscurs, voilà les vrais exilés ! [...] Ceux-là, personne ne les voit souffrir. Personne ne les encourage et ne les acclame. »

Un exil « publicitaire » qui viendrait relancer une carrière littéraire interrompue depuis presque dix ans – date de la mort de Léopoldine, mais aussi de l'échec au théâtre des *Burgraves*, et conclusion d'une carrière politique qui n'a jamais vraiment décollé. Suffit-il cependant, pour atteindre la gloire, de prendre la posture d'un génie ? Si Hugo a incontestablement tiré parti de ces années passées hors de France, le destin l'y a aidé. Forcé d'élargir ses réseaux, il a dû se remettre à écrire et chercher les moyens de se faire publier. En France, c'était impossible, une chasse aux nouveaux éditeurs s'impose : à Bruxelles d'abord, au Luxembourg (Henri Samuël, qui édite *Les Châtiments*, a eu l'idée d'imprimer des feuillets du recueil séparément, de façon à ce qu'on puisse les cacher dans des bustes de Napoléon III !), mais aussi à Londres, en Suisse et en Hollande. De même, les journaux français soumis aussi à la censure, les supports, belges, anglais, italiens, voire grecs, espagnols, américains furent prospectés !

C'est ainsi que son univers et son audience trouvèrent un écho international. Et le cercle de ses correspondants avec. Hugo n'oublie pas pour autant ses amis et ses relations restés en France, mais conserve désormais des liens privilégiés avec d'autres exilés étrangers, comme les Italiens Mazzini et Garibaldi, le Hongrois Teleki ou le Russe Herzen. Il est aussi amené à prendre ouvertement parti. C'est d'ailleurs parce qu'il a soutenu le

Famille de Victor Hugo : sa femme et sa fille, Adèle Hugo. Daguerréotype coloré, v. 1845.

républicain Félix Pyat – réfugié à Londres et qui proteste contre la visite de la reine Victoria à Paris – qu'il doit quitter Jersey, en 1856, pour s'installer à Guernesey. En 1863, il signe une lettre contre l'écrasement du soulèvement polonais et une autre de soutien aux combattants mexicains contre l'expédition de Napoléon III. En 1867, Hugo intervient pour s'indigner qu'une division française ait combattu et défait les Chemises rouges de Garibaldi à Montana. En 1870, il soutiendra cette fois la révolte de Cuba contre l'Espagne. L'exil lui permet aussi d'asseoir ses positions politiques et d'acquérir une plus grande crédibilité. L'occasion de prendre sa revanche sur les caricaturistes et les rieurs qui se moquaient de ses discours démesurés ! Surtout, cette période va se révéler incroyablement féconde. Elle marque sa renaissance éditoriale : *Napoléon le Petit* est sa première œuvre diffusée depuis plus de huit ans.

En juillet 1852, Hugo écrit à Adèle, à propos de l'exil : « Il faut y travailler ou périr d'ennui et de néant. » Et il s'y consacre avec ardeur, visitant tous les registres et tous les genres, de la fresque homérique au poème intimiste : *Les Châtiments* (1853), vers de combat ; les onze mille vers des *Contemplations*, le chef-d'œuvre de sa poésie lyrique (1856) : *La Légende des siècles*

(1859), dédié à « la France » : « Livre, qu'un vent t'emporte. En France où je suis né ! » ; puis suivront *Les Misérables* (1862), *William Shakespeare* (1864), *Les Chansons des rues et des bois* (1865), *Les Travailleurs de la mer* (1866), *L'Homme qui rit* (1869), *Torquemada* (1869), *Quatre-vingt-treize* (qui paraîtra en 1874). Hugo renoue enfin avec le succès. Si *Les Châtiments* constituent une déception, *Les Contemplations* lui permettent d'acheter, à Guernesey, la maison de Hauteville House et le contrat des *Misérables* lui rapporte trois cent mille francs or. Le 19 juillet 1870, la France déclare la guerre à la Prusse. Dans l'hypothèse d'un prompt retour, Hugo classe ses manuscrits et dépose trois malles à la *Old Bank* de Guernesey. C'est à Bruxelles qu'il apprend la défaite de Sedan et la capitulation de Napoléon III. Le 5 septembre de la même année, accompagné de Juliette et de Charles – Adèle est morte en 1864 –, il rentre enfin en France.

Portant désormais barbe blanche et cheveux ébouriffés, Hugo a profondément changé. Mais ce que ces années lui ont réellement apporté – en marge de l'image d'homme libre et hors de tout cadre qui apparaît en 1875 dans son texte *Ce que c'est que l'exil* –, il le garde au fond de lui : mettant en parallèle l'exil et le tombeau, il a retrouvé sa fille Léopoldine et enfin accepté sa mort. Mieux que la gloire, il revient au pays avec dans ses bagages « une chose sainte, sublime, inattendue : la paix ».

Hauteville House,
maison de Victor Hugo à Guernesey,
où il vécut durant son exil, de 1856 à 1870,
par Eugène Bourgeois.

LE MEURTRE DE **LA DUCHESSE DE CHOISEUL-PRASLIN** A-T-IL PRÉCIPITÉ LA FIN DE LA MONARCHIE ?

Dans la nuit du 17 au 18 août 1847, vers cinq heures moins le quart du matin, dans l'hôtel Sebastiani, propriété du duc et de la duchesse de Choiseul-Praslin, le valet et la femme de chambre sont réveillés en sursaut par deux assourdissants coups de sonnette provenant de la chambre de la duchesse. S'ensuivent des cris et des bruits de pas. Ils se précipitent à l'étage. Contrairement à l'habitude, la porte est fermée de l'intérieur, et l'on peut entendre la duchesse hurler de panique. Ayant tenté sans succès d'enfoncer la porte, les domestiques parviennent enfin à entrer par l'antichambre qui sépare les chambres des deux époux qui est d'ordinaire fermée.

Les employés trouvent la duchesse à terre, la tête appuyée sur son canapé, baignant dans son sang et sans autre vêtement que sa chemise. La chambre est dans le plus grand désordre, les draps, les rideaux, les cordons de sonnette ensanglantés et arrachés, les meubles renversés. Elle respire encore. Ils courent chercher du secours, rencontrent le duc affolé qui les envoie quérir un médecin. Depuis la cour, ils notent avec surprise que la cheminée du duc fume avec abondance comme si l'on y faisait grand feu. À l'arrivée de la police, la duchesse a expiré, frappée de plus de trente coups de couteau.

Françoise Altaria Rosalba Sebastiani della Porta, duchesse de Choiseul-Praslin (1807-1847). Gravure.

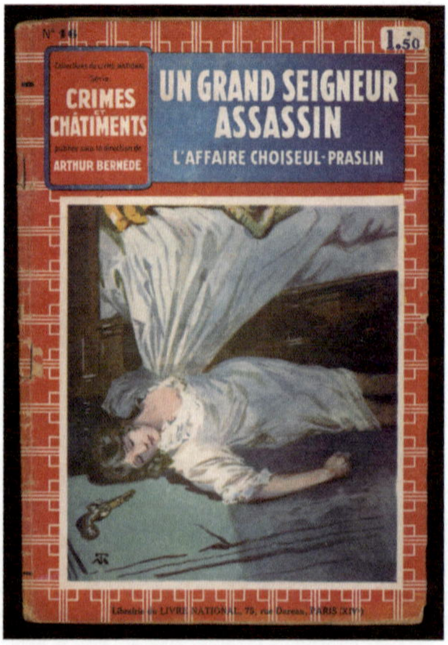

« L'affaire Choiseul-Praslin », dans la revue Crimes et Châtiments, par Maurice Toussaint, 1847.

À l'exception des neuf enfants du couple – six filles et trois garçons –, toutes les personnes présentes sont placées en garde à vue dans l'hôtel, avec interdiction d'en sortir. L'enquête est cependant rapidement menée : un tel crime, perpétré avec un si manifeste acharnement, ne peut être celui d'un rôdeur. Personne n'a pu entrer, le concierge en répond. Le pistolet retrouvé sous le corps, la crosse ensanglantée, appartient au duc. Celui-ci prétend être accouru, armé, en entendant crier son épouse, puis avoir regagné sa propre chambre, paniqué par la découverte du meurtre. Mais, dans celle-ci, on découvre des indices des plus suspects : des projections de sang éparses dans la pièce et, dans la cheminée, des braises incandescentes révélant que des papiers et des étoffes viennent d'y être brûlés... Invité à se défaire de sa redingote, le duc apparaît vêtu d'une chemise couverte de traces de sang, qu'on a maladroitement tenté d'effacer avec de l'eau et du savon. Il porte également sur le torse des traces de coups et de morsures. Ces éléments ne manquent pas d'attirer l'attention des enquêteurs. Il faut avouer que ses démêlés conjugaux avec son épouse ne sont un mystère pour personne. Bien que le duc refuse obstinément d'avouer, se réfugiant bientôt dans une sorte d'hébétude, l'auteur du crime ne fait aucun doute...

Le scandale est immense. Six mois plus tard, lorsque le régime de Louis-Philippe s'effondre, on considère que ce fait divers n'est pas étranger à sa chute. Comment un sordide crime conjugal aurait-il pu participer à renverser la monarchie ? L'affaire a de

Louis Philippe d'Orléans (1773-1850), par Franz Xaver Winterhalter. Musée du château de Versailles.

quoi indigner l'opinion publique, et pas seulement parce que le meurtre est particulièrement ignoble. Le duc de Choiseul-Praslin est un pair de France et un ami du roi Louis-Philippe, qui se trouve fort embarrassé par l'affaire. C'est le troisième scandale qui vient, en quelques mois, éclabousser la monarchie. En janvier, le garde des Sceaux, Nicolas Martin du Nord, a été révoqué, officiellement pour raisons de santé : le bruit a couru qu'il aurait fait l'objet d'un rapport de police sur ses mœurs homosexuelles. On a parlé aussi de malversations impliquant des pairs, des députés et des fonctionnaires. Aussi, quand il est mort en mars, d'une attaque d'apoplexie – c'est encore la version officielle –, on a évoqué un suicide.

En mai, une banale histoire de corruption a mis au jour un exemple de collusion entre l'État et le monde des affaires : deux ministres ont été jugés pour avoir accepté des pots-de-vin. Le général Despans-Cubières, ancien ministre de la Guerre, pressé par des besoins d'argent, a fait verser près de cent mille francs au ministre des Travaux publics, l'avocat Jean-Baptiste Teste, pour garantir la concession d'une mine de sel gemme de Bourgogne, dans laquelle il possédait des parts. L'affaire a été révélée à l'occasion d'un procès entre les associés de la compagnie minière. La Cour des pairs vient à peine de se séparer après les avoir condamnés. La voilà reconvoquée. « L'armée a reçu son coup dans le général Cubières, la magistrature dans le président Teste et maintenant l'ancienne noblesse reçoit le sien dans le duc de Praslin. Il faut pourtant que cela cesse », écrira Victor Hugo.

Mais l'affaire est loin d'être close. Le duc a simplement été assigné à résidence – son titre de pair lui confère l'inviolabilité. Pour éviter toute agitation, le roi le fait transférer, dès le 21 août, au palais du Luxembourg, dans l'attente du jugement par la Chambre des pairs. Le président de la Cour, le chancelier Pasquier, réunit de son côté une commission chargée d'éclaircir l'affaire et de procéder à l'interrogatoire du suspect. Première erreur : un défaut de surveillance. Il apparaît bientôt que l'état de torpeur dans lequel est tombé le duc est dû à l'absorption, quelques heures après la découverte du crime, d'une fiole d'arsenic. Il meurt le 24 août, sans avoir donné aucune explication sur son acte. La presse aussitôt se déchaîne : « S'il avait été question d'un ouvrier, d'un paysan ou d'un simple bourgeois, on aurait pris des mesures pour empêcher l'assassin d'échapper par le suicide à la vindicte publique », dénonce *Le Siècle*, qui n'est pourtant pas le journal le plus virulent. L'opinion, méfiante, imagine même que le gouvernement a pu l'aider à mourir en fournissant le poison afin d'éviter le procès. Puis, en dépit de la publicité donnée à l'autopsie qui est pratiquée en présence de cinq médecins, le bruit se répand, tenace, que le duc s'est en fait enfui à Londres sous un nom d'emprunt. Deuxième erreur : bien que sa mort rende tout procès inutile, le chancelier Pasquier décide, pour mettre un terme aux rumeurs, de rendre publiques les pièces du dossier. On assiste alors à un déballage d'affaires privées des plus sordides.

Françoise Altarice Rosalba Sebastiani della Porta, dite Fanny, était la fille unique d'un maréchal d'Empire d'origine corse, Horace Sebastiani. Une beauté dans sa jeunesse, dit-on, mais ses grossesses successives lui ont fortement alourdi la taille. Toujours éprise de son mari, elle était devenue très envahissante. On lui a même prêté de forts appétits sexuels. Maxime Du Camp, l'ami de Flaubert, a dressé d'elle un portrait peu sympathique : « Sans habileté, poursuivant son mari de ses désirs, lui écrivant vingt lettres par jour, le harassant de reproches et de souvenirs, violente et jalouse, elle représente un type assez rare, celui de la nymphomane vertueuse. »

Charles Laure Hugues Théobald, duc de Choiseul-Praslin (1805-1847).

Son mari, Charles, s'était détaché d'elle depuis longtemps. Il la supportait uniquement pour servir ses intérêts financiers. Et l'argent des Sebastiani était une véritable manne. La famille du duc, d'excellente noblesse – descendant du ministre de Louis XV –, était fort riche, mais les déraisonnables dépenses du duc dans son château de Vaux-Praslin l'avaient ruiné. Ce blond blafard, ni gras ni maigre et à la vilaine bouche, si l'on en croit Victor Hugo, n'avait rien d'un séducteur. Il s'entendait cependant très bien avec la gouvernante de ses enfants, Henriette Deluzy-Desportes, qu'il avait lui-même embauchée, en 1841, et qui se comportait comme la véritable maîtresse de maison, au point de susciter l'exaspération et la jalousie de la duchesse, qui ne cessait de réclamer son renvoi. Elle était enfin parvenue à l'obtenir un mois plus tôt, le 18 juillet, après avoir fait intervenir son père, et menacé Charles de séparation.

Quant à la gouvernante, âgée de trente-quatre ans – et ironiquement petite-fille d'un opposant au régime, Félix Desportes, soupçonné d'avoir trempé dans un complot bonapartiste en 1840 –, on peut se demander si elle n'aurait pas joué elle aussi un rôle dans ce crime. Aurait-elle poussé le duc au passage à l'acte ? Était-elle sa maîtresse, comme tout le monde le soupçonnait ? A-t-elle été sa complice ? Autant de questions auxquelles il ne sera jamais possible de répondre. Arrêtée, elle aussi, au lendemain du crime, peu aimée des domestiques de l'hôtel Sebastiani, qui la considèrent tous avec suspicion, elle sera néanmoins relâchée en novembre, sans qu'aucune charge ne soit retenue contre elle. L'opposition a beau jeu, désormais, d'accuser le régime d'immoralité et de jeter le doute chez les bourgeois bien-pensants, déjà ébranlés dans leur confiance envers le régime par la crise économique et son incapacité à garantir l'ordre. Car le pays subit les contrecoups imbriqués, économiques, sociaux et financiers, d'une modernisation menée à grand train. Comble de malchance, il s'y mêle aussi une crise agricole. En effet, la récolte de 1846, après un été sec entre deux hivers rudes, a été extrêmement médiocre et le prix du pain s'est envolé, jusqu'à soixante-dix centimes le kilogramme (presque la moitié du salaire quotidien d'un ouvrier). Parallèlement, la pomme de terre, qui sert efficacement depuis la Révolution de nourriture de substitution, a été ravagée par une épidémie de mildiou. La famine et la mendicité ont refait leur apparition. On a vu, dans les campagnes, les paysans attaquer les accapareurs et l'armée a été appelée en renfort pour rétablir le calme. Si la récolte de 1847 a été en revanche excellente, cela n'a pas arrangé les affaires des petits producteurs, car les gros ont écoulé leurs stocks à bas prix, les empêchant ainsi de vendre les leurs.

Parallèlement, une crise financière frappe les milieux les plus aisés. La spéculation aidant, les capitaux et les crédits manquent pour financer les grands travaux nécessaires au développement économique. La crise touche les compagnies de chemins de fer, qui entraînent dans leur faillite à la fois leurs fournisseurs et leurs actionnaires. Les conséquences seront désastreuses : les paysans (plus des trois quarts de la population) ne consomment plus et les classes aisées suivent, entraînant une crise de l'artisanat et de l'industrie textile. Ne voit-on pas, ici et là, des ouvriers casser, dans leur désespoir, les machines ? On assiste également à la fermeture des chantiers ferroviaires, qui provoque la ruine des usines métallurgiques et des mines. Une partie des paysans, contraints de chercher des revenus complémentaires, migrent vers les villes où ils viennent grossir le flot des chômeurs. À Paris, notamment, les classes populaires deviennent de plus en plus sensibles à la propagande socialiste et la moindre étincelle risque de faire ressurgir les barricades.

François Guizot (1787-1874).
Peinture par Thierry Delaroière.
Musée du château de Versailles.

La réaction du pouvoir va être maladroite. Le roi, vieillissant, et son principal ministre, Guizot – forts de leur majorité à la Chambre – ne voient pas grandir leur impopularité et refusent la réforme parlementaire et électorale qui aurait permis de satisfaire les bourgeois et les intellectuels, en élargissant le nombre d'électeurs. En effet, le droit de vote est soumis à un niveau d'imposition – le cens – qui conditionne le droit de vote et l'éligibilité des citoyens. Or, sur neuf millions d'hommes majeurs, seuls deux cent quarante mille peuvent participer à l'élection des députés. Non seulement Guizot repousse la proposition du député Duvergier de Hauranne qui, en mars 1847, a déposé un projet de loi abaissant le cens de deux cents à cent francs – ce qui aurait amené deux cent mille électeurs de plus, on est encore loin du suffrage universel que réclament les républicains –, mais il se montre hostile aux « banquets républicains » qui s'organisent dans tout le pays pour rassembler des signatures en faveur de la réforme. Il va jusqu'à interdire celui qui doit se tenir à Paris, le 14 janvier 1848, dans le XIIe arrondissement. Il sera repoussé au 22 février, mais toujours interdit. Voilà l'étincelle qui manquait pour embraser Paris !

Prise du Panthéon le 24 juin 1848. Peinture par Nicolas Edward Gabe. Musée Carnavalet, Paris.

Le 22 février, l'agitation commence dès l'aube. Des centaines d'étudiants partis du Panthéon rejoignent les ouvriers à la Madeleine pour marcher vers la Chambre des députés. Quelques échauffourées éclatent. Depuis janvier déjà, les risques d'émeutes ont incité le ministère de la Guerre à faire acheminer près de trente mille hommes vers la capitale et sa banlieue. Ils rejoignent les quarante mille membres de la Garde nationale, également mobilisée. La Garde est un des plus fermes soutiens du régime : une milice de bourgeois aisés, de propriétaires, de boutiquiers – les seuls qui aient les moyens de supporter les frais d'habillement et d'armement –, organisée en douze légions, une par arrondissement, et dont le souci principal est la conservation de l'ordre public. Tout permet donc de penser que les émeutes vont être rapidement réprimées.

Or, au matin du 23 février, alors que l'insurrection se développe, les gardes nationaux de la deuxième légion, boulevard Montmartre, se rangent au côté des ouvriers au cri de « Vive la Réforme ! » Dans d'autres quartiers, des bataillons de la Garde protègent les ouvriers contre la troupe de ligne qui s'en trouve déstabilisée. Le roi prend alors conscience de l'importance du mécontentement général. Il s'empresse de renvoyer Guizot, pour le remplacer par le comte de Molé. Sage décision qui semble satisfaire la Garde, laquelle protège même la sortie de Guizot de la capitale.

Révolution de 1848. La duchesse d'Orléans demandant la Régence à la Chambre des députés.
Gravure du XIXe siècle. Musée Carnavalet, Paris.

Mais, c'est déjà trop tard ! Le lendemain, « Paris, le matin, était couvert de barricades. La résistance ne dura pas ; partout la Garde nationale s'interposait ; — si bien qu'à huit heures, le peuple, de bon gré ou de force, possédait cinq casernes, presque toutes les mairies, les points stratégiques les plus sûrs. D'elle-même, sans secousses, la monarchie se fondait dans une dissolution rapide », racontera Victor Hugo. À midi, Louis-Philippe abdique en faveur de son petit-fils, le comte de Paris ; mais en début d'après-midi, la duchesse d'Orléans, qui se rendait à la Chambre pour faire reconnaître la régence, doit fuir devant les révolutionnaires qui ont envahi le Palais-Bourbon. La République est proclamée ! En trois jours, la monarchie vient de s'effondrer de manière inattendue, pour avoir perdu la confiance de la bourgeoisie. Et le dernier coup porté à cette confiance, aussi incroyable que cela puisse paraître, aura sans doute été le meurtre de la duchesse de Choiseul-Praslin.

LE DUC D'AUMALE,
LE MAGICIEN DE CHANTILLY !

Henri d'Orléans est à peine âgé de vingt et un ans lorsque le général Bugeaud lui confie le commandement, en Algérie, de Médéah et de Milianah. Il faut dire que les états de service du jeune duc d'Aumale feraient pâlir ses aînés. Le cinquième fils du roi Louis-Philippe en est d'ailleurs, depuis mai 1843, à sa troisième campagne contre l'insaisissable émir Abd el-Kader lorsqu'il apprend que l'ennemi n'est plus qu'à quelques journées au sud... Il se met aussitôt en route, n'hésitant pas à faire marcher ses troupes vingt heures d'affilée. Aucune trace. Qu'importe, il continue, accélérant encore l'allure. Les provisions sont lourdes ? On les abandonne. L'infanterie ralentit la marche ? Il se lance à la tête de la cavalerie. L'eau manque, les chevaux sont las, les hommes épuisés. Continuer serait courir au désastre.

On dit que le sort sourit aux audacieux. Les éclaireurs reviennent au galop. La smalah d'Abd el-Kader est là, derrière le prochain pli de terrain, à portée de fusils. Mais c'est une ville tout entière qui couvre la plaine ! Les avis fusent : il faut patienter, rassembler les forces, attendre l'infanterie. « Je ne suis pas d'une race où on recule, réplique le duc d'Aumale. En selle et en avant ! » Six cents chasseurs et spahis se lancent au galop et font irruption au milieu d'une foule stupéfaite de vingt mille personnes, parmi lesquelles sont éparpillés cinq mille hommes armés. Les cavaliers tournoient, sabrent... au milieu des cris des femmes et des pleurs des enfants.

Henri d'Orléans, duc d'Aumale (1822-1897), en uniforme.
Réunion des Musées nationaux, Paris.

En une heure, la victoire est acquise, l'infanterie n'arrive que pour la parachever. La suite entière de l'émir, sa famille, ses ministres et ses trésors sont capturés ! Un succès au-delà de toute espérance.

Le jeune général d'Aumale brûle d'aller chercher d'autres victoires. Déjà, la guerre en Italie l'appelle… Mais la révolution de 1848 et l'abdication de son père vont le contraindre à l'exil. Un exil forcé qui va durer vingt-deux ans… Que va-t-il pouvoir faire de cette énergie qui bouillonne en lui ? Comment imaginer que ce jeune guerrier intrépide puisse renoncer aux combats et consacrer toute sa vie à l'art ? Comment va-t-il parvenir à constituer l'un des plus beaux joyaux de notre patrimoine, le château de Chantilly, écrin de tant de chefs-d'œuvre ?

À vingt-six ans, Henri d'Orléans n'est pas de ceux qui s'abandonnent à la mélancolie ou à l'oisiveté. Avec la même ardeur que celle qu'il déployait sur les champs de bataille, il se jette dans l'étude. Il a reçu une excellente éducation, confiée d'abord à un précepteur, M. Cuvillier-Fleury, qui a su lui communiquer sa passion pour les lettres latines et l'Histoire. Après quoi, comme ses frères aînés, il a poursuivi sa scolarité au collège Henri-IV – un collège public, une première dans la famille royale – où il s'est révélé un élève brillant, quoique un peu trop dissipé : « Bien, sauf qu'il aime trop les oreilles de ses voisins », note un de ses professeurs. Il a régulièrement raflé le prix d'Histoire. Aussi, à peine installé en Angleterre, plutôt que de songer à batifoler, il s'adonne à la lecture et à l'écriture. Ses goûts le portent vers tous les sujets : l'histoire militaire d'abord, l'Antiquité, l'histoire d'Angleterre, la littérature ancienne et contemporaine... Très vite, après avoir visité la bibliothèque de Windsor, il conçoit le projet d'en réunir lui-même une aussi importante. Et c'est paradoxalement son adversaire politique, Napoléon III, qui va lui en donner les moyens, en obligeant les Orléans à vendre tous les biens meubles et immeubles qu'ils possèdent en France. Il offre ainsi au duc d'Aumale, en 1854, la possibilité de rassembler une fortune estimée à une trentaine de millions de francs, qui servira aussi son goût pour la peinture et les objets d'art.

Dans le pavillon de Twickenham, où il choisit de s'installer en 1855 – l'*Orléans House* –, Henri d'Orléans fait construire une galerie pour abriter l'incroyable collection qui s'enrichit au gré de ses achats sur les catalogues de vente. Et ses premières acquisitions sont des coups de maître : en 1854, il acquiert *Le Massacre des Innocents*, de Poussin et, en 1856, dans un couvent de jeunes filles de Gênes, l'un des plus beaux manuscrits médiévaux du monde, *Les Très Riches Heures du duc de Berry*...

La soumission de l'émir Abd el-Kader, commandeur des croyants, le 24 décembre 1847.

Marie-Caroline de Bourbon-Siciles (1822-1869), duchesse d'Aumale, v. 1866. Peinture de Franz Xaver Winterhalter. Musée Condé, Chantilly, France.

Parallèlement, il rédige l'histoire des *Zouaves et des Chasseurs à pied*, un livre sur *Alésia*, ainsi que diverses études... Mais sa grande œuvre sera une *Histoire des princes de Condé pendant les* XVIe *et* XVIIe *siècles*, qui comptera pas moins de huit volumes et l'occupera durant quarante-huit années ! Une passion qui le conduira à visiter tous les champs de bataille d'Europe, se détournant parfois des traces du Grand Condé, pour suivre celles de Napoléon, ou se recueillir, à Schaffhouse, devant le monument dédié à Turenne. Henri s'est marié, en 1844, avec sa cousine germaine, Marie-Caroline de Bourbon-Siciles, qui lui a donné sept enfants – seuls deux de ses fils survivront à la petite enfance. Le duc d'Aumale place alors beaucoup d'espoir en l'aîné, le prince de Condé, suivant de près son éducation. En février 1866, à dix-neuf ans, le jeune prince embarque pour un voyage autour du monde. Le 24 mai, le duc reçoit une dépêche annonçant sa mort, à Sydney, en Australie, d'une fièvre typhoïde. Le sort s'acharne. Il vient justement de perdre, deux mois auparavant, sa mère adorée, la reine Marie-Amélie, veuve depuis seize ans – Louis-Philippe étant décédé en 1850. Le coup est rude et il l'est aussi pour son épouse, la duchesse d'Aumale, qui s'éteint de chagrin, trois ans plus tard, en décembre 1869. Mari volage, Henri éprouvait néanmoins beaucoup d'affection pour sa femme ; elle l'assistait en tout, se chargeant même de recopier ses manuscrits. Pétri de tristesse, le duc ne se remariera jamais.

Fuyant son chagrin dans les chasses à courre – une autre de ses passions – et l'éducation du seul survivant de ses enfants, le duc de Guise, Henri d'Orléans multiplie les acquisitions de livres et d'objets d'art, que ce soit en France, en Allemagne ou en Angleterre. « Ce n'est plus une mission, c'est un ministère », s'exclame son vieux précepteur, M. Cuvillier-Fleury, devenu l'un de ses fidèles « rabatteurs », chargé de repérer pour lui les meilleures ventes. Il s'intéresse particulièrement aux chefs-d'œuvre de l'art français exilés, comme lui, à l'étranger, et qu'il espère bien ramener un jour avec lui en France. Malgré tout, ce tourbillon d'activités atténue difficilement sa souffrance, aggravée par cet exil qui n'en finit pas. Depuis son départ, il n'a cessé de penser au jour où il pourrait enfin rentrer sur son sol natal. Il s'est imposé la patience : « J'attendrai ! » a-t-il inscrit sur le mur de son cabinet de travail, au-dessous de son épée, qu'il y a suspendue. Une seule fois, il ne pourra se retenir d'intervenir. Le 1er mars 1861, lorsque le prince Napoléon, cousin de l'empereur, lance une violente diatribe au Sénat contre « ces membres des familles royales qui [...] trahirent leur drapeau, leur cause et leur prince, pour se faire une fallacieuse popularité personnelle ». Le duc réplique par une *Lettre sur l'histoire de France adressée au prince Napoléon*, aussitôt saisie par la police impériale, mais qui prouve que sa plume sait se faire mordante. Lorsqu'il voit, en 1869, la guerre éclater, les revers se multiplier, l'ennemi franchir les frontières, il n'y tient plus : il accourt à Paris, impatient d'agir. Mais, alors qu'on accepte tous les volontaires, quelle que soit leur nationalité, lui ne reçoit aucune réponse : son nom est si lourd à porter...

François Ferdinand Philippe (1818-1900), prince de Joinville.

Ce sont les élections à la future Assemblée nationale qui, la guerre terminée, lui permettent de rentrer enfin en France. Dans la lettre de candidature qu'il a adressée aux électeurs de l'Oise, il a pu s'expliquer avec sincérité : il reste partisan d'une monarchie libérale, mais il est prêt, si le régime républicain l'emporte, à s'y soumettre sans réserve. Le 13 février 1871, il apprend qu'il est élu. Le 15, il débarque à Saint-Malo, mais ne peut aller siéger, les lois d'exil n'ayant pas été abrogées : il faudra un débat assez tumultueux à la Chambre pour que son frère, le prince de Joinville également élu, et lui puissent assister à leur première séance, le 19 décembre 1871. Il s'y montre, dira-t-il lui-même, « le plus bleu de toute sa famille », très peu disposé à s'entendre avec les « blancs », c'est-à-dire avec les légitimistes regroupés autour du comte de Chambord, le petit-fils de Charles X, crispé sur son refus du drapeau tricolore. C'est grâce à une réponse faite au maréchal Bazaine que le duc d'Aumale gagne définitivement la faveur du public. Nommé en 1873, en tant que plus ancien des généraux de division, président du conseil de guerre, il doit juger le maréchal, accusé d'avoir traité avec l'ennemi et d'avoir trop vite capitulé à Metz, qui avoue n'avoir plus su où était son devoir dans un pays où « il n'y avait plus rien ». « Il restait la France, monsieur ! » lui répliquera le duc. Cependant, indifférent aux intrigues de l'assemblée – en 1875, il ne se représentera pas à la députation –, il préfère regagner au plus vite le château de Chantilly, où l'abrogation des lois d'exil lui permet de se réinstaller...

Le domaine de Chantilly est en effet la propriété de la famille de Bourbon-Condé depuis le XVIIe siècle. Considérablement embelli par le Grand Condé et ses descendants, il a beaucoup souffert de la Révolution : le parc a été démembré et vendu en lots, le mobilier dispersé, le grand château rasé... À leur retour d'exil, en 1815, les Bourbon-Condé se sont consacrés à le reconstituer, mais, faute de moyens, ils ont dû renoncer. D'ailleurs à quoi bon ? Le dernier des Bourbon-Condé a soixante ans et il a perdu son fils unique, le duc d'Enghien, en 1804, dans les fossés de Vincennes où il a été exécuté sur les ordres de Napoléon. Que faire donc du domaine ? Louis-Henri-Joseph de Bourbon-Condé a alors l'idée de le léguer à son neveu et filleul, le duc d'Aumale. Peut-être cette décision lui a-t-elle été soufflée par sa maîtresse, Mme de Feuchères, cohéritière, qui s'achète ainsi une certaine dignité auprès des Orléans... Quoi qu'il en soit, à la mort du prince, en 1830 – on le retrouve pendu –, Henri devient propriétaire du domaine de Chantilly, alors qu'il est à peine âgé de huit ans ! Le vieux prince, en réalité, n'aurait pu faire meilleur choix : ce château a tout de suite fait rêver l'enfant qui en héritait. Dès son mariage, en 1844, Henri d'Orléans décide de s'installer au rez-de-chaussée du petit château, construit au milieu du XVIe siècle, une des rares parties, avec les écuries, qui ait échappé à la destruction : sept pièces dont il confie la décoration à Eugène Lami. Déjà passionné d'art, il demande à l'architecte Félix Duban un projet pour la reconstruction du grand château, auquel il doit très vite renoncer, forcé à l'exil en 1848.

D'autant qu'en 1852, un décret oblige les Orléans à vendre tous leurs biens... Comment le château de Chantilly a-t-il pu échapper à la vente ? Le duc d'Aumale a recours à une institution tout à fait légale du droit anglais, le *trust* : il s'en dessaisit au profit de deux Anglais, les gérants associés de la banque Coutts & Co. où il dépose ses avoirs. Aux yeux du droit français, le château a

donc bel et bien été vendu. En réalité, il a été confié à ces banquiers qui l'ont administré, en faveur du duc, dans des conditions strictement déterminées au préalable par contrat. Durant les longues années d'exil, les banquiers viennent à maintes reprises à Chantilly – où ils organisent fêtes et réceptions – mais ils s'effacent dès le retour du duc qui a, par ailleurs, continué à percevoir régulièrement les revenus du domaine. Des revenus qui vont lui être bien utiles... Car il est impatient de réaliser les projets qu'il a conçus en exil. Désormais, et plus encore après la mort de son dernier fils, le duc de Guise, en 1872, Chantilly occupe presque entièrement sa pensée.

Les travaux commencent en 1876. Et, bien qu'encore inachevé – il ne le sera qu'en 1885 –, le grand château est inauguré par un dîner donné dans la galerie des Cerfs, le 11 novembre 1880. Sur les anciennes fondations, le duc a fait élever, par l'architecte Honoré Daumet, un grandiose édifice de style Renaissance : pas question de restitution à l'identique, mais pas non plus de création originale, plutôt une reconstitution dans le goût du XIXe siècle. Une entrée sous forme d'une galerie percée de huit arcades, une cour intérieure triangulaire, d'où l'on accède à tous les corps du bâtiment et un vestibule d'Honneur, dallé de marbre, précédé d'une descente à couvert, qui permet aux invités de se faire déposer par leur voiture tout en demeurant à l'abri des intempéries, lors des dîners prestigieux que donne le duc. Ils rejoignent ainsi le premier étage du petit château où ont été aménagés les grands appartements de réception, décorés dans le goût du XVIIIe siècle. L'escalier monumental à cage ovale dessert aussi l'étage de réception. Au niveau inférieur, les appartements privés du duc d'Aumale sont demeurés les mêmes, si ce n'est que la chambre de la duchesse a été retendue de violet, en signe de deuil. Le tout est bien sûr équipé des plus modernes inventions : éclairage au gaz, chauffage central et eau chaude. Depuis le vestibule,

Château de Chantilly à vol d'oiseau, v. 1886.

on peut encore accéder au cabinet de lecture, sobre et fonctionnel, la pièce préférée du duc d'Aumale, où est conservée sa collection de treize mille volumes, dont mille cinq cents manuscrits. Le grand château abrite en outre des galeries : la galerie des Cerfs, dont le décor évoque la chasse à courre et qui fait usage de salle à manger, avec une tribune pouvant accueillir des musiciens ; la galerie de peinture, dont l'éclairage zénithal révèle la splendeur des chefs-d'œuvre inestimables de Fra Angelico, Raphaël, Titien, Véronèse, Van Dyck, Van der Weyden, Watteau, Ingres, Poussin... ; et les galeries du logis, qui abritent les appartements du comte de Paris, neveu du duc d'Aumale et héritier du trône, selon la tradition séculaire qui veut qu'on réserve un appartement au souverain, même si sa présence est rare.

Bien des hôtes illustres seront accueillis à Chantily : famille, amis, mais aussi le prince de Galles, la reine de Naples, le grand-duc Paul, fils du tsar Alexandre II, ou l'impératrice Sissi, en l'honneur de laquelle une grande chasse est donnée en 1882. Au début de 1884, une forte attaque de goutte qui manque d'emporter le duc vient poser la question : en l'absence d'héritier direct, que vont devenir ses collections ? Or, depuis 1871, année où il a été reçu à l'Académie française, avec l'indéfectible soutien de son précepteur, M. Cuvillier-Fleury, Henri d'Orléans appartient à l'Institut de France : et triplement puisque, après avoir été élu à l'Académie des Beaux-Arts, en 1880, il entre, neuf ans plus tard, à l'Académie des Sciences morales et politiques... Avec ses collègues, il a plaisir à converser, partager la connaissance des chefs-d'œuvre que renferment ses galeries et sa bibliothèque. C'est décidé, dès 1884 : le domaine de Chantilly ira à l'Institut de France, « corps illustre qui échappe à l'esprit de faction comme aux secousses trop brusques, conservant son indépendance au milieu des fluctuations politiques ». À sa mort en 1897, le duc d'Aumale

Château de Chantilly, France.

fera dire à ses nièces que cet héritage, entaché par la triste mort du dernier prince de Condé, lui a porté malheur et qu'il préfère que Chantilly sorte de la famille : « [...] ce ne sera plus une maison [...]. Le château ne sera plus qu'un musée et un lieu de travail. Je veux qu'y aient accès tous ceux qu'attirent des collections, des archives, une bibliothèque dont je ne crois pas qu'elles soient médiocres. » Médiocres ? Certes non. Deux cent cinquante mille visiteurs peuvent aujourd'hui en juger par eux-mêmes, chaque année...

VAN GOGH
A-T-IL ÉTÉ ASSASSINÉ ?

« Dimanche 27 juillet 1890. Un nommé Van Gogh, âgé de trente-sept ans, sujet hollandais, artiste peintre de passage à Auvers-sur-Oise, s'est tiré un coup de revolver dans les champs, et, n'étant que blessé, il est rentré dans sa chambre où il est mort le surlendemain. » Voici comment est annoncée, le 30 juillet, dans un simple journal local, *L'Écho pontoisien*, la mort de l'un des plus grands génies de la peinture de tous les temps.

Né en 1853 dans un village hollandais du Brabant, Vincent Van Gogh est le fils d'un pasteur calviniste. Attiré dès son enfance par le dessin, il ne choisit de consacrer sa vie à la peinture qu'à l'âge de vingt-sept ans, à la suite de plusieurs échecs. Si, aujourd'hui, les peintures de Van Gogh sont parmi les plus célèbres et réputées du monde, il n'en aura vendu qu'une seule de son vivant, et n'aura survécu que grâce aux subsides de son frère Théo.

Excessif et torturé jusqu'à la folie, Van Gogh a cependant su faire de ses échecs l'une des œuvres les plus originales et bouleversantes de son époque. Archétype de l'artiste incompris, son suicide, à trente-sept ans, est alors apparu inévitable à tous. Aucune enquête médico-légale ou autopsie n'est ne serait-ce qu'envisagée, tant la personnalité dépressive de la victime est reconnue par tous. Pourtant, plusieurs de ses biographes prétendent, aujourd'hui encore, qu'il ne se serait pas suicidé. Pire, qu'il aurait été assassiné. Quels éléments leur permettent d'établir cette hypothèse et se justifie-t-elle ?

Autoportrait,
par Vincent Van Gogh (1853-1890), 1889.
Musée d'Orsay, Paris.

1886. Après plusieurs années passées en Hollande à peindre des toiles consacrées à la vie paysanne, Vincent Van Gogh arrive en France. À Paris, son frère Théo, marchand de tableaux à la galerie Goupil, accepte de l'héberger. Van Gogh rencontre alors le fleuron de la génération innovante des peintres impressionnistes. Ils se nomment Toulouse-Lautrec, Pissarro, Degas, Seurat et Gauguin, et ils vont donner une nouvelle impulsion à ses toiles. Pourtant, au printemps 1888, Van Gogh rejoint les paysages ensoleillés du sud de la France pour s'établir en Arles. L'arrivée en Provence marque alors un véritable tournant dans son œuvre picturale et les tonalités de ses tableaux deviennent de plus en plus vives. Fasciné par la lumière du soleil et la couleur jaune en particulier, Van Gogh peint là-bas deux de ses plus célèbres tableaux : *Le semeur* et *Les Tournesols*. Les couleurs de la campagne provençale lui rappellent celles des estampes japonaises, qui l'ont toujours inspiré.

Au cours de l'hiver, il reçoit la visite de son ami Paul Gauguin, pour lequel il a une immense admiration. Van Gogh tente de créer une communauté d'entraide entre peintres, mais le projet s'avère un échec. Ses rapports avec Gauguin se dégradent rapidement. Les deux artistes sont trop opiniâtres pour s'entendre et, un jour, après une violente dispute qui les oppose, Van Gogh menace Gauguin avec un rasoir. Désespéré, il se mutile ensuite en se coupant une partie de l'oreille. Gauguin parti, les crises de Van Gogh se multiplient, l'obligeant – par crainte d'une dégradation de ses facultés mentales – à demander son admission à l'asile de Saint-Rémy-de-Provence, au printemps 1889. Il y restera un an. Son état s'étant amélioré, Van Gogh décide de quitter l'hôpital et de rejoindre son frère Théo à Paris. Ce dernier a alors l'idée, en mai 1890, de demander à son ami, le docteur Paul Gachet, également mécène et artiste, d'accueillir son frère à Auvers-sur-Oise, une petite bourgade de l'actuel Val-d'Oise, située à une trentaine de kilomètres de Paris, et où, une dizaine d'années plus tôt, il avait déjà reçu Paul Cézanne et Camille Pissarro. Van Gogh se plaît à Auvers-sur-Oise. Durant deux mois, il peint soixante-quinze toiles, soit plus d'une par jour !

Les génies tourmentés : Gauguin et Van Gogh se querellant. Gouache parue dans *Look and Learn* du 13 novembre 1976. Collection privée.

Le 27 juillet 1890, comme presque tous les jours depuis son arrivée, Van Gogh quitte sa chambre de l'auberge Ravoux, emportant avec lui son chevalet et ses couleurs, pour aller peindre un champ de blé dans la campagne environnante. Cinq heures plus tard, c'est grièvement blessé à l'abdomen d'une balle de pistolet qu'il rentre à l'auberge, à demi inconscient. Questionné sur son état, il répond s'être lui-même tiré dessus pour se suicider. Le docteur Gachet accourt aussitôt et le panse. Mais l'état de Van Gogh ne cesse de se dégrader et, le lendemain, son frère Théo est appelé à son chevet. Il reste à ses côtés jusqu'au 29 juillet, lorsque, à une heure et demie du matin, Vincent Van Gogh décède, après trente heures d'agonie. Il est enterré au cimetière d'Auvers-sur-Oise, sans plus de cérémonie.

En 1890, personne ne doute du suicide de Vincent Van Gogh et, conformément à la doctrine de l'Église sur le suicide, le curé d'Auvers-sur-Oise refuse d'accorder une commémoration religieuse au peintre hollandais. La version du suicide de Van Gogh sera néanmoins remise en cause dans les années 1930, par l'historien de l'art John Rewald. En effet, celui-ci s'est rendu à Auvers-sur-Oise, et a interrogé, plus de quarante ans après la mort du peintre, les témoins encore en vie. Et quelle n'est pas sa surprise lorsque certains lui affirment que Van Gogh a été tué par deux adolescents ! Mais cette thèse, pour le moins originale, tombe peu à peu dans l'oubli, jusqu'en octobre 2011, où paraît un livre de mille pages qui va bouleverser à jamais le monde de l'art : *Van Gogh : The Life.* Ses auteurs sont deux journalistes américains, Gregory White Smith et Steven Naifeh, lauréats en 1991 du prix Pulitzer pour leur biographie du peintre Jackson Pollock. Après dix ans de recherches, qui les ont amenés à consulter plus de vingt-huit mille notes, et notamment des lettres de l'artiste jusque-là inconnues, les auteurs affirment la thèse du meurtre de Van Gogh. Quelle découverte leur permet de remettre ainsi en doute l'hypothèse du suicide du peintre ?

Premier élément, l'absence de motif justifiant le suicide. Il a en effet été communément admis que Van Gogh avait choisi de mettre fin à ses jours, car il était désespéré. Or, première faiblesse de cette version, le suicide du peintre hollandais intervient au moment où précisément le succès commence à poindre pour lui. Son frère parvient à vendre son premier tableau et, lors du salon des indépendants, au printemps 1890, ses toiles sont exposées et remarquées. Il obtient même les félicitations de son maître, Paul Gauguin. D'autre part, lorsque Van Gogh quitte l'asile de Saint-Rémy-de-Provence, ses crises ont grandement diminué, au point que le docteur Gachet assure qu'il est guéri. Les nombreuses toiles qu'il a peintes à Auvers-sur-Oise sont en effet très différentes de celles réalisées au moment de ses pires crises en Provence. Elles sont à la fois gaies, heureuses et lumineuses. Autre détail, six jours avant sa mort, Van Gogh passe commande à son frère d'un tube de peinture. Une donnée demeure cependant irréfutable : dans ses derniers jours, Van Gogh reçoit une lettre de son frère, Théo, lui annonçant ses difficultés financières. Il est alors probable que Van Gogh ait culpabilisé à l'idée d'être un fardeau pour son frère, d'autant plus que celui-ci venait d'avoir un fils quelques mois auparavant. D'autre part, en dépit de l'absence de nouvelles crises, Van Gogh n'a sans doute jamais cru à sa guérison. Le jour de sa mort, on retrouve dans sa poche une lettre qu'il comptait envoyer à son frère et qui se termine par cette terrible phrase : « Mon travail à moi, j'y risque ma vie et ma raison y a sombré à moitié. »

L'hôpital Saint-Paul à Saint-Rémy-de-Provence, par Vincent Van Gogh, 1889.
Musée d'Orsay, Paris.

De quelle maladie souffrait réellement Vincent Van Gogh ? Depuis un siècle, le cas psychologique du peintre a fait l'objet d'un nombre important d'études scientifiques et a été longuement débattu. On a avancé qu'il était maniaco-dépressif. Cette maladie, où se succèdent des phases de désespoir et des périodes d'énergie et d'enthousiasme, expliquerait pour partie son suicide. Mais, pour la majorité des spécialistes, Vincent Van Gogh n'était pas maniaco-dépressif, mais épileptique. Au cours de ses crises, favorisées par la prise d'absinthe, il était sujet à de violentes hallucinations, où se mêlaient d'intenses sensations de colère et d'angoisses, liées à des souvenirs profonds. Incapable de se contrôler, Van Gogh surnommait ses crises « la tempête à l'intérieur ». Il parvenait tout de même à les dissiper grâce à un antiépileptique au bromure de potassium. Grand nombre de scientifiques postulent que Van Gogh était atteint de psychose dont la cause en serait tout simplement son prénom. En effet, ses parents avaient décidé de le baptiser Vincent, en hommage à son frère, mort-né un an plus tôt. La tombe de ce dernier se trouvait d'ailleurs dans le jardin du temple où officiait son père. Ce détail pourrait sans doute expliquer pourquoi Van Gogh signait simplement ses toiles de son prénom, Vincent.

Pour d'autres, le mode de vie de Van Gogh, et en particulier son goût prononcé pour les prostituées et les lupanars, aurait favorisé une méningo-encéphalite syphilitique, qui aurait généré un affaiblissement progressif de ses facultés mentales. À la même époque, plusieurs artistes atteints de la syphilis ont tenté de se suicider, comme Gauguin ou Maupassant. Théo, lui-même atteint par la maladie, a été interné dans un asile où il est décédé seulement six mois après son frère. Plus étonnant, Van Gogh aurait contracté une maladie infectieuse de l'oreille, dite maladie de Ménière. Des spécialistes, ayant étudié les centaines de lettres du peintre à sa famille, en ont constaté les trois principaux symptômes : intolérance au bruit, acouphènes et sensations de vertige. Aussi, la coupure que se serait infligée Van Gogh à l'oreille ne résulterait pas d'une crise psychotique ou épileptique, mais d'une tentative désespérée du peintre de mettre fin à ces acouphènes. Enfin, comme de nombreux peintres, Vincent Van Gogh a également été atteint de saturnisme. Cette maladie résulte d'une intoxication chronique par le plomb contenu dans la peinture et génère d'importants troubles neurologiques.

Théodore Van Gogh, dit Théo (1857-1891), frère du peintre et marchand d'art hollandais, v. 1890.
The Granger Collection, NYC.

De nombreuses zones d'ombre subsistent sur les circonstances de sa mort, d'autant que le rapport rédigé par les deux gendarmes, venus l'interroger au cours de son agonie, n'a jamais été retrouvé. Premier point : aucun témoin visuel n'a assisté à la tentative de suicide de Van Gogh dans le champ où il peignait. En revanche, un villageois qui l'a croisé peu de temps avant sa mort affirme avoir entendu tirer un coup de feu dans la cour d'une ferme de la rue Boucher, située à quelques centaines de mètres seulement de l'auberge Ravoux où il logeait. Autre point, d'après le rapport d'expertise, la balle qui a tué Van Gogh n'a pas pénétré son abdomen avec un angle droit, comme c'est le cas pour un suicide, mais avec un angle oblique. Dernier détail troublant : s'il avait réellement l'intention de se suicider dans un champ, pourquoi Van Gogh serait-il retourné à l'auberge Ravoux après le premier coup de feu ? Il lui aurait été plus aisé de se tirer dessus une seconde fois pour hâter sa mort. Ultime mystère, et non des moindres, l'arme du crime n'a pas été retrouvée, pas plus que son matériel de peinture. Qui s'est finalement intéressé à la provenance de ce pistolet ? Certains pensent que Van Gogh l'aurait acheté peu de temps avant sa mort, afin, disait-il, de « faire fuir les corbeaux ». Pourtant, l'artiste n'avait pas un sou en poche et il n'est pas envisageable que l'un de ses protecteurs (son frère Théo, le docteur Gachet ou l'aubergiste Arthur Ravoux), qui connaissait sa fragilité mentale lui ait confié une arme quelques semaines après sa sortie de l'asile.

L'auberge Ravoux à Auvers-sur-Oise, v. 1965.

En 1965, un cultivateur d'Auvers-sur-Oise découvre en retournant son champ un pistolet dans le soc de sa charrue. Or selon l'historien de la commune, Alain Rohan, partisan de la thèse du suicide, le champ pourrait bien être celui où Van Gogh s'est donné la mort. Malheureusement, après avoir passé plus de soixante-quinze ans enfouie dans la terre, l'arme est en trop mauvais état pour que l'on prouve de manière certaine qu'il s'agit bien de celle dont se serait servi le peintre. Le pistolet a été confié aux experts de l'Institut de recherche criminelle de la gendarmerie nationale. Selon eux, l'arme pourrait correspondre à celle ayant tué Van Gogh. Mais la question n'est pas là : que ce pistolet soit le bon ne nous éclaire pas pour autant sur l'identité de l'auteur du coup de feu fatal. La piste de l'homicide étant envisageable et plausible, l'identité du ou des meurtriers présumés reste ouverte. Heureusement, la tâche est aisée car, dès les années 1930, l'enquête menée par John Rewald mentionne deux noms : Gaston et René Secrétan. Alors âgés respectivement de dix-neuf et seize ans, ils sont les fils d'un pharmacien aisé, exerçant dans le XVIe arrondissement de Paris, et élèves au très réputé lycée Condorcet. Si René ne brille pas par ses résultats scolaires et se révèle fort indiscipliné, son frère Gaston se passionne pour les arts, notamment la peinture, la sculpture et la musique. Comme de nombreux fils de la bourgeoisie parisienne, ils se rendent régulièrement, durant les vacances scolaires, dans le petit village d'Auvers-sur-Oise où, rapidement, ils font la connaissance du peintre.

Van Gogh a toujours été un véritable « aimant » pour les jeunes esprits et les adolescents, fascinés par son originalité. Il faut dire que dans un petit village comme Auvers-sur-Oise, le peintre ne passe pas inaperçu, tant par son accent hollandais, son allure que par son mode de vie atypique qui choque certains villageois : il ne va pas à la messe, se promène toujours seul, se montre souvent rude, et volontiers procédurier ou querelleur. Van Gogh apprécie la compagnie de ces enfants de la bourgeoisie parisienne, qui lui offrent régulièrement des verres d'alcool et avec qui il parle d'art. René et Gaston font même venir des « filles faciles » de Paris, qu'ils présentent à l'artiste. Mais, en dépit de ces moments de camaraderie, les deux adolescents se plaisent surtout à humilier le peintre. Un jour où ils le surprennent en train de se masturber dans les bois, ils l'affublent du surnom « L'amant fidèle de la veuve poignet ». Ils font de lui leur souffre-douleur dans des farces de mauvais goût : ils salent son café, mettent du piment sur les pinceaux qu'il a l'habitude de mâchouiller en peignant et vont jusqu'à glisser un reptile dans sa boîte de couleurs.

Ces blagues puériles d'adolescents ont-elles pu dégénérer jusqu'au meurtre ? Non, car on imagine mal pour quel mobile les deux frères auraient voulu assassiner le peintre. Vivre des sensations fortes ? Peu probable. Si Van Gogh a bien été abattu par l'un des frères Secrétan, cela n'a pu vraisemblablement se produire qu'accidentellement ou au cours d'un jeu qui aurait mal tourné. Un indice pourrait d'ailleurs corroborer cette hypothèse : un dessin réalisé par Van Gogh, au cours de l'été 1890, et représentant un garçon portant un chapeau de cow-boy. Il s'agit sûrement de René Secrétan, qui venait d'assister à Paris au spectacle de western de Buffalo Bill. Les deux frères étaient si passionnés par les cow-boys qu'ils avaient même convaincu l'aubergiste Arthur Ravoux de leur prêter son pistolet afin de chasser les oiseaux. Or ce pistolet fonctionnait mal… On peut donc supputer qu'au cours d'un jeu en plein air, les frères Secrétan aient accidentellement tiré sur Vincent Van Gogh. Aussi intéressante que soit cette théorie, un détail d'importance semble la démentir irrévocablement : les Secrétan ont affirmé avoir quitté Auvers-sur-Oise depuis la mi-juillet, soit quinze jours avant la mort de Van Gogh, pour rejoindre la villa familiale de Granville, en Normandie. Ils n'auraient même pas assisté à l'enterrement du peintre, le 30 juillet.

Au cours des décennies suivantes, les frères Secrétan ont eu un parcours professionnel fort différent. Le goût de Gaston pour l'univers artistique l'a conduit à mener une carrière de chansonnier à Montmartre, où il s'est notamment produit au célèbre cabaret La Lune rousse. Puis, après avoir fait de la radio, il a joué dans des films de Julien Duvivier, aux côtés de Louis Jouvet, avant de mourir en 1943. De son côté, René Secrétan a conduit avec succès une belle carrière de banquier. Interrogé à de nombreuses reprises, jusqu'à son décès, en 1957, sur ses liens avec Van Gogh, il a toujours nié être son meurtrier, mais a reconnu lui avoir fait subir de multiples vexations. Il a en revanche accusé le peintre de lui avoir volé son pistolet.

Enfin, une question cruciale se pose. Si Van Gogh ne s'est pas suicidé et s'est fait tirer dessus par l'un des frères Secrétan, ou même une tierce personne, pourquoi n'a-t-il pas dénoncé ses meurtriers sur son lit de mort ? Selon la fille de l'aubergiste, Adeline Ravoux, alors âgée de treize ans, deux gendarmes sont venus questionner l'artiste au cours de son agonie. Lorsqu'ils lui ont demandé s'il s'était tiré dessus lui-même, le peintre aurait répondu par cette phrase ambiguë : « Je le pense. N'accusez personne. » En fait, il n'est pas à exclure que Van Gogh ait volontairement dissimulé la vérité afin d'éviter aux adolescents une peine de prison. L'étude de sa correspondance prouve qu'il a souvent menti à ses proches. Mais à chaque fois dans un but charitable, pour les protéger ou les soulager. Van Gogh a toujours eu un amour profond de l'humanité. Plus jeune, alors qu'il avait choisi de se consacrer aux plus démunis en tant que missionnaire, en Belgique, il avait été démis de ses fonctions, ses supérieurs lui reprochant d'appliquer avec trop de zèle l'altruisme prôné par la doctrine chrétienne.

Adeline Ravoux,
par Vincent Van Gogh, 1890.
Collection privée.

Van Gogh a-t-il été finalement assassiné ? La thèse de Smith et Naifeh est jugée intéressante par Leo Jansen, conservateur du musée Van Gogh à Amsterdam, mais elle ne peut pas être formellement prouvée. Cette piste reste toutefois bancale et il suffirait que l'on puisse attester de la présence des frères Secrétan en Normandie, le jour de la mort de Van Gogh, pour qu'elle soit définitivement caduque. Mais une autre hypothèse n'a, semble-t-il, jamais été envisagée. Et si Van Gogh n'avait pas voulu se suicider, mais s'était simplement automutilé au cours d'une nouvelle crise d'épilepsie ? Cela expliquerait pourquoi il ne s'est pas tiré dans le cœur ou la tête. Par le passé, il avait déjà tenté de se brûler la main et d'avaler ses tubes de peinture. Et on connaît l'épisode de l'oreille mutilée. Nous ne pourrons probablement jamais répondre à cette question. C'est très certainement l'ultime secret qu'a emporté avec lui, dans sa tombe, le talentueux Vincent Van Gogh.

PANCHO VILLA,

RÉVOLUTIONNAIRE OU BANDIT ?

Le 9 mars 1916, vers une heure du matin, quatre cents cavaliers portant sombreros découpent une brèche dans la clôture qui sert de frontière entre le Mexique et les États-Unis. Ils prennent la direction du nord, vers Columbus. Aux toutes premières lueurs de l'aube, les citoyens de Columbus sont réveillés par des tirs qui font exploser les vitres aux cris de « *¡ Viva Villa !* » et la lueur des flammes qui s'élèvent des bâtiments incendiés... Les uns tentent de s'enfuir vers le désert où ils espèrent se mettre à l'abri. D'autres tentent de résister. Au Commercial Hotel, une femme a la présence d'esprit de crier « *¡ Viva México !* », ce qui lui sauve la vie ! Les hommes du 13e de cavalerie ont pourtant réagi immédiatement, en dépit de l'absence du colonel Slocum et de ses principaux officiers, partis la veille participer à un match de polo à quelques kilomètres au nord. Le bilan est lourd pour la petite cité : dix-huit morts, dont dix civils, et plus d'une dizaine de blessés.

La ville n'est plus que ruines fumantes. Les assaillants ont, de leur côté, abandonné une soixantaine de cadavres et seize prisonniers, qui sont aussitôt pendus. Ils ont perdu une bonne partie du butin, plusieurs chevaux et une certaine quantité d'armes légères et de munitions. Un épisode qui ternit l'image du héros de la révolution mexicaine. Même s'il prétendra, plus tard, qu'il s'agissait de venger les Mexicains des mauvais traitements dont ils souffraient aux États-Unis, ou qu'il ne faisait pas partie de cette expédition punitive. Sa tête est mise à prix le jour même – et la controverse n'en devient que plus vive : le prétendu révolutionnaire ne serait-il pas, finalement, qu'un simple bandit ?

Francisco Villa dit Pancho Villa (1878-1923), v. 1914. The Granger Collection, NYC.

Francisco (dit Pancho) Villa doit une part de sa popularité à la légende qui entoure ses origines. Une légende qu'il a lui-même contribué à colporter et qui connaîtra de multiples variantes. De son vrai nom Doroteo Arango, il est né vers 1876 au Rancho de la Coyotada, dans l'État de Durango, d'une famille de *peones* employés sur un grand domaine. Alors qu'il a seize ans, orphelin de père, Pancho surprend un jour sa mère en train d'empêcher le propriétaire du domaine de violer sa jeune sœur de douze ans : il prend alors un fusil et le tue. Devenu hors-la-loi, il s'enfuit dans les montagnes de la Sierra Madre où, sous le nom de son grand-père maternel, Villa, il se fait voleur de bétail et défenseur des pauvres, avant de rejoindre, en 1910, Francisco Madero lorsque celui-ci lance son appel à l'insurrection contre le dictateur Porfirio Díaz… La réalité est probablement moins romanesque. L'État de Chihuahua, où il s'installe sous son nouveau nom – sans doute après avoir déserté de la troupe où il avait été enrôlé d'office –, est un État prospère et frontalier des États-Unis, propice à l'exercice de diverses activités plus ou moins légales. Très vite, Pancho Villa se taille, dans toute la région, une solide réputation en s'attaquant au bétail des gros propriétaires, sans jamais se laisser prendre par les *rurales*, qui leur servent de police privée. Un sympathique « Robin des Bois » ? Pas vraiment, car on lui attribue plusieurs pillages et meurtres sans grand discernement. Et, s'il accepte de suivre Francisco Madero, ce n'est qu'en échange d'une promesse d'amnistie…

La première phase de la Révolution mexicaine est brève, mais Pancho Villa s'y distingue. Avec ses quatre cents hommes, il tient tête aux troupes fédérales et, désobéissant aux ordres de Madero, tente, en mai 1911, avec Pascual Orozco, sur la petite ville de Ciudad Juárez un audacieux coup de force, dont la réussite entraîne directement la démission de Porfirio Díaz puis, en novembre, l'élection de Madero. Pancho Villa, au même titre qu'Emiliano Zapata dans le sud du Mexique, devient un héros révolutionnaire. Se prend-il au jeu ? Il s'assagit et rejoint l'armée que le président Madero a confiée au général Victoriano Huerta. Ce qui ne plaide pas en faveur de ses engagements révolutionnaires, car, tandis qu'Orozco et Zapata reprennent immédiatement les armes – déçus de la lenteur des réformes agraires promises par Madero – il reste quant à lui fidèle au Président et se retourne même contre ses anciens camarades de combat. Il y gagne, en quelques batailles, ses galons de général de brigade !

Emiliano Zapata (1879-1919), révolutionnaire mexicain, en 1914.

Pancho Villa manifeste cependant trop d'indépendance, ou peut-être se méfie-t-il des manigances de Huerta, contre lesquelles il aurait essayé de prévenir Madero ? Huerta préfère se débarrasser de lui : sous l'accusation d'insubordination, il le fait arrêter et emprisonner à Mexico. L'incarcération ne durera que quelques mois, que Villa mettra à profit pour apprendre à lire et à écrire, et peut-être aussi à acquérir, auprès de ses codétenus, quelques notions sur la redistribution des terres. En 1910, 97 % de la surface cultivable du Mexique appartient à une centaine de propriétaires ; sur dix millions de paysans, plus de neuf millions ne possèdent pas même un lopin de terre... À la première occasion, en novembre 1912, il s'évade, passe la frontière et se réfugie au Texas. Il racontera plus tard que son intention était de s'établir à El Paso, de chercher un poste de contremaître dans

Luz Corral de Villa,
femme de Pancho Villa, en 1911.

la construction des chemins de fer du Southern Pacific, et de mener une vie de famille rangée, auprès de sa femme, Luz Corral de Villa, alors sur le point d'accoucher...

L'assassinat du président Madero, en février 1913, à l'issue de la « décade tragique » durant laquelle le général Huerta s'empare, par traîtrise, du pouvoir, en décide tout autrement. Pancho Villa reprend les armes, décidé à affronter le traître, à qui ses lunettes et sa redingote noire valent désormais le surnom de Cucaracha (cafard) et son addiction à la drogue ce couplet moqueur, devenu un symbole de la Révolution : *La cucaracha, la cucaracha / Ya no puede caminar / Porque no tiene, porque le falta / Marijuana que fumar...* (« Le cafard, le cafard / Ne peut plus avancer / Parce qu'il n'a pas, parce qu'il lui manque / De la marijuana à fumer. »)

Le 6 mars 1913, un peu avant dix heures du soir, ils sont neuf à refranchir la frontière dans l'obscurité. Ils rentrent avec deux mules, neuf fusils, deux livres de café, deux livres de sucre et une livre de sel... Quelques mois plus tard, Pancho Villa, dans cette sierra de Chihuahua qu'il connaît à la perfection, a réuni et équipé une armée, la fameuse « division du Nord », qui se met sous les ordres d'un ancien ministre de Madero, Venustiano Carranza. Immédiatement, elle prend Torreón et se dirige vers la capitale de l'État, Chihuahua, qu'elle ne parvient pas à enlever. Pancho Villa feint alors de repartir vers le sud. En réalité, il amorce un mouvement tournant vers la frontière et atteint Estación Cobre, où il tombe sur un train chargé de charbon. La suite appartient à la légende...

Révolution mexicaine, 1916.

« Locomotive en panne à Moctezuma. Envoyer une autre avec cinq wagons. » C'est le message télégraphié que reçoit le général Castro, qui commande la garnison mexicaine de Ciudad Juarez. Le colonel qui l'a signé est celui chargé d'accompagner la livraison de charbon. Aussitôt, un autre train lui est envoyé. Quelques heures plus tard, nouveau message, plus alarmant : « Les rails vers Chihuahua sont coupés. De fortes troupes de rebelles s'acheminent ici depuis le sud. Que dois-je faire ? — Rebroussez chemin. » Le colonel obéit, continuant à envoyer au général, toutes les heures, des messages sur sa progression : les gares ont été prévenues et le train parvient sans encombre à Ciudad Juarez. Mais ce que le général Castro n'a pas un instant soupçonné, c'est que tous ces messages n'émanaient pas du colonel, mais de Pancho Villa : le télégraphiste ayant le revolver sur la tempe. Les wagons, investis par les révolutionnaires, ont été vidés de leur contenu et, comme il n'y avait pas de place pour tout le monde, on a même commandé de nouvelles voitures ! Le 15 novembre 1913, vers trois heures du matin, à peine le train est-il entré en gare, que des hommes noirs de suie se dispersent sur la ville. À l'aube, Ciudad Juarez est tombé entre leurs mains, presque sans coup férir ! Le moral des troupes, abattues après

Les troupes de Pancho Villa en plein combat, près de Juarez, en 1913.

l'échec devant la capitale, remonte en flèche. Huit jours plus tard, les *dorados* (ainsi se nomme l'élite des troupes « villistas ») affrontent triomphalement les troupes fédérales à Tierra Blanca. Le 25 novembre, devenu le maître du Chihuahua, Pancho Villa s'en proclame gouverneur militaire.

Étonnant Pancho Villa ! Il renvoie les Espagnols chez eux, en proclamant qu'il n'y « aura plus de palais au Mexique », confisque quelque sept millions d'hectares aux riches propriétaires, distribue les terres aux anciens combattants, les encourageant à les cultiver, et nationalise les grandes entreprises. Il fonde aussi, dans la seule capitale Chihuahua, plus de cinquante écoles, distribue aux pauvres des milliers de pesos, des vivres et des vêtements, et leur revend, à bas prix, la viande du bétail confisqué sur les haciendas… Quand il prend une ville, il fait ouvrir les boutiques à la population pour qu'elle s'y serve gratuitement. Il tente de ranimer le commerce en créant une monnaie de papier, qu'il garantit de son nom, et l'impose dans tout l'État en déclarant que les pièces d'argent seront désormais considérées comme de la fausse monnaie ! Il obtient même le soutien des États-Unis. Le

« Centaure du Nord » – comme l'ont fait surnommer ses impressionnantes charges de cavalerie – devient extrêmement populaire, bien au-delà du Chihuahua. Le plus étonnant, c'est que Pancho Villa a compris – tout comme l'usage du télégraphe et des trains pour coordonner ses attaques et transporter plus vite ses troupes – l'intérêt de la photographie et du cinéma pour véhiculer une propagande qui repose sur une mise en scène quotidienne. Ainsi, des centaines de clichés et de reportages – il signe des contrats avec des hebdomadaires américains pour couvrir ses activités – le représentent, bien souvent avec ses cavaliers, en rebelle défenseur des opprimés, proche du peuple et dédaigneux des honneurs. C'est un gouverneur qui ne portera jamais de cravate, il prétend qu'elles lui serrent le cou... Un nombre incroyable de légendes et de corridos (couplets) flatteurs circulent sur son compte. En janvier 1914, la Mutual Film Company vient même d'Hollywood tourner le film *The Life of Pancho Villa*, dirigé par D.W. Griffith, où il joue son propre rôle !

L'épisode du raid sur Columbus révèle pourtant un tout autre homme, un personnalité d'une extrême violence. Alors qu'on entend dire que ce héros ne fait jamais exécuter les soldats ennemis mais seulement les officiers, il laisse son adjoint Rodolfo Fierro, surnommé El Carnicero (le Boucher), se livrer à des jeux sanguinaires : lâchés par groupes de dix, les prisonniers doivent, pour gagner leur liberté, franchir une barrière en évitant les balles... Un jour, alors qu'il attend fébrilement le résultat d'une bataille menée par ses hommes, un télégramme arrive, apportant la nouvelle de la victoire ; cent soixante ennemis se sont rendus avec leurs armes. Que faut-il en faire ? demande le chef de ses troupes. Villa entre alors en fureur, hurlant au télégraphiste : « Ce qu'il faut en faire ? Mais les fusiller, bien sûr ! Dis-lui de les fusiller, et s'il n'a pas accompli cet ordre dans une heure, je le rejoins et le fusille avec les autres, pour lui apprendre. » Sans conteste, sa terrible et légendaire impulsivité le rend incontrôlable. Il peut rire avec des amis et, soudain, à la moindre contrariété, exploser et être capable de dégainer son pistolet pour tuer tout ce qui bouge...

Rodolfo Fierro (dit « Le Boucher ») et Pancho Villa, les chefs révolutionnaires mexicains, avec Ortoga et Medina en 1914.

Sa carrière de gouverneur aura duré moins de trente jours. On peut comprendre pourquoi ! Se conformant aux ordres de Carranza, il cède sa place au général Manuel Chao, et reprend le combat. Pris entre ses troupes, celles de Carranza et celles de Zapata au sud, Victoriano Huerta, vaincu, doit à son tour s'exiler, le 15 juillet 1914. Venustiano Carranza devient alors Président. Est-ce pour autant la fin de la révolution ? Non, depuis mars, les rapports ont commencé à se gâter... Favorable à des réformes politiques, Carranza l'est moins sur le volet social. Dès octobre, la rupture est consommée. Pancho Villa et Emiliano Zapata s'unissent contre lui et se rejoignent en décembre à Mexico, où Pancho Villa se fait photographier dans le fauteuil présidentiel. Aussitôt il retourne rapidement dans le Chihuahua avec, à ses trousses cette fois, les troupes de Carranza confiées au général Obregón. La bataille de Celaya, en avril 1915, est décisive : trop sûr de lui, Villa connaît une cuisante défaite. Ses cavaliers chargent en vain contre une ville protégée par un réseau de fils

Salvaro Obregón Salido (1880-1928), politicien et général mexicain, président du Mexique de 1920 à 1924.

de fer barbelés et de fossés d'irrigation. Devenus des cibles faciles, ils sont décimés par les mitrailleuses. De nouveau défait, en juin et juillet, Pancho Villa se replie au nord du Mexique, avec une armée réduite et très découragée. Nouveau coup du sort, en octobre 1915, lorsque les Américains – qui l'avaient toujours soutenu – reconnaissent officiellement le gouvernement de Carranza. S'estimant trahi, Villa conduit un raid punitif sur Colombus, que les États-Unis vont considérer comme un véritable affront. Traqué par les cinq mille hommes du général Pershing, il reste introuvable ; ses hommes commencent à perdre la foi...

Durant quatre ans, Villa résiste encore, perdant bataille après bataille. Zapata est assassiné, en 1919, Carranza renversé à son tour par Obregón, en 1920. Pancho Villa dépose finalement les armes et signe, le 28 juillet 1920, un accord avec le nouveau gouvernement : il obtient, en échange, l'amnistie et une hacienda de vingt-cinq mille hectares, à Canutillo, dans son État natal du Durango. Ironie de l'histoire, le révolutionnaire aurait pu finir tranquillement ses jours en riche propriétaire terrien... Mais il est rattrapé par son passé. Le 23 juillet 1923, alors qu'il circule en voiture dans les rues de Parral, il est abattu d'une balle dans le dos par un tireur embusqué. Les coupables ne seront jamais identifiés. Ne reste que sa légende, bien vivante encore au Mexique. Bandit ou révolutionnaire ? Les deux sans doute, mais peu importe. Le mythe Pancho Villa a largement surpassé l'homme.

Y A-T-IL EU UN COMPLOT CONTRE LA **TOUR EIFFEL ?**

Mai 1889. Pour la quatrième fois, la Ville de Paris accueille l'Exposition universelle. Mais, cette année, l'événement a une portée nettement plus importante, car l'exposition célèbre le centenaire de l'anniversaire de la Révolution française. Pour présenter aux millions de visiteurs venus du monde entier le rayonnement de la République française, les organisateurs se sont lancés dans l'un des plus grands défis architecturaux de l'histoire : édifier en moins de trois ans le plus haut monument que les hommes aient pu construire depuis les pyramides.

Grâce au talent de son constructeur, Gustave Eiffel, ce pari, que beaucoup jugeaient perdu d'avance, fut brillamment réussi. Avec ses 300 mètres de hauteur, la tour Eiffel constitue sans conteste la plus grande attraction de l'exposition et renforce à elle seule le prestige de la France. Pourtant, certains auteurs révèlent depuis peu que la réalisation de ce gigantesque défi aurait pu être entravée par un attentat lors de la construction de la tour, ainsi que durant l'Exposition universelle. Qui pouvait donc bien avoir intérêt à empêcher la construction de la tour Eiffel ? Et à travers elle, qui pouvait être directement visé : Gustave Eiffel ? Les visiteurs ? La République ?

« Assisterons-nous à la destruction de Paris en 1926 ? »,
dans « Le Petit journal illustré »,
le 22 novembre 1925. Collection privée.

Nous sommes en janvier 1879. Le président Mac Mahon vient de démissionner et son successeur, Jules Grévy, cherche à instaurer définitivement le régime républicain en France, après neuf années d'incertitude. Les assemblées quittent Versailles pour Paris ; *la Marseillaise* est désormais l'hymne national et le 14 Juillet devient la fête nationale. Pour immortaliser l'événement, et montrer aux monarchies d'Europe la pérennité de la République, Jules Grévy envisage alors de programmer une nouvelle Exposition universelle, conçue depuis le milieu du XIXe siècle comme la vitrine de la production industrielle et artistique d'un pays. Paris l'a déjà organisée à trois reprises (1855, 1867 et 1878) et l'État français entend bien tirer parti de l'organisation pour relancer son économie par l'aménagement de grands travaux et la réalisation de prouesses architecturales. En cette fin du XIXe siècle, de nombreux architectes ont pour ambition d'ériger la première tour atteignant la hauteur symbolique de 1 000 pieds (environ 304 mètres). Construite il y a plus de quatre mille ans, la pyramide égyptienne de Gizeh reste jusqu'alors le plus haut monument jamais bâti (146 mètres) devant les cathédrales. Mais l'utilisation de la pierre pour les très hauts édifices montre ses limites. Ainsi, à Washington, en 1885, l'édification d'un obélisque devant atteindre la hauteur de 183 mètres est finalement ramenée à 169 mètres. Le fer semble alors le seul matériau permettant la construction d'un édifice de 300 mètres. Aussi, en vue de l'Exposition universelle de Philadelphie de 1876, célébrant le centenaire de l'indépendance des États-Unis, deux architectes américains, Clarke et Reeves tentent de construire une tour cylindrique en fer de plus de 300 mètres, mais le projet échoue rapidement faute de crédits suffisants.

Le 6 juin 1884, deux ingénieurs français, Maurice Koechlin et Émile Nouguier, mettent au point le plan d'une tour de 300 mètres, formée de quatre poutres en treillis écartées à la base et se rejoignant au sommet. Pour accroître la stabilité de l'édifice face aux effets du vent, les ingénieurs incurvent les arêtes, comme celles des viaducs métalliques de l'époque. Ils présentent leur projet à leur patron, Gustave Eiffel. Né à Dijon en 1832, ce dernier est à la tête d'une entreprise spécialisée dans les charpentes métalliques. Eiffel jouit d'une renommée considérable et a déjà réalisé des centaines d'ouvrages métalliques dans le monde entier : les pavillons de l'Exposition universelle de Paris de 1878, la coupole de l'observatoire de Nice, le pont sur le Douro à Porto, la gare de Budapest... Il vient tout juste d'achever la structure métallique de la statue de la Liberté à New York, d'Auguste Bartholdi.

Gustave Eiffel (1832-1923), ingénieur français. Gravure en 1889 par Jean-Baptiste Guth.

D'abord réticent au projet de Koechlin et Nouguier, Gustave Eiffel finit par s'y intéresser après plusieurs remaniements opérés par l'architecte Stephen Sauvestre. Le 18 septembre 1884, Eiffel dépose un brevet d'invention et, neuf jours plus tard, les dessins de la tour sont montrés à l'Exposition des Arts décoratifs de Paris. Le 8 novembre 1884, Jules Grévy prend deux décrets instituant l'Exposition universelle pour l'année 1889, afin de commémorer le centenaire de la Révolution française. Ayant eu vent que le gouvernement cherchait à édifier un monument qui constituerait l'attraction principale de l'Exposition, Gustave Eiffel s'emploie à faire connaître son projet en menant une véritable campagne de presse comprenant la rédaction de publicités, la distribution de prospectus, et des conférences dans lesquelles il détaille toutes les données techniques. Il expose ainsi les avantages du fer (élasticité, légèreté, durabilité, facilité de montage, résistance aux incendies), et met en avant l'utilité scientifique de sa tour, pour la météorologie, l'astronomie ou la télégraphie. Cet argument est déterminant car il fait de la tour Eiffel, l'héritière des Lumières et de la Révolution, d'autant plus que le fer est alors un matériau intimement lié à l'idée de progrès.

Le 1er mai 1886, le ministre du Commerce, Édouard Lockroy, également commissaire général de l'Exposition universelle, lance un concourt ouvert à tous les architectes et ingénieurs. Ceux-ci sont chargés « d'étudier la possibilité d'élever sur le Champ-de-Mars une tour en fer à base carrée de 125 mètres de côté à la base et de 300 mètres de hauteur ». Les participants n'ont que dix-huit jours pour rédiger leur projet. Ce délai extrêmement court et les termes du règlement – qui correspondent point par point à la tour de Gustave Eiffel – semblent faits pour favoriser le projet de ce dernier, au point que de nombreux commentateurs doutent de la probité du concours. Le 12 juin 1886, Eiffel est le lauréat logique du concours et s'engage à construire la tour pour le début de l'Exposition universelle. La convention entre Gustave Eiffel, l'État et la préfecture de la Seine est signée le 8 janvier 1887. Le financement total de la tour est à la charge de Gustave Eiffel, la Ville de Paris ne subventionnant que l'aménagement du sol et la transformation des squares et des avenues. Le devis total se monte à six millions et demi de francs et Eiffel reçoit pour cela une aide de l'État d'un million et demi. Pour payer les cinq millions restants, il créé une société anonyme, la Société de la tour Eiffel, financée pour moitié par des investisseurs privés. Eiffel se voit attribuer la jouissance de l'exploitation de la tour pour une période de vingt ans, à compter du 1er janvier 1890, après quoi celle-ci sera cédée à la Ville de Paris.

Les travaux débutent le 28 janvier 1887 avec le creusement des fondations. L'édification de la tour Eiffel constitue un véritable exploit technique puisqu'elle fut effectuée en vingt-deux mois, avec un nombre total d'ouvriers présents sur le chantier ne dépassant pas les deux cent cinquante. Cette rapidité s'explique par le minutieux et rigoureux travail de fabrication et de pré-

Le Champs-de-Mars. Projet primé en 1886 pour l'Exposition universelle de 1889.
Gravure de 1886. Archives nationales, Paris.

assemblage de chacune des pièces à l'usine de Levallois-Perret, siège de l'entreprise Eiffel. Elles sont ensuite transportées sur le site où elles n'ont plus qu'à être montées. Plus de dix-huit mille pièces reliées par deux millions et demi de rivets ont été nécessaires, requérant sept cents dessins d'ensemble et trois mille six cents dessins d'ateliers. Le moment le plus crucial de l'édification est, le 7 décembre 1887, la jonction des quatre piliers de base car il est indispensable que les trous des rivets des pièces coïncident au millimètre prêt. Après le premier palier, la tour Eiffel s'élève au rythme de dix mètres par mois jusqu'au second étage, puis de trente mètres par mois dans sa flèche finale. La tour Eiffel est dotée d'escaliers : trois cent soixante marches relient le sol au premier étage et trois cent quatre-vingts

Construction de la tour Eiffel. Gravure colorisée, XIXe siècle. Collection privée.

raccordent le premier étage au second. L'escalier reliant le deuxième étage au troisième compte mille soixante-deux marches, mais, jugé trop dangereux, il est réservé au personnel et interdit au public. Pour permettre aux visiteurs d'accéder au sommet sans avoir à emprunter les escaliers, Gustave Eiffel a recours à trois sociétés qui réalisent des ascenseurs dernier cri utilisant un système de traction par câbles et presse hydraulique, pouvant transporter jusqu'à deux cents personnes.

Le 31 mars 1889, les travaux sont achevés et la tour est inaugurée par Gustave Eiffel. Accompagné de plusieurs notables, celui-ci hisse le drapeau tricolore sur le mât du sommet, avant d'être fait officier de la Légion d'honneur par le président du Conseil. Le lendemain, l'événement est si célébré qu'il parvient à éclipser la fuite du général Boulanger vers la Belgique. La tour Eiffel est ouverte au public pour la première fois le 15 mai 1889 à l'occasion de l'Exposition universelle. En une semaine, alors que les ascenseurs ne sont pas encore fonctionnels, près de trente mille visiteurs montent déjà jusqu'au premier ou au deuxième étage. Grâce à l'installation des ascenseurs, la tour Eiffel enregistre, durant les cent soixante-treize jours de l'exposition, près de deux millions d'entrées, générant six millions de francs de recette. En un an, Eiffel et sa société sont déjà remboursés. Face à ce succès, les Anglais tentent, dès l'année suivante, de réaliser leur propre tour Eiffel qui dépasserait en hauteur celle des Français, mais le projet est abandonné quelques années plus tard. De petites tours Eiffel sont construites à Tokyo, Berlin ou Lyon. Mais qui aurait donc intérêt à commettre un attentat contre la tour Eiffel, et surtout pourquoi ?

Avant même le début de son édification, la tour Eiffel suscite une très vive opposition dans les milieux artistiques. D'abord dans le monde architectural où de nombreux professionnels se montrent résolument hostiles à sa construction. Beaucoup d'architectes considèrent le métal comme relevant uniquement du domaine de la construction et non de celui de l'architecture et voient la tour comme antiartistique. Aussi, lors du concours en vue de l'Exposition universelle, la revue d'architecture *La Construction moderne* compare le projet d'Eiffel à un échafaudage, dénué de tout art architectural, et préfère soutenir le projet fantaisiste de Jules Bourdais : une tour en granit de 300 mètres, surmontée d'un phare électrique de 50 mètres. La *Revue générale de l'architecture et des travaux publics* considère pour sa part que la tour Eiffel est dangereuse pour l'harmonie de l'espace parisien dont elle gâterait la silhouette. Les pamphlets contre la tour Eiffel se multiplient et les injures fusent : Paul Verlaine la qualifie de « squelette de beffroi », Léon Bloy de « lampadaire véritablement tragique ».

Le 14 février 1887, le journal *Le Temps* (ancêtre du *Monde*) publie une lettre ouverte intitulée « Protestation des artistes » dans laquelle de grandes figures artistiques de l'époque s'insurgent contre l'érection de la tour Eiffel, qualifiée d'inutile et monstrueuse et jugée déshonorante pour Paris. Parmi les signataires de cet appel, on trouve les écrivains Guy de Maupassant, Alexandre Dumas fils, Édouard Pailleron et Victorien Sardou, l'architecte Charles Garnier, le compositeur Charles Gounod, le poète François Coppée, le peintre Léon Bonnat et le sculpteur Eugène Guillaume. Un fanatique a-t-il pu prendre le mot « déshonneur » au pied de la lettre, au point d'empêcher la construction de la tour en commettant un

Vue de l'Exposition universelle de 1889 à Paris. Gravure de 1889.
Arts décoratifs, Paris.

attentat ? Ou bien un architecte ayant vu son projet détrôné par celui d'Eiffel lors du concours de 1886 a-t-il songé à se venger ? Mystère. Pourtant, il était prévu depuis le départ que la tour ne devait être construite qu'à titre provisoire, la concession n'étant accordée à Gustave Eiffel que pour vingt ans. Persuadés que la tour serait démontée, ses adversaires avaient finalement bien peu de raisons de vouloir la détruire lors d'un attentat.

Autre piste à envisager : celle d'un habitant du quartier. On sait en effet que l'édification de la tour Eiffel déplaît fortement aux riverains du Champ-de-Mars car certains craignent que la tour ne s'effondre sur leur domicile. L'un d'entre eux, également conseiller de la Ville de Paris, intente même un procès à Gustave Eiffel. Une propriétaire d'un hôtel de l'avenue de la Bourdonnais, qui s'estime privée de son droit d'accès, adresse au célèbre préfet de la Seine, Eugène Poubelle, un mémoire préalable à une instance, afin d'obtenir l'arrêt immédiat des travaux. Risquant d'être retardé ou même paralysé dans la construction de la tour, Gustave Eiffel promet à tous les riverains de les dédommager substantiellement en cas d'accident.

Et si l'attentat contre la tour Eiffel était un moyen choisi par des ouvriers du chantier pour protester contre leurs précaires et dangereuses conditions de travail ? En septembre 1888, alors que la tour dépasse le deuxième étage, ceux-ci se mettent en grève, s'estimant insuffisamment payés compte tenu des risques mortels qu'ils prennent. Gustave Eiffel rétorque qu'une chute est mortelle aussi bien à cinquante mètres qu'à deux cents mètres, mais concède toutefois aux ouvriers une augmentation. Trois mois plus tard, une nouvelle grève survient. Les ouvriers réclament une nouvelle augmentation car, en hiver, ils ne peuvent travailler que neuf heures par jour au lieu de douze en été, ce qui induit une baisse de leur salaire. Cette fois Eiffel refuse de céder. Il menace de renvoyer tous ceux qui ne reprennent pas le travail et interdit aux meneurs de monter aux étages supérieurs et les cantonne au montage des arcs du premier étage. Au bout de quelques jours, l'ordre est rétabli. Les risques encourus par les travailleurs du chantier, amplifiés par la volonté d'Eiffel de terminer la tour dans les délais promis, ont-ils pu pousser des ouvriers à préparer un attentat ? C'est peu probable car la construction de la tour Eiffel est une réussite sur le plan de la sécurité. Un seul ouvrier a perdu la vie sur le chantier, mais ce n'était pas durant ses heures de travail. Il s'agit d'un Italien dont la veuve sera discrètement mais généreusement indemnisée, à condition qu'elle retourne dans son pays. À titre de comparaison, à la même époque, la construction du grand pont sur le *Firth of Forth*, en Écosse, coûte la vie à plu-

François Claudius Koënigstein dit Ravachol (1859-1892), ouvrier, terroriste-anarchiste, auteur de plusieurs attentats.

sieurs dizaines d'ouvriers. L'attentat contre la tour Eiffel était-il alors la manifestation d'une contestation politique ? En effet, on peut supposer que cette tour construite pour l'exposition célébrant le centenaire de la Révolution a pu être vécue comme une provocation par les royalistes français. La plupart des têtes couronnées d'Europe ont d'ailleurs boycotté l'événement. Mais l'hypothèse la plus probable d'un attentat politique est à explorer au sein des milieux anarchistes. À la fin du XIXe siècle, la France fait face à une instabilité économique et à une montée de l'antiparlementarisme qui suscite une recrudescence d'attentats planifiés par les anarchistes dont la plus grande figure est évidemment Ravachol. Critiquée pour son prix exorbitant et son inutilité, la tour Eiffel a sûrement pu constituer une cible emblématique, comme symbole de suprématie capitaliste. L'écrivain Joris-Karl Huysmans l'a d'ailleurs comparée à un « clocher de la nouvelle église dans laquelle se célèbre le service divin de la haute banque ».

D'autre part, pour avoir construit des écluses, Gustave Eiffel a été impliqué dans le scandale financier du canal de Panama, et n'a échappé à une peine de prison ferme que grâce à la prescription. Son bureau était situé au dernier étage de la tour

Eiffel et il aurait pu en conséquence être visé par un attentat. Par ailleurs, on peut imaginer que l'Exposition universelle de 1889 avec ses millions de visiteurs aurait été l'occasion idéale pour un anarchiste d'approcher facilement un homme de pouvoir afin de l'assassiner. De nombreuses personnalités ont pour cette occasion visité la tour Eiffel : Georges Ier de Grèce, le shah de Perse, le fils de l'Empereur du Japon, le tsarévitch, le prince de Galles, mais aussi le scientifique Thomas Edison, qui a d'ailleurs enregistré sur l'un des premiers phonographes la voix de Gustave Eiffel. Quelques années après l'Exposition universelle, le président français Sadi Carnot et l'impératrice Élisabeth d'Autriche seront tous deux assassinés par des anarchistes. Mais, aussi convaincante que soit la piste anarchiste, force est de constater que nous nous heurtons, avec elle, à un problème de taille : la chronologie. En effet, la tour Eiffel est inaugurée pour l'Exposition universelle de 1889, tandis que la vague d'attentats anarchistes a lieu entre 1892 et 1894. Et en 1900, lors d'une nouvelle Exposition universelle de Paris, l'activisme anarchiste a pratiquement disparu en Europe.

Malgré de nombreux éléments troublants, qui alimentent la rumeur, aucun historien n'est parvenu à démontrer de manière irréfutable qu'un attentat contre la tour Eiffel ait bien été déjoué, que ce soit lors de sa construction ou durant les expositions universelles de 1889 et 1900. Serait-ce un sujet classé « secret défense » ? Il est fort probable qu'une telle idée ait pu germer dans la tête d'un irréductible anarchiste désirant ébranler la République ou d'un illuminé en quête de célébrité. Le véritable risque encouru par la « dame de fer » – supposée n'être qu'un édifice provisoire – aura été sa démolition, proposée en 1903 par la Commission du vieux Paris. Mais la concession, censée expirer en 1910, sera prolongée. Désormais propriété de la ville de Paris, elle ne devra son salut définitif qu'à sa vocation stratégique de point culminant – notamment en matière de radiotélégraphie et radiodiffusion – qui lui a permis de subsister, plus d'un siècle plus tard, pour le plus grand bonheur des touristes !

EINSTEIN
A-T-IL PLAGIÉ LA THÉORIE DE LA RELATIVITÉ ?

Albert Einstein est considéré comme l'un des plus grands savants de l'histoire de l'humanité, si intelligent qu'on étudie encore aujourd'hui son cerveau pour tenter de percer son secret. Appartenant à ces rares scientifiques ne disposant d'autres instruments qu'une simple feuille de papier et un crayon et ayant pour tout laboratoire que son seul esprit, il s'est imposé dans la mémoire collective comme le symbole du génie solitaire et excentrique, incontesté et incontestable.

Einstein n'était pas seulement un immense savant et il fut aussi, toute sa vie durant, un homme aux idées hautement humanistes, adversaire acharné de l'intolérance. Einstein est devenu célèbre pour sa théorie de la relativité – cette théorie physique révolutionnaire, résumée à travers la formule $E = mc^2$ – qui forme la base de la physique moderne. Mais un doute subsiste aujourd'hui : cette théorie est-elle réellement pertinente et surtout, Albert Einstein en est-il vraiment l'auteur ?

En 1905, un jeune inconnu, âgé de vingt-six ans et nommé Albert Einstein, fait paraître une série de trois articles dans la revue scientifique allemande les *Annales de Physique*, qui vont bouleverser l'histoire. Le plus célèbre, publié le 30 juin, s'intitule « Sur l'électrodynamique des corps en mouvement » qui fonde la théorie de la relativité restreinte.

Albert Einstein (1879-1955), le physicien d'origine allemande, après son départ d'Allemagne pour Princeton, aux États-Unis, le 18 octobre 1933.

Ce texte remet en cause la conception de l'espace et du temps, établie par Isaac Newton à la fin du XVIIe siècle, qui prétendait que les unités de temps, de masse et de longueur étaient invariables et absolues. Quelques mois plus tard, la théorie de la relativité restreinte est complétée par la plus célèbre équation de l'histoire : $E = mc^2$. Cette formule établit que l'énergie d'une matière est égale à sa masse, multipliée par le carré de la vitesse de la lumière (soit 300 000 kilomètres à la seconde). Elle démontre qu'une quantité extrêmement petite de matière peut dégager une énorme quantité d'énergie. L'article d'Einstein est aussitôt remarqué par Max Planck, fondateur de la physique quantique et professeur à l'université de Berlin, qui lui écrit pour obtenir des éclaircissements. Grâce à son texte, Einstein – qui avait été recalé du monde universitaire et n'avait pu trouver qu'un petit poste à l'office des brevets de Berne – se voit propulsé professeur associé de physique théorique à Zurich, avant d'intégrer, en 1913, l'université de physique de Berlin, qui est à l'époque la plus réputée de toutes.

En 1915, Einstein étend la théorie de la relativité restreinte et la généralise à la structure de l'univers, entraînant alors une révolution totale dans la façon de concevoir le cosmos. Il faut cependant attendre 1919 pour que les phénomènes prédits par la théorie de la relativité d'Einstein (comme la déviation des rayons lumineux d'une étoile quand ils passent dans le champ de pesanteur du Soleil) puissent être confirmés, lors de l'observation d'une éclipse totale du soleil. Cette preuve défère à Einstein, non seulement la considération du monde scientifique, mais surtout une popularité internationale que peu de physiciens ont connue avant lui et qu'aucun ne rencontrera plus après. En 1921, il est le lauréat du prix Nobel de physique mais, au sortir de la Grande Guerre, son principal engagement se tourne plutôt vers le pacifisme et la lutte pour l'égalité des hommes. Aussi, lorsque les nazis prennent le pouvoir en Allemagne, en 1933, Einstein, menacé de se voir retirer sa nationalité allemande en raison de ses origines juives, part se réfugier aux États-Unis. Son arrivée

Les scientifiques Albert Einstein et Leó Szilárd rédigent la lettre de 1939 qui alerte le Président Franklin Roosevelt sur la possibilité de réaliser une bombe atomique nucléaire.

à New York est digne de la réception d'un chef d'État et Einstein se voit confier un poste prestigieux à l'Institut de recherches de Princeton, dans le New Jersey. En 1939, l'inquiétude grandit chez de nombreux savants, car, grâce à la théorie de la relativité, l'Allemagne nazie pourrait fabriquer une arme de guerre au pouvoir de destruction gigantesque : la bombe atomique. L'un d'entre eux, Leó Szilárd, tente de convaincre Einstein de rédiger une lettre adressée au Président Roosevelt afin qu'il autorise un programme de recherche qui permettrait aux États-Unis de se doter de l'arme atomique avant l'Allemagne, et ainsi garantir la sécurité du monde. Après bien des hésitations, Einstein donne son accord et signe la lettre, pensant que l'arme ne serait jamais utilisée. Sa déception est grande lorsque, en août 1945, les Américains utilisent la bombe atomique contre la population civile japonaise. Au cours de la guerre froide, Einstein – suspecté de communisme et qui refusera d'être le président du tout jeune État israélien – vit désormais dans un isolement quasi total et s'éteint finalement, le 18 avril 1955. Comment expliquer une telle mise à l'écart du génie ?

Depuis plusieurs décennies, un nombre croissant de spécialistes prétendent que la paternité de la théorie de la relativité, à laquelle Einstein doit toute sa notoriété, reviendrait en fait au mathématicien français, Henri Poincaré. Certains accusent même Einstein de l'avoir volontairement plagié ! Cette hypothèse est-elle crédible ? Il est avéré que Poincaré a apporté une contribution incontestable à la théorie de la relativité restreinte. Celle-ci commence dès 1898, avec la parution de l'ouvrage *La Mesure du temps* – où il donne une définition du temps identique à celle émise par Einstein, sept ans plus tard – ; elle se poursuit avec *Science et Hypothèses*, publié en 1902, jusqu'à son discours « Sur la dynamique de l'électron », du 5 juin 1905. Poincaré a réellement démontré, bien avant Einstein, que la vitesse de la lumière était infranchissable. C'est aussi lui qui a inventé l'idée, émise par Einstein, de la synchronisation des pendules, notion fondamentale pour la théorie de la relativité. En réalité, tous les éléments de la théorie de la relativité restreinte publiés par Einstein, en 1905, se trouvent déjà dans l'œuvre de Poincaré, mais ils sont disséminés de manière désordonnée dans diverses publications. Si l'on peut donc affirmer que Poincaré a conçu et publié les fondements de la relativité avant Einstein, peut-on accuser le physicien allemand de l'avoir plagié en toute connaissance de cause ?

Il est en effet étonnant qu'un jeune scientifique de vingt six ans – dont le niveau en mathématiques est, de son propre aveu, largement inférieur à celui de Poincaré et qui est jusque-là un illustre inconnu, simple employé à l'office des brevets de Berne – ait pu concevoir seul la théorie physique la plus révolutionnaire du XXe siècle. Un détail est, à ce titre, extrêmement troublant. L'article d'Einstein a été remis à la revue des *Annales de Physique*, le 30 juin 1905. Or, vingt-cinq jours plus tôt, le 5 juin, Poincaré présente un cours résumé de son travail sur la dynamique de l'électron devant l'Académie des Sciences de Paris, dans laquelle apparaît un nombre très élevé de références à la relativité. Cette note est immédiatement publiée dans les comptes rendus des séances de l'Académie, avant d'être envoyée, deux jours plus tard, à des centaines de scientifiques du monde entier. Il semble dès lors très difficile d'imaginer qu'Einstein n'en ait pas eu connaissance avant de rédiger son célèbre mémoire ; d'autant plus que, travaillant au bureau des brevets de Berne, il consacre

Mileva Maric (1875-1948), physicienne et mathématicienne serbe, première femme d'Albert Einstein de 1903 à 1919.
The Granger Collection, NYC.

l'essentiel de son temps à lire des publications pour en rédiger des comptes rendus ! La lecture des travaux de Poincaré est en outre aisée pour Einstein, qui maîtrise très bien le français. Chose incroyable, des doutes subsistent encore sur la signature figurant sur le manuscrit original de l'article d'Einstein. Celui-ci a malheureusement été détruit mais, d'après les souvenirs du physicien russe Abram Joffe, la seule personne qui l'ait eu entre ses mains avant sa publication dans les *Annales de Physique*, le texte était cosigné par Albert Einstein et sa compagne, Mileva Maric, par ailleurs elle aussi une brillante scientifique. Mais l'élément qui tend le plus à démontrer le plagiat est l'absence, dans l'article d'Einstein, de toute référence à Poincaré, ce qui est très anormal pour ce type de texte, d'autant que, spécialiste des brevets, Einstein ne pouvait ignorer la question de la propriété intellectuelle. Est-ce pour ne pas mettre la puce à l'oreille de certains scientifiques qu'il n'a, à aucun moment, cité le mathématicien français ? On sait aussi que, lors du congrès Solvay, en 1911, un échange un peu vif a eu lieu entre les deux hommes, au cours d'un débat scientifique.

Quelques années plus tard, Einstein a même refusé de contribuer à un volume de la revue des *Acta Mathematica* dédié à Poincaré. Il est possible que la défiance d'Einstein pour le scientifique français provienne du fait qu'il n'avait pas la conscience tranquille. Einstein n'a jamais évoqué Poincaré, sauf, deux mois avant de mourir, en lui rendant un bref hommage. Faut-il y voir un ultime sursaut de culpabilité ? Il n'y a pas que la paternité d'Einstein sur la théorie de la relativité restreinte qui est sujette à caution. La célèbre équation, $E = mc^2$, que le monde entier lui attribue, apparaît déjà dans les travaux d'au moins trois scientifiques : Samuel Tolver Preston (en 1875), Henri Poincaré (en 1900) et surtout Olinto De Pretto (en 1904). D'autre part, il est aujourd'hui admis que la théorie de la relativité générale a été élaborée par le mathématicien allemand David Hilbert, antérieurement à Einstein, en 1915.

Le premier congrès Solvay, réuni à Bruxelles, du 29 octobre au 3 novembre 1911, a réuni la fine fleur de la physique mondiale.

Mais qu'est-ce qui aurait pu pousser Einstein à reproduire les travaux d'un autre scientifique en oubliant volontairement de le citer ? La réponse à cette question se trouve sans doute dans la jeunesse d'Albert Einstein. Né à Ulm, en Allemagne, en 1879, ses résultats scolaires sont, contrairement à une idée reçue, très bons. Mais le jeune Albert a un vrai problème avec la discipline et se fait prendre en grippe par ses professeurs.

David Hilbert (1862-1943), mathématicien allemand, v. 1930.

Passionné dès son plus jeune âge par les problèmes de physique, il rêve de devenir un grand scientifique. C'est toutefois après plusieurs échecs qu'il parvient enfin à entrer à l'École polytechnique de Zurich. Après s'être vu refuser sa thèse de doctorat, portant sur une théorie cinétique des gaz, il espère, comme le lui a promis le professeur Heinrich Weber, obtenir un poste d'assistant. Ce poste ne lui sera finalement pas accordé, et Einstein en gardera une profonde amertume et ne le pardonnera jamais à Weber. Se retrouvant sans emploi, il est contraint de quitter le monde universitaire. Suite à quelques remplacements dans des lycées, Albert Einstein est finalement engagé, en 1902, comme expert technique à l'office fédéral des brevets de Berne, pour un poste subalterne.

Einstein est un homme extrêmement ambitieux et narcissique, comme le prouve l'étude de sa correspondance, et rêve toujours d'obtenir un poste à l'Université. Faute de n'avoir pu y entrer par la grande porte, il va tenter de se faire connaître du monde scientifique par un autre moyen : la publication d'articles. Pour se faire, il contacte, en 1904, la plus prestigieuse revue scientifique d'Allemagne, les *Annales de Physique* et obtient de ses éditeurs la possibilité d'y publier régulièrement des comptes rendus d'articles parus dans divers journaux étrangers. En un an, Einstein va ainsi lire toutes les publications scientifiques afin de rédiger le maximum d'articles. Pour la seule année 1905, il en écrit plus de vingt et un. Prêt à tout pour se faire connaître – et reconnaître –, le jeune homme s'est sûrement douté qu'il n'avait pas grand-chose à perdre en reprenant à son compte les travaux épars et récents d'Henri Poincaré.

Pourtant, si c'est bien au scientifique français que l'on doit la paternité de la théorie de la relativité restreinte, pourquoi celui-ci ne l'a-t-il jamais revendiqué ? Ce qui attire immédiatement l'attention, c'est le contraste entre la personnalité et la vie des deux hommes. Poincaré naît en 1854. Issu d'un milieu favorisé (son cousin Raymond Poincaré deviendra président de la République en 1913), il montre d'étonnantes capacités intellectuelles dès son plus jeune âge. À dix-neuf ans, il entre à l'École polytechnique de Paris, où ses facultés sont aussitôt remarquées. Il a ainsi suivi tous les cours de mathématiques sans avoir besoin de prendre la moindre note ! Après avoir soutenu sa thèse, il occupe rapidement des postes importants à la faculté des Sciences de Paris. S'il a d'abord aiguisé son savoir dans le domaine des mathématiques, Poincaré a également écrit de nombreux ouvrages de physique et de philosophie, qui lui ont valu d'être nommé à l'Académie des sciences, puis à l'Académie française. Malgré son immense prestige scientifique, Poincaré est un homme d'une profonde modestie et qui se soucie fort peu de la gloire. Il brille même par son honnêteté intellectuelle, qui l'oblige à toujours citer le nom des scientifiques qui l'ont influencé dans ses travaux.

À l'âge de vingt-six ans – soit à l'âge où Einstein publie son article jetant les bases de la théorie de la relativité –, Poincaré crée de nouvelles fonctions mathématiques qu'il baptise « fonctions fuchsiennes », en l'honneur de son prédécesseur, le mathématicien allemand Lazarus Fuchs. À la différence de

Henri Poincaré (1854-1912), mathématicien français, astronome, ingénieur des mines et philosophe français, v. 1900-1910.

beaucoup d'universitaires, ce brillant mathématicien voit, en ses étudiants, non pas de futurs rivaux, mais des continuateurs de l'esprit scientifique et il n'hésite pas à leur donner des idées pour leurs thèses. La seule préoccupation d'Henri Poincaré est la vérité scientifique. Il déclarera : « Que peut être la satisfaction de donner son nom à une découverte, auprès de la joie d'avoir contemplé la vérité face à face ? » À la lumière de ces éléments, on comprend mieux pourquoi Poincaré n'a jamais insisté sur son rôle déterminant dans la théorie de la relativité : son amour de la science était plus fort que la lumière ! De plus, en 1905, Poincaré est déjà au faîte des honneurs, tant en mathématiques qu'en physique, et on l'imagine mal disputer à un jeune employé des bureaux des brevets de Berne, dont personne n'a jamais entendu parler, la paternité de la relativité restreinte. D'ailleurs, Poincaré meurt peu de temps après, en 1912, c'est-à-dire avant que la relativité soit véritablement admise et confirmée par l'expérience.

Einstein est-il alors vraiment l'auteur de la théorie de la relativité ? S'il apparaît en effet difficilement contestable qu'Einstein s'est très fortement inspiré de la théorie de la relativité restreinte de Poincaré, sa propre théorie est légèrement différente de celle du Français. Elle se distingue notamment par le rôle mineur qu'il attribue à l'éther, mais surtout par sa radicalité, qui le mènera, dix ans plus tard, à la théorie de la Relativité générale. En réalité, tout le génie d'Einstein réside dans la synthèse qu'il a réalisée des découvertes les plus fondamentales de l'époque, dont celles de Poincaré, qu'il a su relier et articuler dans une cohérence d'ensemble, basée sur la lumière, et que lui seul a été capable de donner. D'ailleurs, ce ne sont pas ses travaux sur la relativité restreinte qui lui ont valu le prix Nobel, mais ceux sur l'effet photo-électrique. Einstein a également produit la théorie des fluctuations de l'entropie, qui a permis de prouver l'existence des atomes. Il n'en demeure pas moins qu'Einstein a commis une faute en ne citant jamais Henri Poincaré parmi ceux qui ont contribué à l'élaboration de la relativité, mais cette étourderie fait sans doute partie des faiblesses de tous les individus, même des plus grands génies !

LE GÉNÉRAL DE GAULLE
A-T-IL VRAIMENT LIBÉRÉ PARIS ?

« Paris ne doit pas tomber aux mains de l'ennemi, ou il ne doit trouver qu'un champ de ruines. » L'ennemi, ce sont les Français. En ce mois d'août 1944, alors que le front allemand est en train de s'effondrer à la suite de la bataille de Normandie, Adolf Hitler n'envoie pas moins de neuf messages au nouveau gouverneur de Paris, le général von Choltitz, pour lui donner ordre de défendre coûte que coûte la capitale, quitte à la réduire en cendres, si jamais il devait l'abandonner. Le Führer est persuadé qu'il est encore possible de faire franchir la Seine aux rescapés de la VIIe Armée allemande, d'établir une ligne de défense et de repartir à l'offensive. Il espère beaucoup du développement de ses « armes nouvelles » : le dernier modèle de ses bombes volantes, le V2, est tout près d'entrer en scène.

Paris brûlera-t-il ? Vingt mille Allemands tiennent encore la capitale, équipés de chars et de canons, sans compter les avions stationnés au Bourget. Mais von Choltitz, qui a rencontré en personne, le 7 août, un Hitler survolté, n'a plus confiance : conscient que la guerre est perdue pour son camp – et soucieux de ménager son propre avenir (il a un lourd passé, ayant notamment participé, en 1941, aux massacres de Sébastopol) –, il préfère négocier et se rendre. Le 26 août, le général de Gaulle pourra ainsi descendre les Champs-Élysées sous les vivats d'une foule immense et rendre hommage aux libérateurs de la capitale. Mais qui sont-ils, ces héros qui ont libéré un Paris occupé depuis quatre ans ?

Général Charles de Gaulle (1890-1970),
le 16 septembre 1944.

« C'est la mer ! », écrira-t-il avec émotion à propos de ces grappes humaines qui ont envahi les trottoirs, se penchent aux balcons, s'accrochent aux arbres et aux réverbères. Incontestablement, l'élan est venu du peuple parisien. Depuis le débarquement allié, le 6 juin 1944, la capitale vivait dans l'espoir de cette libération. Après la percée d'Avranches, le 25 juillet, les troupes alliées ont commencé à se rapprocher et l'effervescence à croître en Île-de-France où les grèves se sont multipliées à partir du 10 août (cheminots, bâtiment, métallurgie, métro, PTT, police). L'ambiance y est telle que, le 17 août, malgré la rumeur répandue la veille d'un prochain retour à l'Élysée du maréchal Pétain soutenu par l'armée américaine, les ténors de la collaboration, Déat, Doriot, Darnand... prennent la fuite vers l'Allemagne, Radio-Paris (« Radio-Paris ment, Radio-Paris est allemand ») cesse de diffuser, et les journaux collaborationnistes de paraître.

Le 17 août, le colonel Rol-Tanguy, chef des FFI de la région parisienne, se prononce, lors d'une réunion du bureau du comité parisien de libération (CPL, majoritairement communiste), pour le déclenchement de l'insurrection : l'ennemi est désorganisé et démoralisé, les autorités vichystes se sont enfuies, la police est ralliée à la résistance, la population affamée est décidée à en finir... Aussi – bien que les quelque vingt mille FFI parisiens ne disposent que d'environ six cents armes –, dès le lendemain, la capitale se couvre d'affiches portant la signature du colonel, et appelant le peuple parisien à se soulever. Alexandre Parodi, délégué du général de Gaulle, et son adjoint militaire, Jacques Chaban-Delmas, ne peuvent que se rallier, sans attendre, à l'avis du Gouvernement provisoire. Ordre est donné de partir à l'assaut des bâtiments publics, des usines, des gares pour « ouvrir la voie de Paris aux armées alliées victorieuses et les accueillir ».

Le 19, peu après 8 heures, l'occupation de la Préfecture de police par deux mille agents donne le vrai coup d'envoi : le drapeau bleu-blanc-rouge hissé au sommet de la caserne de la Cité est le tout premier signe de la libération ! Dans l'après-midi, des escarmouches ont lieu. Mais von Choltitz accepte aussitôt de négocier un cessez-le-feu avec les gaullistes, grâce à l'entremise du consul de Suède, Raoul Nordling. Le fidèle Parodi a été quant à lui chargé par de Gaulle – qui craint que le parti communiste profite de la libération de Paris pour installer une démocratie populaire – de contrôler la rébellion et d'organiser le noyautage des principaux édifices publics par les résistants du Mouvement de libération nationale (MLN, d'où le parti communiste est absent).

Le colonel Henri Rol-Tanguy (1908-2002), ici commandant des FFI d'Île-de-France, en août 1945.

Les combats n'en continuent pas moins : Rol-Tanguy, opposé à la trêve, donne l'ordre de dresser partout des barricades, afin de bloquer la circulation des chars allemands dans la ville. Las des quatre ans d'occupation, les Parisiens par milliers le suivent avec ardeur et enthousiasme : les pavés sont arrachés, les arbres coupés, on entasse les objets les plus hétéroclites, matelas, bancs de square, rails, lits-cages, bordures de trottoir… Plus de quatre cents barricades surgissent. Des combats se déroulent dans tous les arrondissements ; ici ou là, les Allemands tirent sans sommation sur les passants. Des résistants attaquent les convois allemands afin de récupérer du matériel. Mais le manque d'armes et de munitions se fait très vite sentir. Les insurgés ne pourront tenir longtemps. La lutte est inégale et la Résistance peut craindre l'arrivée imminente de divisions blindées nazies en renfort. Rol-Tanguy

Barricade de la rue Saint-Jacques « ornée » des portraits d'Hitler et de Goering, le lundi 21 août 1944 à 19 h 30.

envoie alors son adjoint, le « commandant Gallois », auprès des généraux Patton, Bradley et Leclerc, exposer la situation et demander sans tarder l'appui d'une colonne de secours. Or le général Leclerc, avec ses hommes, est tout aussi impatient de libérer la capitale ! Le 1er août, sa division, passée par l'Angleterre et rééquipée de matériel américain, a débarqué à « Utah Beach » (Cotentin) et a été intégrée à la IIIe Armée américaine du général Patton, qui ne tarit pas d'éloges sur la division Leclerc. C'est elle qui a délivré Alençon, le 12 août.

Malheureusement, il n'entre pas dans les plans de l'état-major américain de marcher sur Paris. Depuis le 6 juin, la progression des Alliés a été plus lente que prévu et ils préféreraient ne pas perdre davantage de temps, contourner la capitale et foncer directement vers l'Allemagne. Après avoir reçu Gallois, le 21 août, Leclerc envoie, de sa propre initiative, en direction de Versailles, un détachement aux ordres du commandant de Guillebon pour tester les défenses allemandes : il provoque alors la fureur de son supérieur, le général américain Gerow, qui y voit immédiatement le signe d'une insubordination.

Le général Philippe Leclerc de Hauteclocque (1902-1947) en octobre 1947.

Le général de Gaulle, cependant, a débarqué, lui, en France, dès le 14 juin, avec l'intention de conjurer un deuxième péril (après celui du parti communiste) : que s'établisse en France une administration alliée – l'*Allied Military Governement of Occupated Territories* (AMGOT). Un an plus tôt, il a réussi à obtenir du général Eisenhower l'assurance que la libération de Paris serait confiée à une unité française. Aussi lui rappelle-t-il ses engagements. Son intervention, l'insistance de Leclerc et celle du « commandant Gallois » finissent par arracher à Eisenhower l'ordre, pour la 2e DB de Leclerc, de foncer sur Paris avec la 4e division d'infanterie américaine. Le 23 août au matin, la 2e DB quitte ainsi Argentan en direction de la capitale, avec ses quinze mille combattants. Le soir même, elle est à Rambouillet. L'ordre de mission pour le lendemain est simple : s'emparer de Paris... De Gaulle, qui a rejoint Leclerc, l'encourage ainsi : « Vous avez de la chance ! »

Les autos blindées de la division Leclerc arrivant rue Guynemer, le 25 août 1944.
Photo colorisée.

Le 24, deux colonnes se dirigent vers Paris : à l'ouest, le groupement Langlade (par la vallée de Chevreuse, Jouy-en-Josas et Clamart) ; au sud, le groupement Billotte (par la porte d'Orléans, Longjumeau, Massy, Wissous et Fresnes). Elles rencontrent une forte résistance allemande, installée notamment à La Croix-de-Berny, à la prison de Fresnes et à Bourg-la-Reine. En fin d'après-midi, les éléments les plus avancés en sont encore à piétiner sur la nationale 20, à la hauteur d'Antony. Pour soutenir le moral des Parisiens, un avion léger est envoyé survoler la capitale ; il jette dans la cour de la Préfecture de police un message lesté signé de Leclerc : « Tenez bon, nous arrivons. »

Le général Leclerc appelle alors le capitaine Dronne et lui donne l'ordre de se rendre à l'hôtel de ville en passant par des chemins détournés. Dronne prend avec lui trois de ses sections. Accompagnés par un habitant d'Antony qui dit bien connaître la banlieue parisienne, ses cent cinquante hommes se faufilent par L'Haÿ-les-Roses, Cachan, Arcueil et, à 20 h 45, entrent dans Paris par la porte d'Italie où un Arménien propose de les guider en évitant les barrages allemands... À 21 h 22, la division parvient à l'Hôtel de Ville. Elle n'a pas rencontré un seul Allemand. Dès que les Parisiens comprennent qu'il ne s'agit pas d'un régiment allemand, ni américain, mais bien « des Français de Leclerc », ses hommes doivent se frayer avec peine un passage au milieu d'une foule en liesse. Les cloches de toutes les églises parisiennes sonnent à la volée. L'enthousiasme est à son comble – un peu contrarié par des rafales d'armes automatiques allemandes.

C'est le lendemain qu'auront lieu les combats décisifs. Les premiers éléments blindés de Leclerc entrent enfin dans Paris, par les portes d'Italie, d'Orléans et d'Ivry, vers 9 heures du matin. La 2e DB se heurte à plusieurs centres de résistance allemands, dont le principal se trouve à l'École militaire : il faudra une heure trente pour en venir à bout. Enfin, en début d'après-midi, von Choltitz est arrêté, dans les salons de l'hôtel Meurice, et amené à la gare Montparnasse où Leclerc a établi son quartier général. À 15 h 30, il signe le texte de la capitulation, sur lequel Leclerc et Rol-Tanguy apposent leurs signatures. « Enfin, ça y est ! » murmure Leclerc. Presque... car, malgré la capitulation, les combats continueront, à Paris et en banlieue, jusqu'au 30 août.

Une heure plus tard, arrive de Gaulle. Suivant le trajet de la 2e DB, il est entré dans Paris par la porte d'Orléans, mais, au lieu de se diriger, comme tous le présageaient, vers l'Hôtel de Ville – pas question d'aller cautionner ainsi un acte insurrectionnel –, il a emprunté l'avenue du Maine en direction de la gare Montparnasse : Leclerc, qui l'y attend, lui remet l'acte de

Le général Leclerc remet l'acte de capitulation allemande au général de Gaulle, à la gare Montparnasse, à Paris, le 25 août 1944.

capitulation. Le voici naturellement légitimé comme président du nouveau Gouvernement provisoire. La signature du communiste Rol-Tanguy, au bas du document, le fait néanmoins sursauter. Mais comment ne pas reconnaître que, lorsque la 2e DB est entrée dans Paris, les FFI étaient déjà maîtres d'une grande partie du terrain et que les barricades dressées, à leur initiative, avaient largement contribué à gêner les mouvements des Allemands et à les isoler dans quelques réduits ? Mais qu'importe, après tout ? Dès le lendemain, c'est de Gaulle qui descendra triomphalement, à pied, les Champs-Élysées, en tête du cortège, Leclerc et ses blindés derrière lui, et qui sera acclamé en libérateur par deux millions de personnes. Et, dans trois jours, les FFI seront dissous et incorporés, non sans mal, dans l'armée, y compris le colonel Rol-Tanguy, redevenu adjoint du commandant de son régiment.

De Gaulle peut maintenant se rendre à l'Hôtel de Ville, où il est reçu par Georges Bidault, le président du Conseil national de la résistance, et y prononcer ce discours resté célèbre, aussitôt retransmis à la radio : « Paris ! Paris outragé ! Paris brisé ! Paris martyrisé ! Mais Paris libéré ! Libéré par lui-même, libéré par son peuple, avec le concours des armées de la France, avec l'appui et le concours de la France tout entière, de la France qui se bat, de la seule France, de la vraie France, de la France éternelle. » La seule vraie France, la France qui se bat ?

Par une sorte d'ironie, la 2e DB est l'unique régiment français composé, non seulement d'un tiers de ressortissants d'Afrique du Nord, Marocains, Algériens, Tunisiens (soit trois mille six cents sur un effectif total de quatorze mille cinq cents hommes, parmi lesquels on compte aussi encore un tiers au moins de jeunes Européens d'Afrique du Nord, pieds-noirs souvent d'origine espagnole ou italienne), mais aussi de cinq cents étrangers – des Syriens, des Libanais, beaucoup de Russes et surtout deux tiers d'Espagnols... Ils sont venus compenser la mise à l'écart des tirailleurs sénégalais, la division ayant été entièrement « blanchie » sur les exigences du haut commandement américain qui, lui-même, pratique dans ses troupes une certaine ségrégation. À la fin de 1945, lorsque les différents corps d'armée français et les résistants de l'intérieur auront été rassemblés dans la Ire Armée française, sous le commandement du général Jean de Lattre de Tassigny, sur un total de cinq cent cinquante mille hommes, on retrouvera aux côtés des cent trente-quatre mille Algériens, soixante-treize mille Marocains et vingt-six mille Tunisiens, quatre-vingt-douze mille ressortissants d'Afrique noire.

Autre ironie, la division du capitaine Dronne, celle-là même qui, la première, atteint la capitale au soir du 24 août, est surnommée la « Nueve » : c'est que, à l'image du second du capitaine, le lieutenant Amado Granell – le premier soldat « français » reçu à l'Hôtel de Ville par Georges Bidault, un jour avant de Gaulle –, ses hommes sont en quasi-totalité espagnols, anciens de la lutte antifranquiste, antifascistes viscéraux et majoritairement anarchistes... Leurs half-tracks évoquent, par leurs noms, les batailles de la guerre d'Espagne : *Guadalajara, Brunete, Teruel, Ebro, Santander, Guernica...* et portent côte à côte le drapeau français et le drapeau républicain espagnol. Les ordres leur sont donnés en castillan, et même le clairon est sonné à l'espagnole ! Hommage particulier, c'est la « Nueve » qui a été choisie par de Gaulle pour assurer la sécurité du défilé du 26 août, ce grand défilé de l'unité nationale.

Le général de Gaulle descend les Champs-Élysées suivi du général Leclerc, le 26 août 1944. The Granger Collection, NYC.

Parmi tous ces hommes acclamés, derrière de Gaulle, sur les Champs-Élysées, ceux des colonies qui vont découvrir, après la démobilisation, qu'ils devront se satisfaire de pensions inférieures du tiers ou de moitié à celles de leurs compagnons d'armes européens – malgré les demandes expresses de leurs officiers – et ceux qui pensaient que la libération allait gagner l'Espagne et qui se sont retrouvés abandonnés et oubliés, l'amertume de la victoire sera grande. Ce ne seront pas les seuls déçus. D'autant qu'ils vont être prompts à se manifester : les ralliements de la dernière heure, les règlements de comptes sordides ou mesquins, les manigances politiques... Ils feraient presque oublier le lourd tribut payé par Paris à sa libération – et dont témoignent tant de plaques apposées ici et là, dans ses rues, qu'on finit par ne plus les voir : cent trente morts et plus de trois cents blessés parmi les hommes de la 2e DB, cinq cents morts et plus de mille blessés chez les FFI, et au moins quatre cents morts et cinq mille blessés dans la population civile. N'est-ce pas à ces derniers, de tous bords, qu'il conviendrait de rendre un ultime hommage, et à eux que revient finalement la victoire ?

Les Français rassemblés sur les Champs-Élysées acclament le général de Gaulle. Paris, le 26 août 1944. Photographie de Jack Downey.

VIVE DE GAULLE

EVA BRAUN-HITLER

LE SECRET LE MIEUX GARDÉ DU IIIe REICH

Le 28 avril 1945, dans un Berlin assiégé, l'officier d'état civil Walter Wagner est appelé en pleine nuit à la chancellerie du Reich. Arrivé dans le bunker où se cache Adolf Hitler, on lui demande de procéder à une inimaginable cérémonie : marier le Führer à sa maîtresse, dont personne n'a jamais entendu parler jusque-là, Eva Braun. Qui est vraiment cette femme, restée près de dix ans dans l'ombre de l'un des plus grands tyrans que l'Histoire ait connus ? Comment ont-ils pu entretenir une liaison dans la plus totale confidentialité ? Retour sur l'un des secrets les mieux gardés du IIIe Reich.

Eva Anna Braun naît à Munich le 6 février 1912. Elle est la deuxième des trois filles d'un enseignant, Friedrich Braun, et d'une couturière, Franziska Kronberger. Eva grandit dans une famille de conservateurs et monarchistes, très représentative de la petite bourgeoisie munichoise, et bénéficie d'une éducation catholique privilégiée. Cette jolie jeune fille blonde, favorite de la famille, se montre dès son plus jeune âge fort capricieuse. Mais ses rapports avec son père se dégradent et, très tôt, la jeune Eva est en quête d'un père de substitution. Passionnée de mode et de sport, la vie de star de cinéma la fait rêver et elle collectionne les photos des vedettes d'Hollywood. C'est en octobre 1929 que le destin d'Eva Braun va basculer.

Adolf Hitler et Eva Braun, au Berghof à Berchtesgaden en Bavière, v. 1942.
The Granger Collection, NYC.

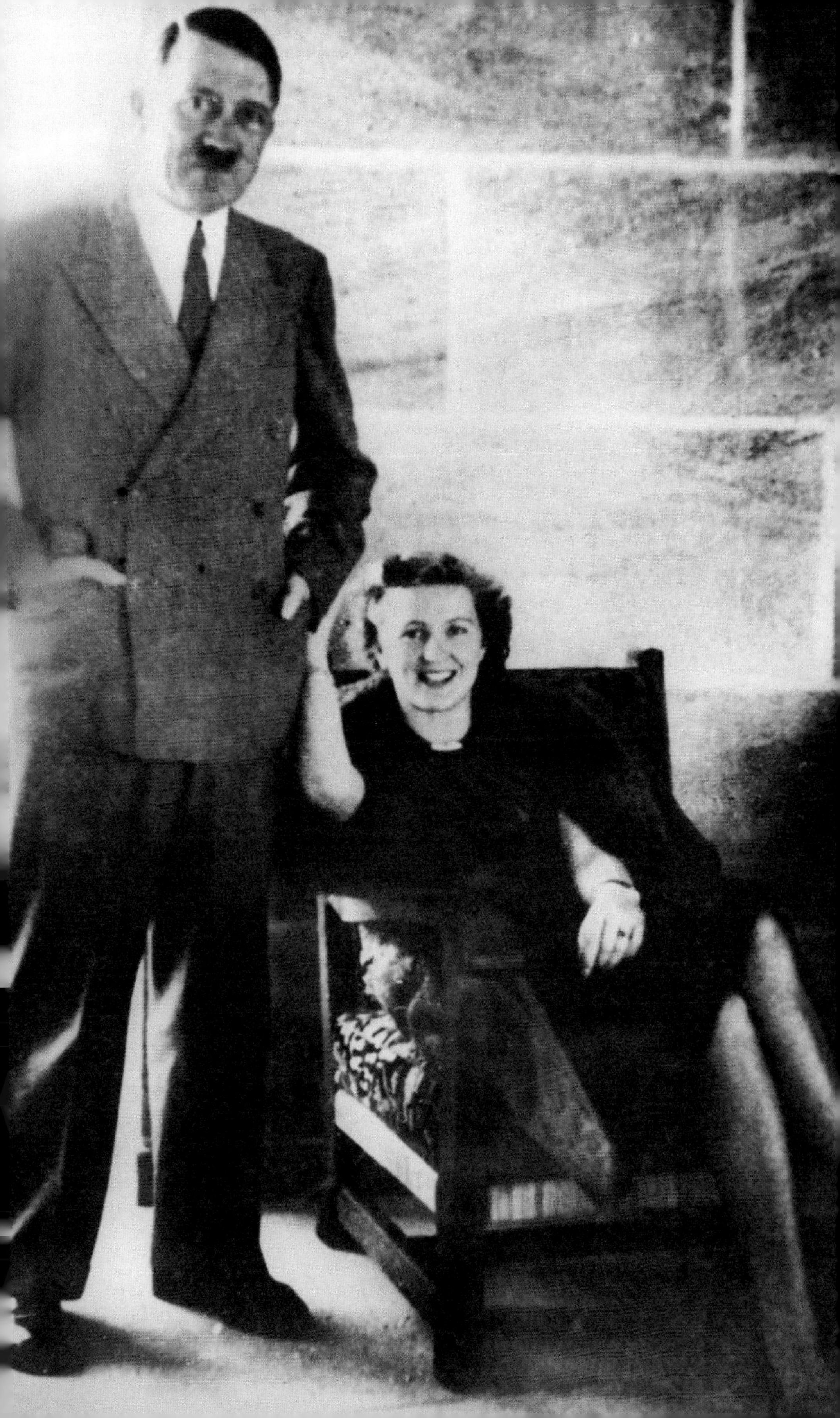

Elle est âgée de dix-sept ans et travaille comme apprentie à Munich, dans l'atelier du photographe Heinrich Hoffmann, réputé pour ses portraits, puisqu'il fournit des photographies à de nombreuses agences internationales. Le succès de l'entreprise Hoffmann tient à l'appartenance de son directeur au parti nazi, dont il est l'un des plus anciens membres. Hoffmann est en effet un proche d'Adolf Hitler et sa qualité de photographe fait de lui l'un des piliers de la propagande du parti national-socialiste allemand, dont le siège se trouve d'ailleurs à proximité de l'atelier.

Un soir, Hoffmann présente à Eva Braun un certain « Monsieur Wolf », qui se montre immédiatement sensible à sa beauté et ne parvient pas à la quitter des yeux. Après son départ, Hoffmann annonce à la jeune fille que l'homme qu'il lui a présenté est en fait Adolf Hitler en personne. Ce dernier est alors un agitateur politique déjà très célèbre en Allemagne, dont la tentative de putsch, six ans plus tôt, l'a conduit en prison puis à vivre un temps dans la semi-clandestinité. À chacune de ses visites à l'atelier, Hitler complimente et flatte la jeune femme, car elle correspond parfaitement aux critères physiques que son idéologie racialiste met en valeur pour la femme allemande : grande, blonde et sportive. Il lui offre des cadeaux et, après avoir fait mener une enquête pour savoir si la famille Braun est bien d'une totale ascendance aryenne, Hitler l'invite au théâtre et au restaurant. Ses parents supportent très mal de voir leur fille fréquenter un homme qui est son aîné de vingt-trois ans et ils se montrent même relativement hostiles à l'idéologie hitlérienne et à son antisémitisme puissant.

De son côté, Eva ne s'intéresse pas à la politique et a beaucoup de mal à comprendre les discours que tient Hitler. Mais l'homme plaît à cette jeune ambitieuse, notamment parce qu'elle pressent qu'un avenir prometteur se dessine à travers lui. Durant trois ans, leur relation reste uniquement platonique, car parallèlement Hitler entretient une vraie passion amoureuse pour la fille de sa

Eva Braun (1912-1945), maîtresse d'Adolf Hitler, ici v. 1940.

demi-sœur, Geli Raubal. Mais, après avoir découvert une lettre d'Eva Braun, Geli Raubal se suicide en se tirant un coup de revolver en plein cœur, au cours de l'automne 1931. Hitler, éclaboussé par ce drame, est suspecté d'être l'auteur du coup de feu fatal. Ce n'est qu'à partir de cet événement qu'Eva Braun devient la maîtresse d'Hitler, sans doute par effet de substitution. Hitler, qui consacre tout son temps à la politique et cherche à prendre le pouvoir, exige la plus grande discrétion de sa part. Il préfère s'afficher avec des femmes de la bonne société allemande qui le rendent fréquentable aux yeux du grand public, telles que Winifred Wagner ou Elisabeth Förster-Nietzsche, la sœur de Friedrich Nietzsche. Conscient qu'il est particulièrement adulé par les Allemandes, Hitler désire en effet apparaître comme un chef mythique, éloigné de tout ce qui est humain, et uniquement concentré sur sa mission. Il déclare ainsi fréquemment : « Mon épouse, c'est l'Allemagne. » Leur relation tenue secrète, la principale activité d'Eva est d'attendre des nouvelles d'Hitler, parfois durant des semaines. À la fin de l'année 1932, alors qu'il ne lui a pas écrit depuis plus de trois mois, Eva, désespérée, tente de se suicider à son tour en se tirant une balle dans la poitrine. Hitler, qui craint un nouveau scandale alors qu'il est sur le point de prendre le pouvoir, lui rend aussitôt visite.

Congrès du Reich à Nuremberg, du 5 au 10 septembre 1934. Adolf Hitler devant les bannières nazies.

En 1933, Hitler est élu chancelier et instaure rapidement un régime dictatorial en Allemagne. L'année suivante, Eva Braun est autorisée à siéger à la tribune d'honneur du congrès du parti nazi, à Nuremberg, mais l'attitude distante d'Hitler à son égard ne change guère, poussant la jeune femme à faire une seconde tentative de suicide, le 28 mai 1935. Cet événement va transformer les relations entre le Führer et sa favorite. Désormais, ce dernier lui donnera des nouvelles quotidiennement. Il lui offre également un joli appartement de trois pièces à Munich dans lequel elle emménage avec sa sœur, provoquant le courroux de ses parents.

En 1938, Hitler place officiellement Eva Braun en première position de son testament privé, devant sa sœur Paula et sa demi-sœur Angela, et lui attribue une pension mensuelle de mille reichsmarks, directement puisés dans la caisse du parti. C'est la première fois que son nom apparaît dans un texte officiel rédigé par Hitler. L'année suivante, Eva Braun possède son propre appartement, dans la chancellerie du Reich, où elle tient le rôle

Vue du Berghof à Berchtesgaden en Bavière, maison d'Adolf Hitler. Photo par Alfred Grundler.

de maîtresse cachée. Elle doit de ce fait emprunter l'entrée du personnel et prendre ses repas seule, dans sa chambre. De 1936 à 1945, Eva Braun passe les deux tiers de son temps dans la résidence privée d'Hitler, au Berghof – dans les Alpes bavaroises, près de Berchtesgaden –, où le Führer séjourne depuis le milieu des années 1920. Elle côtoie là-bas ses plus proches collaborateurs : Herman Goering, Joseph Goebbels, Albert Speer et Martin Bormann. Maîtresse cachée d'Hitler, dont personne ne doit parler, elle va porter jusqu'à sa mort le titre officiel de « secrétaire en service détaché », et percevra un salaire mensuel de quatre-vingt-dix-neuf reichsmarks. Si elle est très appréciée par le personnel directement placé sous ses ordres, elle est en revanche détestée par les proches du Führer. Ainsi, ses relations avec Martin Bormann, l'administrateur de fonds et conseiller spécial d'Hitler, sont particulièrement mauvaises. Bormann la voit comme une paresseuse et un parasite, tandis qu'elle le considère comme un mufle insensible. Mais elle le craint d'autant plus qu'Hitler lui accorde toute sa confiance et qu'il attribue à sa parole beaucoup plus de poids qu'à la sienne.

Les rapports qu'entretient Hitler avec sa favorite sont toujours des plus ambigus, oscillant sans cesse entre humiliations et louanges. Le dictateur ne lui faisant pas totalement confiance, il veille, à chaque fois qu'il doit s'absenter, à ce que son bureau et sa chambre soient fermés à clef. Le seul pré-carré d'Eva est de conseiller son illustre amant sur le choix de ses costumes ou de ses uniformes. Pourtant, durant ses absences, elle recouvre une certaine liberté et ne craint pas de désobéir aux prescriptions du IIIe Reich : elle fume, écoute du jazz, se maquille et lit les œuvres d'Oscar Wilde. Elle organise même des petites fêtes. Mais la vraie passion d'Eva Braun reste la mode, au point qu'il lui arrive de se changer sept fois dans la même journée ! Elle commande ses tailleurs chez les meilleurs couturiers berlinois et se ruine en chaussures chez Ferragamo. Immature, Eva voit, dans l'annexion de l'Autriche (Anschluss), en 1938, un moyen de visiter plus fréquemment les boutiques de Salzbourg ! Dans la résidence alpine du Berghof, elle passe une grande partie de ses journées à photographier et filmer Adolf Hitler et sa cour, dans toute son intimité. Elle aime aussi se faire photographier et possède sa propre chambre noire, où elle développe ses photos. Ces précieux documents photographiques ou cinématographiques, retrouvés par les Alliés au lendemain de la guerre, ont permis aux historiens de connaître avec précision la vie privée d'Hitler.

Mais, même au Berghof, Eva Braun reste la femme de l'ombre. Elle n'assiste jamais aux réunions politiques ou militaires et n'est pas davantage invitée aux réceptions officielles. Les rares fois où elle est autorisée à apparaître, lors d'une cérémonie, elle est priée de vouvoyer le Führer devant ses invités. Les jours de visites importantes, elle doit demeurer dans sa chambre, où elle reste souvent à la fenêtre, pour prendre encore et toujours des photos. Ainsi, en 1939, le ministre italien des Affaires étrangères, le comte Galeazzo Ciano, ayant aperçu la jeune femme à la fenêtre, questionne à son sujet. Hitler s'énerve et lui ordonne immédiatement de fermer cette fenêtre et de ne plus jamais se montrer. En dehors des plus proches conseillers du Führer, comme Bormann ou Speer, et d'une petite poignée de membres du personnel, personne ne sait quels liens unissent Hilter et Eva. Tous pensent qu'il ne s'agit que d'une simple secrétaire. Pourtant, son nom n'apparaît même pas dans l'annuaire téléphonique détaillé du Berghof, qui compte tout de même cent quarante entrées !

Eva Braun devient l'épouse d'Adolf Hitler, en 1945.

Ce mystère, qu'entretient fébrilement Hitler sur la nature exacte de ses relations avec Eva Braun, a donné lieu à de nombreuses théories plus ou moins fantaisistes sur sa sexualité. D'aucuns ont ainsi affirmé que l'autocrate allemand était homosexuel, tandis que, pour d'autres, il était impuissant ou atteint de perversité sexuelle. On a même fait du tyran un véritable Casanova, ayant séduit quantité de femmes de la haute société, comme l'actrice Margarete Slezak, la fille de l'ambassadeur américain à Berlin, Martha Dodd, ou encore l'aristocrate britannique Unity Mitford. Toutes ces thèses n'ont pu être démontrées et semblent relever du pur fantasme. On pense aujourd'hui qu'Adolf Hitler avait une libido des plus classiques – comme l'a confirmé l'une de ses premières maîtresses, Maria Reiter – et l'histoire admet

Maria dite Mitzi Reiter (1911-1992), ex-amie d'Adolf Hitler de 1926 à 1928, qui tenta de se suicider, elle aussi, lorsqu'il mit fin à leur relation.

désormais qu'il a bel et bien eu des rapports sexuels avec Eva Braun, tout comme avec sa demi-nièce, Geli Raubal et quelques autres femmes. Il est d'ailleurs avéré qu'Eva Braun possédait des contraceptifs. Au Berghof, leurs deux appartements étaient reliés par un petit couloir et, à côté de la porte, un divan avait été installé, où ils pouvaient se retrouver sans témoins.

L'échec de l'attentat contre Hitler, le 20 juillet 1944, va marquer un tournant dans sa relation avec sa favorite. Devant l'avancée des Soviétiques et des Alliés, le Führer, plus paranoïaque que jamais, s'imagine sans cesse victime de trahisons et Eva Braun lui apparaît alors comme la seule à lui rester fidèle. Alors que les défections sont de plus en plus nombreuses dans les rangs nazis, Eva insiste pour quitter son refuge des Alpes bavaroises pour rejoindre son amant dans son quartier général de Berlin. Si Hitler s'y refuse dans un premier temps, craignant pour sa vie, Eva regagne finalement Berlin, le 7 mars 1945, alors que la capitale du Reich est déjà assiégée par les Soviétiques. Aux côtés du Führer, Eva sait qu'après des années d'humiliations, elle va enfin pouvoir jouer le rôle dont elle a si longtemps rêvé. Le 28 avril 1945, alors que les Russes ne sont qu'à quelques centaines de mètres de son bunker, Hitler comprend que la guerre est perdue. Il vient d'apprendre la nouvelle du lynchage, en Italie, de Benito Mussolini et de sa compagne, pendus par les pieds, et vit dans la hantise que son corps soit exposé par les Soviétiques. Pour éviter une telle humiliation, il n'a qu'une seule issue : le suicide. Avant de mettre fin à ses jours, le dictateur s'attelle à une dernière mission, la rédaction de deux testaments. Le premier est politique, paranoïaque et délirant, dans lequel il accuse la communauté juive internationale d'être responsable de la Seconde Guerre mondiale. Dans le second, son testament privé, beaucoup plus concis, il annonce son mariage avec Eva Braun, qui sera suivi de leur suicide commun.

Eva Braun a enfin obtenu ce qu'elle a patiemment attendu pendant plus de quinze années : le mariage avec le Führer. C'est dans un climat apocalyptique, sous une grêle d'obus, que se tient la cérémonie. Une sorte d'autel nuptial, dépourvu de tout ornement, est installé précipitamment dans la salle de réunion du bunker. Une mélodie romantique est même jouée en fond sonore. Eva Braun porte une robe de taffetas noir. Seuls deux témoins sont présents, choisis par le Führer, Goebbels et Bormann. Hitler tient à ce que les règles de l'état civil soient respectées à la lettre. Seule entorse au protocole, il a demandé que les bans ne soient pas publiés mais simplement annoncés oralement. Pour prononcer les paroles solennelles, on a détaché, en toute hâte, d'une des dernières troupes rassemblées pour combattre à proximité de la chancellerie, un officier d'état civil, Walter Wagner, conseiller municipal de Berlin. Conformément aux lois raciales du Reich, Wagner demande aux deux époux de certifier sur l'honneur qu'ils sont d'origine aryenne avant de procéder au mariage. Eva est tellement émue qu'elle commence par signer le document de son nom de jeune fille, Braun, avant de le rayer et d'inscrire Hitler. La quête des alliances s'étant faite dans l'affolement, l'anneau trouvé est trop grand pour le doigt de la mariée. Cette cérémonie – aussi macabre que surréaliste – est suivie d'une collation improvisée, dans les appartements privés, en présence des secrétaires et de la cuisinière du Führer. Eva Braun-Hitler sait qu'elle n'a plus que quelques heures à vivre, mais elle affiche une décontraction presque joyeuse. Le 30 avril, vers 15 h 30, alors que l'armée soviétique n'est plus qu'à quelques mètres du bunker, Eva et Adolf Hitler se suicident en avalant une capsule de cyanure. Le Führer se tire alors simultanément une balle dans la tempe. Ils sont découverts, assis côte à côte sur un canapé, par des hommes de la SS, qui les transportent, enveloppés dans des couvertures, jusqu'au jardin de la chancellerie pour incinérer les corps. Or une récente analyse ADN a démontré que le crâne, perforé par balle que l'on croyait celui d'Hitler, retrouvé par les Russes dans les cendres, appartenait à une personne d'une quarantaine d'années et fort vraisemblablement à une femme. Est-ce à dire qu'Eva Braun aurait été seule sacrifiée à des fins peu louables d'évasion – ou n'importe qui d'autre, d'ailleurs – et qu'Adolf Hitler ne se serait pas suicidé ? Il semble peu probable que le FBI l'ait pourchassé sans relâche, à travers toute la planète, jusque dans les années 60, sans arguments sérieux... mais ça, c'est une autre histoire !

Ce n'est qu'après la fin de la Seconde Guerre mondiale que le monde a eu connaissance de l'existence d'Eva Braun. Était-elle au courant de la politique exterminatrice menée par le Führer ? Il est difficile de l'affirmer, car Hitler l'a toujours tenue soigneusement éloignée de ses décisions politiques. Elle s'est contentée de demeurer son amie la plus fidèle et la plus dévouée, jusque dans la mort. Eva Braun, le plus grand sercret du IIIe Reich.

L'acte de mariage d'Adolf Hitler et Eva Braun, le 29 avril 1945.

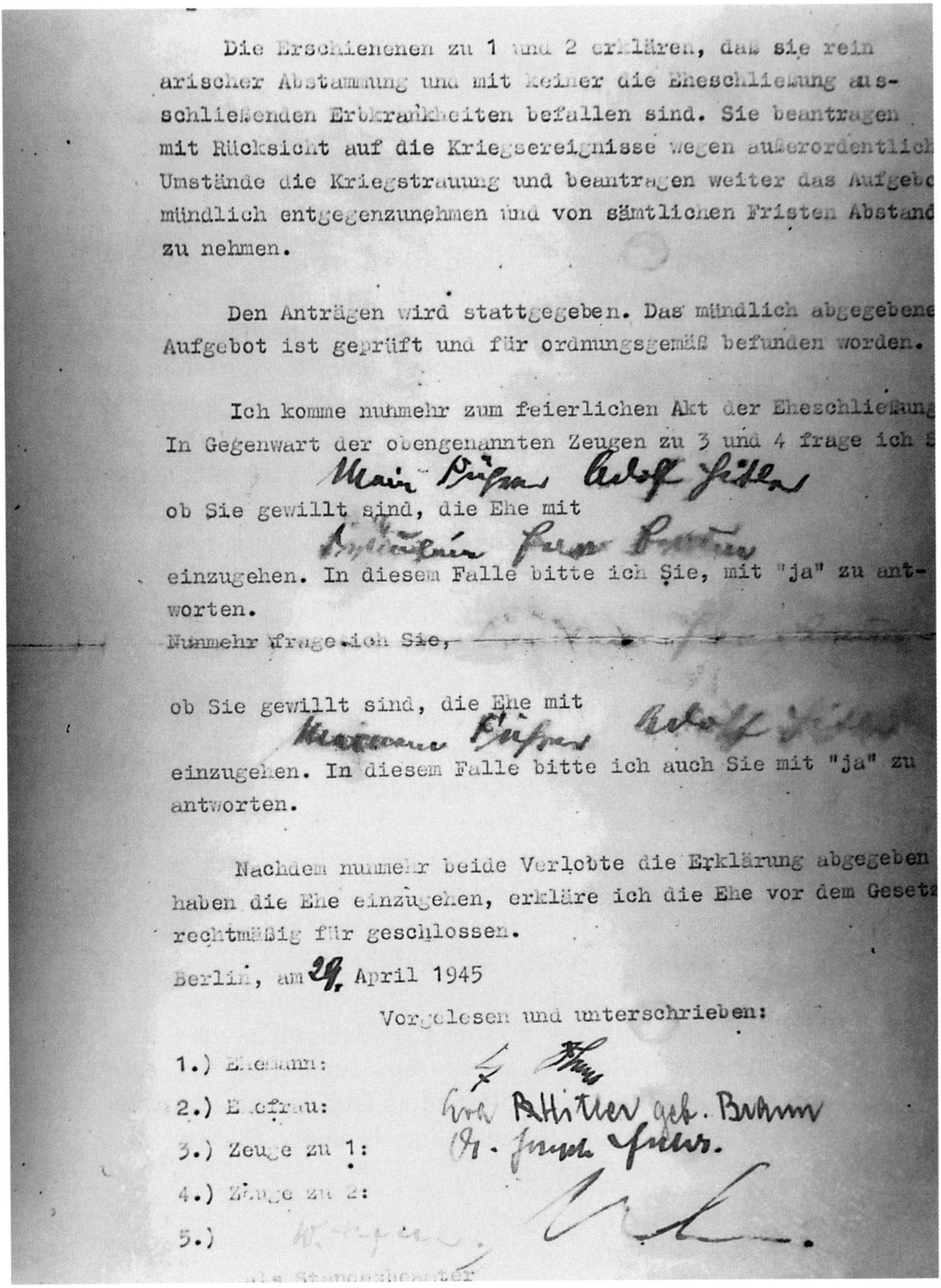

Die Erschienenen zu 1 und 2 erklären, daß sie rein arischer Abstammung und mit keiner die Eheschließung ausschließenden Erbkrankheiten befallen sind. Sie beantragen mit Rücksicht auf die Kriegsereignisse wegen außerordentlich Umstände die Kriegstrauung und beantragen weiter das Aufgebo mündlich entgegenzunehmen und von sämtlichen Fristen Abstand zu nehmen.

Den Anträgen wird stattgegeben. Das mündlich abgegebene Aufgebot ist geprüft und für ordnungsgemäß befunden worden.

Ich komme nunmehr zum feierlichen Akt der Eheschließung. In Gegenwart der obengenannten Zeugen zu 3 und 4 frage ich S

Mein Führer Adolf Hitler

ob Sie gewillt sind, die Ehe mit

Fräulein Eva Braun

einzugehen. In diesem Falle bitte ich Sie, mit "ja" zu antworten.

Nunmehr frage ich Sie,

ob Sie gewillt sind, die Ehe mit

Mein Führer Adolf Hitler

einzugehen. In diesem Falle bitte ich auch Sie mit "ja" zu antworten.

Nachdem nunmehr beide Verlobte die Erklärung abgegeben haben die Ehe einzugehen, erkläre ich die Ehe vor dem Gesetz rechtmäßig für geschlossen.

Berlin, am 29. April 1945

Vorgelesen und unterschrieben:

1.) Ehemann:

2.) Ehefrau: Eva B Hitler geb. Braun

3.) Zeuge zu 1: Dr. Joseph Goebbels

4.) Zeuge zu 2:

5.)

als Standesbeamter

REMERCIEMENTS

N'ayant jamais prétendu être historien, je défends l'idée, à l'instar du merveilleux comédien Lorànt Deutsch, d'être un conteur d'Histoire, un modeste passeur dont le rêve secret est de communiquer ce frisson à ses lecteurs et de rendre l'Histoire accessible à tous. C'est donc à une promenade dans un passé turbulent où les passions amoureuses le disputent à la soif de pouvoir et de richesse, que vous invite ce livre « Secrets d'Histoire 3 », en partie le fruit des émissions que j'ai eu le plaisir de présenter sur France 2, mais aussi de mes rencontres avec mes amis historiens.

Je profite de l'occasion qui m'est offerte pour remercier ceux qui m'ont transmis leur passion, à défaut de leur savoir – Alain Decaux, André Castelot, Philippe Erlanger, Pierre Chaunu... – tous ceux qui ont participé aux émissions de « Secrets d'Histoire » comme Evelyne Lever, Jean des Cars, Simone Bertière, Michel de Decker, Jean-Christian Petitfils et tant d'autres illustres universitaires. Je remercie également mes producteurs Jean-Louis Remilleux et Laurent Menec, les équipes de journalistes qui ont participé à la réalisation des « Secrets d'Histoire », ainsi que mon éditrice Lise Boëll et Estelle Cerutti, qui se sont comme toujours montrées aussi intransigeantes qu'affectueuses. Je rends hommage à leur équipe éditoriale : Marie-Paule Rochelois, Julien Colliat, Nolwenn Guellec, Alain Manquat et Virginie Caminade.

Enfin, ma reconnaissance va à France 2 et aux dirigeants de France-Télévision, qui ont eu l'audace et le courage de nous faire confiance. Certes, à la télévision, ces « Secrets d'Histoire » s'inscrivent dans la mission du service public de diffuser de la connaissance et ce rendez-vous récurrent sera plus régulier à l'avenir. Pour autant, j'entends poursuivre avec vous, chers amis lecteurs, la formidable aventure d'explorer toutes ces énigmes, aussi passionnantes qu'inépuisables.

TABLE

DU MÊME AUTEUR

L'Europe des rois, Lieu Commun, 1988.

Les Couronnes de l'exil, Balland, 1990.

La monarchie dans tous ses états, Balland, 1992.

Moi, Amélie, dernière reine de Portugal, Denoël, 1997.

Diana, princesse des cœurs, Michel Lafon, 1997.

God Save the Queen, Michel Lafon, 1998.

Rainier de Monaco et les Grimaldi, L'Archipel, 1999.

Mon royaume à moi, Albin Michel, 2000.

Diane de France, la princesse rebelle, Flammarion, 2003.

Un si joli monde, Flammarion, 2006.

Plus belle sera la vie, Plon, 2007.

Grace Kelly, Albin Michel, 2007.

Une vie de chien, Albin Michel, 2009.

Oubliez-moi, Flammarion, 2009.

Au cœur de l'Écosse, avec Franck Ferrand, Flammarion, 2009.

Le Livre Fou du Roi, Flammarion/Radio-France, 2010.

Secrets d'Histoire, Albin Michel, 2010.

Secrets d'Histoire 2, Albin Michel, 2011.

L'Histoire du mariage princier, catalogue de l'exposition au Musée océanographique de Monaco, Éditions du Rocher, 2011.

Le Destin d'une Reine, Albin Michel, 2012.

CRÉDITS ICONOGRAPHIQUES

© Gamma :
Roland-Sabrina Michaud/Rapho 162 ; Jean Dieuzaide/Rapho 329.

© Leemage :
168, 208 ; AGF 87 ; Aisa 59, 63, 65, 66, 99, 113, 165, 181, 227, 272, 299 ; Artedia 215 ; Bianchetti 47, 92, 117, 187, 212, 276 ; British Library Board/ Robana 155 ; Costa 29, 114, 229 ; De Agostini 16, 105, 169, 217, 218, 220 ; Electa 97, 146 ; Fine Art Images 131, 135, 138, 141, 173, 243, 245 ; Fototeca 197, 241, 257 ; Gusman 265 ; Heritage Images 49 ; Imagestate 25, 281 ; Isadora 232 ; Lee 178, 211 ; Luisa Ricciarini 77, 95 ; Lylho 116 ; MP 109, 268 ; North Wind Picture 54, 88 ; Photo Josse 14, 24, 40, 70, 90, 125, 127, 129, 175, 177, 185, 193, 205, 225, 239, 254, 269, 283, 287, 309, 312 ; Prisma Archivo 183, 203, 310 ; Raffael 121 ; Selva 111, 182, 305 ; Writer Pictures 101.

© RMN Château de Versailles : 270, 274.

© Roger Viollet : Maisons de Victor Hugo 250 ; Neurdein 334.

© Rue des Archives :
BCA 319, 347 ; CCI 11, 22, 136, 167 ; Collection Grégoire 43, 123 ; Edimedia/ WHA 106, 171, 247, 303 ; Imago 143 ; Ital 61 ; Korpa 94 ; Lebrecht 192 ; Mary Evans 27, 30, 34, 51, 104, 107, 234, 262, 344, 345 ; NMM 222 ; PVDE 39, 56, 71, 198, 251, 253, 297, 298, 339, 348 ; RDA 53, 79, 119, 133, 189, 230, 261, 263, 302, 314, 317, 323, 336 ; René Dazy 326 ; René Saint Paul 331 ; Shepard 149 ; Suddeutsche Zeitung 195, 300, 324, 351 ; Tal 12, 18, 33, 180, 188, 214, 237, 249, 259, 267, 290, 332, 333, 343 ; The Granger Collection NYC 20, 37, 52, 57, 68, 73, 75, 85, 103, 145, 150, 153, 191, 201, 207, 255, 289, 295, 307, 321, 338, 341.

© The Bridgeman Art Library :
Bildarchiv Steffens Walter Allgoewer 161 ; Christie's Images 293 ; Giraudon 19 ; Look and Learn 285.

© DR : 82, 157, 159, 163, 278.

Conception graphique: ipokamp
Achevé d'imprimer en France par Pollina
N° d'édition : 20235/3
ISBN: 978-2-226-24386-7
Dépôt légal: octobre 2012
N° d'impression : L63259